張偉、張曉依——著

土山灣
中國近代文明
的搖籃

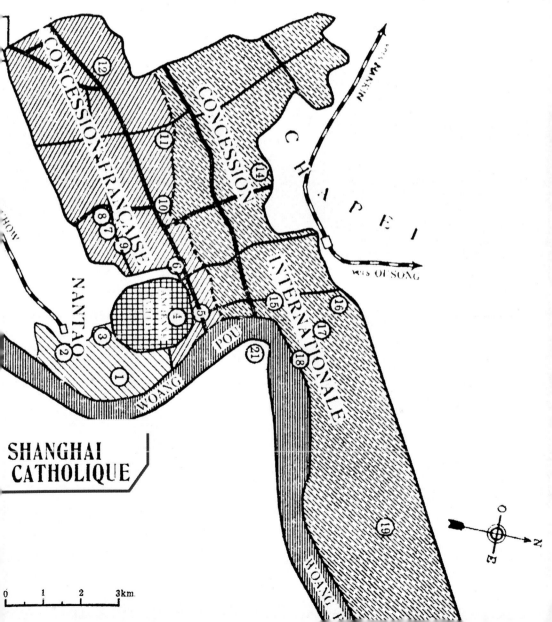

左 | 20世紀初土山灣一帶風光，安敬齋攝
右上 | 20世紀30年代上海及徐家匯土山灣地圖
右下 | 清末明信片上的土山灣

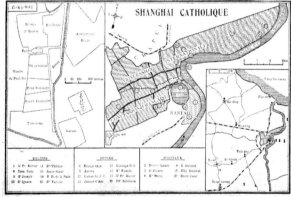

｜ 19世紀中後期的土山灣，翁壽祺攝

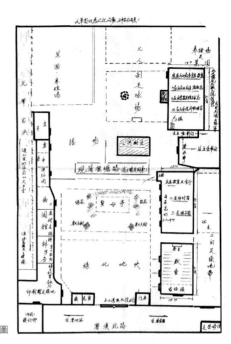

| 土山灣老人章俊民提供的孤兒工藝院平面圖

左 ｜ 1914年的土山灣，安敬齋攝
右上 ｜ 民國初年明信片上的土山灣
右下 ｜ 土山灣孤兒工藝院地圖

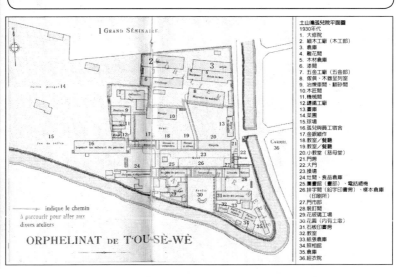

土山灣孤兒院平面圖
1930年代
1. 大修院
2. 細木工廠（木工部）
3. 倉庫
4. 麗花間
5. 木材倉庫
6. 漆間
7. 五金工廠（五金部）
8. 傢具、木器呈列室
9. 冶煉車間、翻砂間
10. 木匠間
11. 機械間
12. 縫紉工廠
13. 畫室
14. 菜園
15. 球場
16. 孤兒與員工宿舍
17. 金銀細作
18. 教室／餐廳
19. 教室／餐廳
20. 小教堂（慈母堂）
21. 門房
22. 大門
23. 操場
24. 灶間、食品倉庫
25. 圖書館（畫部）、電話總機
26. 排字間（鉛字印書房）、樣本倉庫（印刷所）
27. 門市部
28. 裝訂間
29. 花玻璃工場
30. 花圖（內有土塩）
31. 石板印書房
32. 教室
33. 紙張倉庫
34. 照相館
35. 倉庫
36. 經衣院

ORPHELINAT DE T'OU-SÈ-WÈ

| 土山灣孤兒工藝院一景

| 20世紀30年代土山灣航拍照，在照片中能清晰地看到那個「灣」及土山灣孤兒
工藝院全貌

| 土山灣孤兒工藝院指路牌

目錄
content

土山灣的
美術天地

　　如果我們翻閱一些文化史、上海史方面的辭典，或者
瀏覽幾種類似美術史、印刷史以及出版史、宗教史的學術專
著，多半能發現「土山灣」這三個字。這是註定要在中國文
化史和中西文化交流史上留下痕跡的一個不凡地名。

　　土山灣位於上海西南部的徐家匯。此地因有明末禮部尚
書徐光啓的墓地及徐氏後人結廬居住，兩側又有肇嘉浜和法
華涇兩條河流交滙，因而被稱作徐家匯。大約在十九世紀五
十年代，徐家匯南部的肇嘉浜沿岸一帶，因疏浚河道，堆泥
成阜，積在灣處，故得名土山灣。土山灣在近代受到世人矚
目，和天主教有關，而天主教在上海的傳佈，又和徐光啓有
著很密切的關係。一六○三年（明萬曆三十一年）徐光啓受
洗信教，他的家人、族人有很多也成為虔誠的天主教徒。由
於徐光啓的影響力，以及他的家人後代的大力支持，上海地
區在明末清初信仰天主教的風氣十分熾烈，徐家匯一帶也成
為傳佈天主教的重要陣地。一七二○年（康熙五十九年），
清政府禁止傳教，一七二三年（雍正元年）正式頒佈禁止天
主教的命令，此後一百餘年的時間裡，天主教在中國的傳教
活動轉入地下。一八四○年（道光二十年）以後，中國的門
戶被打開，清廷的禁教令也有所鬆弛，耶穌會傳教士迅速恢
復公開活動。一八四一年至一八四六年這五年間，先後有四
批十九位耶穌會傳教士到達上海，他們先選浦東金家巷為會
址，再遷浦東橫塘，一八四七年移駐徐家匯，先後修建起天
主堂、大小修院、徐匯公學、藏書樓、聖母院、博物院、天
文台等，在徐家匯和土山灣一帶形成了方圓十幾里的天主
教社區。同治三年（一八六四年），教區命人將土山削為平
地，土山故跡雖不復可尋，土山灣這個地名卻一直流傳了下
來。傳教士們在土山遺址上創設起孤兒工藝院（前身為創辦

於一八五五年的橫塘育嬰堂），專收六至十歲的教外孤兒，「衣之食之，教以工藝美術，其經費由中西教民捐助」。孤兒略大，能自食其力後，「或留堂工作，或出外謀生，悉聽自便」。[1]據馬良《徐匯記略》記載，從一八六四至一九〇三這四十年間，土山灣孤兒工藝院收養的孤兒約二千數百人，平均每年收養約六十人。孤兒從院中出來時年僅十餘歲，「出外謀生」不易，故大多「留堂工作」。據一九四〇年統計，從一九三六至一九四〇這五年間「留堂工作」和到慈雲小學念書的孤兒近二百六十人之多。為容納孤兒「留堂工作」，傳教士在一八六四年創設孤兒院的同時，還在院中開設了工廠，下面先後設置有木工部、五金部、中西鞋作、印刷所、圖畫間、照相間等部門，由中、外教士傳授技藝。

---

[1]　《徐匯紀略》，1933年土山灣印書館出版。

| 1940年3月19日土山灣孤兒工藝院全院合影，第三排左三為潘國磐，右七為那彥英。

歷史往往由於人們的一些不經意之舉而添彩生色，這個最初只為容納孤兒工作而設立的工廠，無意中卻掀開了中國文化史上重要的一頁，中國近代的不少新工藝、新技術、新事物皆發源於此，如西洋油畫、鑲嵌畫、彩繪玻璃生產工藝、珂羅版印刷工藝和石印工藝以及鍍金、鍍鎳技術等等。

在現還留存的一些有關土山灣的老照片上，我們可以經常看到一群這樣的「油畫師」：一群最大不超過二十歲，平均年齡在十四、十五歲的中國孩子，他們穿著二十世紀初中國工人的服裝，拖著長辮，戴著瓜皮帽，端坐在中式的長凳上，用握毛筆的姿勢握著畫筆。如此中式的相貌，中式的動作，再加上中國人特有的恭順表情，使人很難把他們和曾經在歐洲文藝復興中起到「武器」作用的「油畫」聯繫起來，但是仔細看他們身後的作品，分明是在臨摹某大師的聖母子像或是其他《聖經》裡的故事。這些中國孩子就是工廠下屬各部中最為著名的圖畫間（後人多習稱為土山灣畫館）的學生。土山灣畫館的誕生，意味著中國最早的傳授西洋美術的學校在十九世紀中期已經出現，而學校中的新、老學生，也成為第一批系統掌握西方繪畫技術的中國人，上海的第一代西畫家，如周湘、張聿光、徐詠青、丁悚、張充仁、杭稚英等均在那裡學習過，徐悲鴻、劉海粟、陳抱一等藝術大家也曾間接受到過畫館的影響。一九四三年，徐悲鴻在重慶撰文回顧中國西畫運動，他對土山灣畫館作了這樣的評價：「至天主教之入中國，上海徐家匯亦其根據地之一。中西文化之溝通，該處曾有極其珍貴之貢獻。土山灣亦有習畫之所，蓋中國西洋畫之搖籃也。」[2]搖籃裡的西畫，雖然尚顯稚嫩，

---

[2] 《中國新藝術運動的回顧與前瞻》，載1943年3月15日《時事新報》。

卻業已降生。

其實談起西畫東漸的歷史，最早可以追溯到唐朝「景教流行中國碑」所記述的「阿羅本遠將經像來獻上京」[3]的時代；在康熙的宮廷裡，也能見到洋畫家們的身影；在清朝中期廣州十三行外銷的瓷器上，也曾經出現過西畫的影子。但是，最終使西畫在中國成為美術教育一部分的，便是在上海西南角上扎根，由傳教開始的土山灣畫館的事業。

一、范廷佐、馬義谷時期（一八五二～一八五九）與蔡家灣的孤兒院

說起土山灣畫館，追根溯源，不能不提到一個叫范廷佐的西班牙傳教士。范廷佐，字盡臣，西文名叫Jean Ferrer。他一八一七年出生於西班牙巴賽隆納一個藝術世家，父親是一位曾經參加過裝修艾斯柯里亞王宮的著名雕塑家。范廷佐繼承了父親的基因，自幼喜歡藝術，在雕塑、裝飾畫等方面有較高造詣。為了獲得更好的教育，他後來到羅馬就讀一所由耶穌會士創辦的藝術學校，後進入耶穌會拿波里修道院成為一名輔理修士。一八四七年，他被耶穌會派往中國，在當時耶穌會中國總部所在的徐家匯任職，任務是在教區設計教堂。短短幾年的時間裡，范廷佐設計了董家渡和徐家匯的教堂（老堂）。在從事教堂建築設計的同時，他還繪製、雕塑聖像，並指導工匠製作祭壇等宗教用品，其中董家渡教堂中祭台前的兩組雕塑作品：圓雕作品《哀悼基督》和浮雕作品《墓中基督》被收入了高龍鞶的《江南傳教史》；他的另一

---

[3] 李超：《中國早期油畫史》，p.78，2004，上海書畫出版社。

土山灣的美術天地　017

件木雕作品《耶穌會的聖人與真福》與泥雕作品《依納爵臨終圖》尺寸宏大，至今依然保存在徐家匯藏書樓的閱覽室中。人們評價道：「他的作品即使連歐洲的收藏家都讚賞有加。」[4]；「徐家匯的各個工廠成為了在上海歐洲人最喜愛的遠足目的地之一。」[5]但是，范廷佐並不僅僅滿足於自己的藝術創作，在他心目中，始終有一個夢想：即希望在中國開辦一所專門培養繪畫和雕塑人才的學校，從而培養出一批和他一樣熱愛藝術的學生們，讓他們同樣為天主教在中國的事業服務。范廷佐最初在董家渡設立有個人工作室，一八五一年，他把工作室搬到徐家匯，並在郎懷仁神父（後任江南教區主教）的支援下，準備擴展工作室，兼作藝術教室，招收中國學生。一八五二年，在教區的經費支持下，徐家匯的「藝術學校」（L'École de Beaux-Arts）終於開張了，作為校長的范廷佐修士自然當仁不讓地負責教授雕塑和版畫。徐家匯的這所「藝術學校」從今天看來類似進修學校，規模並不很大，「只有三至五位中國學徒，成為他的學生兼作助手。」[6]但那卻是上海最早的進行系統西方藝術教育的機構。范廷佐向他們傳授素描技藝，並在雕塑的實際製作中訓練學生，而這些學生也成為他製作雕塑不可缺少的助手。據說當時在滬的西方人中也曾有一些向他學習過雕塑，其中就有英國駐上海領事阿禮國。范廷佐留下來的作品很少，一八

---

[4] A.Vasseur: *Lettres illustrees sur une ecole chinoise de Saint-luc auxiliaire de la propagation de la foi, Melanges sur la Chine*, p.26, 1884, Imprimerie des apprentis-orphelins (Paris-Auteuil)

[5] J. de la Serviere: *L'Orphelinat de T'ou-Sè-Wè: Son histoire et son état présent*, p.17, 1914, Imprimerie de L'Orphelinat de T'ou-Sè-Wè (Zi-ka-wei - Shanghai)

[6] 李超：《中國早期油畫史》，p.349，2004，上海書畫出版社。

五六年他就因病在上海去世，年僅三十九歲。但他的藝術薪火卻後傳有人，這也是他為他的事業所作出的最大貢獻。當時在范廷佐工作室任教授藝的還有一個叫馬義谷（Nicolas Massa, 1815-1876）的神父，他是義大利拿波里人，一八四六年到達上海，在橫塘修道院教授拉丁文。范廷佐主持設計董家渡教堂時，他曾幫助繪製過聖像。一八五一年，范廷佐在徐家匯收徒授藝，特請擅長繪藝的馬義谷來講授油畫，馬義谷神父也因此成為在上海向中國學生傳授西方油畫技法的第一位外國人。范廷佐逝世後，馬義谷在過渡時期成為這個「藝術學校」的實際主持人。

馬義谷，字仲甫，西文名叫Nicolas Massa。他比范廷佐大兩歲，也比范廷佐早一年來華。他出生於義大利那不勒斯的一個資產階級家庭，也曾經是羅馬那所藝術學校油畫專業的學生。馬家有兄弟五個，都加入了耶穌會成為神父[7]，並都先後來到中國傳教，供職於「南京教區」。由於馬義谷在兄弟中排行老二，因此在教區中被教友們親切地喚作「馬二神父」。

與范、馬二位收徒授藝幾乎同時，在青浦蔡家灣的南京教區孤兒院裡，來自義大利的夏顯德神父也在院中向那些因為種種原因失去父母的孩子們傳授木工、印刷、製鞋等技藝。

夏顯德，字懋修，西文名Franciscus Giaquito。他比范廷佐小兩歲，一八四九年來中國後不久就奉命代表耶穌會接收南京教區孤兒院。上任伊始，他就對院務進行了全面改革，

---

[7] 另四人為，馬大神父馬奧定（Augusitinus Massa，字瞻彼，1813-1856），馬三神父馬再新（Renatus Massa，字其蘇，1817-1853，後去安徽傳教），馬四神父馬駒堂（Cajetanus Massa，字德甫，1821-1850），馬五神父馬理師（Aloisius Massa，字以成，1826-1860）除馬理師於1846年來華外，其餘四人均在1848年來華。

一反之前孤兒院只管吃穿讀書，一到規定年齡便放任自流的傳統。他意識到，單純的救濟只能解燃眉之急，在當時以農業經濟為主的中國社會裡，這些沒有父母、祖宗土地可以依靠的孩子們，必須有一技之長，才可以成為對社會有用的人。他在青浦蔡家灣的孤兒院裡開辦了四個工廠：裁縫間、細木工場、鞋作和印刷工廠，分別教授孤兒們製衣、木工、制鞋和印書等實用的技藝——在經濟富庶，崇尚文化的江南，這些都是學成後足以養家糊口的手藝。

這種救濟方式，獲得了良好的效果，也因此使夏顯德神父在教區小有名氣。一八五八年，同樣由耶穌會士負責的直隸東南傳教區[8]也希望在教區中開辦這樣的機構，於是教會方面就把經驗豐富的夏顯德神父調去河北，幫助建設那裡的孤兒工廠。夏神父被調後，教會方面把「馬二神父」的弟弟「馬五神父」調來接任孤兒院院長的位置。「馬五神父」即馬理師，字以成，西文名Louis Massa，比他的二哥馬義谷正好小十二歲，也是家中的么子。「馬五神父」在孤兒院院長的位置上忠實繼承了夏神父的政策。不幸地是，在一八六〇年太平天國戰爭中，作為孤兒院院長的馬理師被天國的士兵們以「私藏鷹洋」這樣莫須有的罪名殺害，幾經轉折，孤兒院的幫工「老郭相公」帶著倖存的孤兒們逃到了當時耶穌會總部所在的徐家匯。

現在讓我們再回到徐家匯的「藝術學校」。范廷佐原來就是一個肺結核患者，但是他卻一直以美術學校在徐家匯為由拒絕撤離徐家匯。一八五六年底，由於一直負責照顧他的高慎思[9]神父也患病去世，范廷佐的肺結核病開始惡化，

---

[8]　總部設在今天河北滄州獻縣張家莊。
[9]　高慎思（Cordeil, 1811-1856）字而德，法國人，1851年來華。

「藝術和奉獻都救不了他」，病入膏肓的[10]他被送到了董家渡調養。

即使在生命的彌留之際，范廷佐也沒有忘記自己鍾情的藝術。當時在他身邊照顧的梅德爾神父寫道：「他總是覺得自己是在徐家匯，他始終溫順、服從並十分虔誠地度過自己最後的日子。剛開始的時候他還有點懼怕死亡，但後來他變了，甚至希望死亡，而且重新開始做畫，即使當人們告訴他已經沒有幾天可以活的時候。」一八五六年十二月三十一日大約上午九點的時候，范廷佐修士最終還是離開了他心愛的美術。[11]

二、艾而梅時期（一八六○～一八六二）與董家渡的孤兒院

范廷佐修士去世之後，學校的校務由中國修士陸伯都負責，而教學依然由馬義谷神父負責。但是後來由於馬義谷調往常熟、長興、海門等地傳教，不太可能再在學校兼課，教授油畫的任務就落到了另一個法籍耶穌會神父艾而梅的身上。這是一個不得不提又令人感歎生不逢時的藝術家。

艾而梅，字羹才，法籍耶穌會士，西文名Faustin Laimé，一八二五年出生於法國南部小鎮勒東（Rédon），在法國西部的坎佩爾（Quimper）長大。父親是一個退伍老兵，母親是一個法籍凱爾特裔藝術家，在她的著作中曾提到過要貢獻她的一個兒子做傳教士，甚至做「烈士」。

[10] A. Colombel:Histoire de la Mission Kiang-Nan, vol. III, p603,1902.
[11] A. Colombel:Histoire de la Mission Kiang-Nan, vol. III, p603,1902.

民國初年土山灣畫館的學生正在臨摹石膏像

　　艾而梅小時候非常喜歡藝術，卻頗為頑劣，多次因無法完成學業而被迫轉學。真正改變艾而梅的是他生病時的保姆Piltan太太，是她的耐心細緻以及虔誠改變了艾而梅，最終他和Piltan太太的兩個兒子一樣進入耶穌會，並被派來中國。在此之前，他曾被教會方面送到巴黎美術學校進行了八個月的油畫和雕塑的學習。

　　艾而梅是一個對藝術很執著的人。他曾經為了繪製一幅聖母抱耶穌像而不停地修改，直到他對這幅畫滿意為止。他的同學范世熙曾這樣形容他：「他可以對同一件作品重新做十次。」[12]他曾經幾次被太平天國軍隊逮捕，又幾次幸運地逃了出來。范廷佐修士病逝以後，教會方面對艾而梅寄予厚望，希望他可以為教會培養一些與他一樣可以為教區繪製油畫的中國人。於是，艾而梅性格中早在幼年就形成的不羈在沉寂多年後爆發了，他全心地投入到培養中國的宗教畫家這項事業中。他對美術學校的課程進行了大手筆的改革，擅自為學生們設置了各種各樣的油畫基礎理論課程，而那些冗長的純理論課卻使學生們反感：「他們不過就想用幾個月的時間學會油畫，沒想到這樣看起來是一個無休止的課程」[13]。於是，上級找他談話，告訴他土山灣當時的課程設置是有規定的：歐式的素描課程和專門的油畫技法，不能擅自增減課程。於是，艾而梅的計畫只能半途而廢[14]，儘管經他管理之

---

[12] A. Vasseur: Lettres illustrees sur une ecole chinoise de Saint-luc auxiliaire de la propagation de la foi, Melanges sur la Chine, p27,1884, Imprimerie des apprentis-orphelins.——Roussel（Paris-Auteuil）

[13] A. Vasseur: Lettres illustrees sur une ecole chinoise de Saint-luc auxiliaire de la propagation de la foi, Melanges sur la Chine, p27,1884, Imprimerie des apprentis-orphelins.——Roussel（Paris-Auteuil）

[14] A. Vasseur: Lettres illustrees sur une ecole chinoise de Saint-luc auxiliaire de la propagation de la foi, Melanges sur la Chine, p27,1884, Imprimerie des

後的學校，不論從藝術檔次還是繪畫技巧上確實有了一個不小的飛躍。教會的干涉對虔誠於藝術的艾而梅是一大打擊，他死前的最後一封信是寫給法國自己教區的本堂神父的，信中有一句話讓人感歎不已：「請不要把太藝術的靈魂派到中國來，那樣對他們將會是痛苦的煎熬。」[15]一八六二年，艾而梅在上海奉賢南橋病逝。

再說出生於義大利南部的夏顯德神父因為不適應中國北方乾燥寒冷的氣候，一到那裡就不斷生病，最後教會只能把他調回到江南，在無錫負責漁民的傳教工作。馬五神父遇害之後，孤兒院跟隨徐家匯的「大部隊」在戰亂中遷到了董家渡，幾經輾轉後在南門外的一個當鋪中落了腳。此時，教會方面想到曾在蔡家灣孤兒中深得人心的夏神父，就把他調回來重新擔任孤兒院院長，以穩定「軍心」。但沒想到，由於當時董家渡的條件惡劣，孤兒們染病甚多，「日必十數人」[16]，夏神父也由於親身照顧病孩而難逃惡疾，最終於一八六四年四月三十日去世。七個月之後，教會作出決定：孤兒院遷往徐家匯土山灣。自此，蔡家灣和董家渡的孤兒院都殊途同歸，彙集於土山灣。

三、陸伯都時期（一八六二～一八七〇）

艾而梅去世後，教授美術的任務再次落到了陸伯都身上。雖然，范廷佐修士並沒有培養出多少學生，而陸伯都正

---

apprentis-orphelins.──Roussel（Paris-Auteuil）
[15] A. Colombel:Histoire de la Mission Kiang-Nan, vol. III, p929,1902.
[16] 佚名：《遺聞遺事──蔡家灣育嬰堂，始遷上海小南門，繼遷徐家匯土山灣之歷史》，p.70，《善導報》1914年第15期。

是這為數不多的學生中的一名佼佼者。

　　陸伯都，字省三，浦東人，聖名伯多祿，一八三六年六月二十六日出生於浦東川沙縣城。他與美術結緣其實是一個意外。一八五二年，他找到當時上海教區主教郎主教，要求入教修道。由於他當時已經十七歲（虛歲），郎主教覺得他的年齡太大，而且還患有肺病，不適合學習教理，但又不便拒絕他為教會奉獻的好意，於是就委婉地告訴他，可以去新開的范廷佐美術學校向范修士學習繪畫，並告訴他，學會繪畫的本領之後也可以為教會服務。就這樣，陸伯都成了范廷佐那個美術學校裡的第一個學生。「他用了八年時間在這裡學習素描和雕塑；還向在義大利受過良好專業指導的馬義谷神父學習油畫，並在馬義谷神父那裡完成了他學徒期的教育。」[17]由於馬義谷和艾而梅兩位都是神父，按照教會的規定，神父負責傳教而不負責管理具體的事務，因此，雖然陸伯都在美術上並不是很有天賦，但卻勤奮好學，再加上性格也十分溫順，對他人十分體貼[18]，因此，陸伯都這個大弟子很自然地在范廷佐修士去世之後接管了學校的教務。一八六二年，艾而梅神父去世，面對油畫無人教授的窘境，教會方面終於批准了他的請求，陸伯都如願加入耶穌會，並開始全面負責畫館的教學與教務。

　　一八七〇年至一八七一年之間，陸伯都修士因為肺病再次發作而被送到了洋涇浜養病，畫館業務由他的學生劉必振修士代理。在洋涇浜期間，教會收購了一個歐洲人印刷廠

---

[17] J. de la Serviere: L'Orphelinat de T'ou-Sè-Wè: Son histoire et son état présent, p.26, 1914, Imprimerie de L'Orphelinat de T'ou-Sè-Wè (Zi-ka-wei - Shanghai).

[18] A. Colombel:Histoire de la Mission Kiang-Nan, vol. V, p1137,1905.

的器材，這些器材當時堆在洋涇浜聖若瑟堂隔壁，就由陸修士保管。教會方面希望借助這些印刷器材讓土山灣印書館有一個較大發展，同時也希望當時尚在徐家匯的陸修士的畫館能夠助以一臂之力。第二年，這些印刷器材便轉移到了土山灣。當時土山灣印書館的主任是翁壽祺，他在土山灣是大忙人，除了負責印書館之外，還兼管農業、釀酒以及攝影衛生等工作。翁壽祺便向陸伯都提出，能否把畫館從徐家匯遷來土山灣，在不耽誤美術教學的同時，也能夠負責管理這些印刷器材。陸修士在獲得上級允許之後，欣然應允。從此，土山灣孤兒工藝院裡便多了一個圖畫部（後人多習稱土山灣畫館），主任便是陸伯都，副主任是他的學生劉必振。

陸伯都創作的作品並不多，已知的有：徐家匯老堂主祭台上的聖依納爵畫像、董家渡教堂主祭台邊的聖彌額爾畫像，以及教堂內有郎懷仁主教和倪懷綸二主教墓的小房間屋頂上繪製的聖類思像和聖達尼老像等。可惜，這些作品均毀於「文革」期間。還有一幅佘山聖母畫像，有說是陸伯都所作，但也有資料說是陸伯都的學生劉必振所作。

四、劉必振時期（一八七〇～一九一二）

陸伯都在范氏過世後擔負起收徒傳藝的重任，土山灣畫館正式成立後他是這個畫館的第一任主持。陸氏為畫館的發展付出了巨大熱情，但他一直身虛體弱，長期患病，遂委託自己的學生兼助手劉必振代理主持畫館的日常事務。一八八〇年六月，陸伯都因肺結核病惡化而逝世，劉必振正式上任，執掌館務直到一九一二年，而這三十年間也正是土山灣畫館發展最輝煌的時期，目前所知出自土山灣畫館的名人，

幾乎都是在劉必振擔任主任期間在畫館學習的。

　　劉必振，字德齋，號竹梧書屋伺者，一八四三年三月三十一日出生於常熟古里。劉家世代皆為天主教徒，十九世紀五十年代末太平軍進軍江南，劉必振隨逃難的天主教徒來到上海，不久即進入聖‧依納爵公學，畢業後隨陸伯都學畫。一八六七年加入耶穌會。劉必振先學中國畫，後改學西畫，以畫水彩風景而知名。劉氏一度曾任土山灣孤兒院圖書館的主任，兼任畫館老師，後由於陸伯都體弱多病，劉必振作為陸修士「最好的學生」[19]逐漸代他管理畫館的工作。據《江南育嬰堂記》中記載：「同治九年（即一八七〇年），劉相公始每日至土山灣代替陸相公教畫。」[20]一八七二年，畫館從徐家匯遷到土山灣後，劉必振除代陸管理教務外還具體分管水彩畫的教學。

　　土山灣畫館遺留的文獻很少，其教學生產的詳細過程今天已很難復原，但通過近年發掘出的一些殘存史料，我們還能從中瞭解一二，而這些史料所涉及的也基本都是劉必振執掌期間。畫館以孤兒進館時間為序，教學方法採用工徒制，分級分班教學，課堂作業大多用範本臨摹。學制一般為四年，如加學油畫，則再延長一年。教授的科目有素描、寫生、勾稿、放樣、著色、書法等專業課，以及算學、歷史、宗教等基礎知識，還要練習體操和唱歌。一年考試兩次，前三名有獎賞，頒獎時各位神父均會到場，十分隆重。學徒期間有少量津貼可拿，滿師後則可計件享受薪酬。畫館對外承

19　J. de la Servière：L'Orphelinat de T'ou-Sè-Wè：Son histoire et son état présent, p.26, 1914, Imprimerie de L'Orphelinat de T'ou-Sè-Wè (Zi-ka-wei - Shanghai).

20　《江南育嬰堂記》，p.2503。

左 ｜ 清末土山灣畫館內景
右 ｜ 1903年，土山灣畫館主任劉必振和他的畫館學生

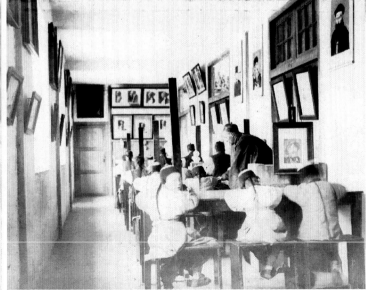

接訂單，山水、花草、人物及宗教故事畫等均可受理，按畫件的尺寸大小和難易程度定價，而又尤以各類油畫最受歡迎。因油畫複雜難學，繪製時間長，而當時畫館只有王安德、徐詠青等七位師生能夠承接油畫訂單，故常常供不應求。他們的作品曾參加南洋勸業會等展覽，獲獎牌達十九塊之多。由於最初執教畫館的是范廷佐和馬義谷，後有人據此認為畫館教師主要由外籍人士擔任，此實不確。在畫館任教的其實大都為中國人，現存的幾張畫館教學照片可以清晰地證實這一點。我們現已確知的就有：教授油畫的王安德、教授素描的李德和、教授勾稿放樣的溫桂生、教授書法的姚子珊等等。擅長素描、精於水彩的劉必振則長期擔任畫館主任，統率全局。

　　經過一百餘年的歲月磨洗，當年畫館師生的繪畫作品現在已難得一見，只能根據零星記載和殘留的少量歷史照片、書籍插圖來依稀回想他們辛勤創作的情景。一八八七年，土山灣慈母堂刊印《道原精萃》一書，全書共分「萬物真原」、「天主降生引義」等七卷，每卷均附有木版插圖，共有圖像三百幅。擅長繪畫的法國傳教士方殿華神父在卷首撰有《像記》一文，介紹《道原精萃》一書圖像的來源及流變的過程，其中特別寫道：「江南主教倪大司牧輯《道原精萃》一書，囑劉修士必振率慈母堂小生，畫像三百章，列於是書。其間一百一十一章，仿法司鐸原著，餘皆博採名家，描寫成幅。既竣，雇手民鐫於木。夫手民亦慈母堂培植成技者也。予自去歲以來，承委督繪像等藝，恐閱是書者，不知是像之由來，爰志此於卷首云。」由此可知，《道原精萃》一書乃一八八七年由當時的江南教區主教倪懷倫（Valentinus Garnier）編纂，由劉必振率領畫館學生繪製插

圖，刻板工匠也是由土山灣孤兒工藝院培養出來的美術人材。《道原精萃》一書中的插圖，代表了土山灣畫館全盛時期的神采風貌，我們從中正可瞭解、欣賞劉必振及其畫館學生的繪畫水平。當時類似《道原精萃》這樣的書，還有一八九二年出版的《五彩古史像解》及《五彩新史像解》等書，均為用圖像講解《聖經》的書籍，前者收圖一百一十八幅，後者收圖一百零六幅，皆由劉必振率徒所繪。這些圖書已成為後人考察土山灣畫館的珍貴文獻。

劉必振從一八七〇年到一九一二年長期執掌畫館，既親自教學，又管理協調，做了大量開創性的工作，為畫館的穩定發展作出了很大貢獻：如主持制定切實詳盡的學習章程；按照各人的天賦條件和領悟能力因材施教；在承接對外訂單時，也依照各人不同的水準和名聲，定出不同價碼。為提高學生水平，擴展學生視野，他還親自帶領學生外出寫生，帶他們去西門外的中西美術學校觀摩；並為學生爭取盡可能高的待遇，為同事和學生的家事、婚事盡心盡力，排憂解難。劉必振還十分注意總結教學經驗，主持編撰了不少著作，如《畫館記略》、《繪事淺說》、《畫館繪鐫錄》及《畫館中興記》等，除《繪事淺說》一種於一九〇七年由土山灣印書館公開出版外，其餘幾種均未見有人提及，各大圖書館館藏目錄中也未見著錄，很有可能並未出版。當時海上畫壇的很多著名人物也都或多或少受到他的影響，如海上畫派的開創者任伯年就是通過劉必振接觸到西洋繪畫的。十九世紀中晚期，任伯年與劉必振過從甚密，在他的影響下，任伯年學習素描，據說也畫過人體模特兒，任使用的3B鉛筆，也得自劉必振，任伯年因此而養成了鉛筆速寫的習慣。與此同時，劉必振也帶領畫館的學生走訪任伯年，學習中國畫藝，並畫

有聖像白描，以中堂形式掛於教會場所。有關劉必振的生平
活動，鮮有文獻可資引證，近年發現的一張照片，記錄了他
七十虛歲生日之際和畫館新、老學生在百步橋合影的瞬間，
彌足珍貴。百步橋位於龍華，當時有河直通徐家匯，教會中
人經常泛舟郊遊。劉必振這天正是借此寶地舉行七十大壽的
生日宴會，圍繞四周的除了個別幾位教師，都是他的新、老
學生，其中後排右一戴圓帽者即為其得意門生、民國初年以
畫水彩畫和月份牌畫而出名的徐詠青。這張師生合影照，非
常難得地為後人保留了土山灣畫館當年的盛景。

　　徐詠青是劉必振最欣賞的學生，也是畫館諸生中成就
最大者，但有關他的生平卻一直模糊不清。我們通過多年的
查閱勾稽，整理出一些線索：徐詠青本姓王，名永青，出生
於一八八〇年。他自幼失去父母，淪為孤兒，流浪於上海街
頭，後被人送入土山灣孤兒院。先在慈雲小學讀書，一八九
三年正式進畫館隨劉德齋學畫，在畫館當學徒時他使用的就
是「王永青」這個本名。光緒二十四年（一八九八）正月初
八，徐詠青滿師畢業，兩天後就是他的結婚吉日。因為他的
孤兒身分，按當時比較普遍的習慣，他成了一名招女婿，入
贅的女家姓范。在經過一番神思熟慮、並取得女家同意之
後，他為自己取了一個新名字：徐宗范。徐，喻意徐家匯，
以示不忘根本；而范，自然喻意女家之姓，范字前面一個宗
字，已經將對女家的尊敬之意表露無遺。他又為自己取字坪
生，喻一生平安妥帖之意。出道以後他改名徐詠青，但又為
其兒子取名范寄病，遵循了自己當年對女家的承諾。徐詠青
光緒十九年（一八九三）正月進畫館學畫，二十四年（一八
九八）正月滿師，為時整整五年，這和畫館的學制規定是吻
合的（學制一般為四年，如加學油畫，則再延長一年）。徐

1912年4月，土山灣畫館掌門人劉必振修士和畫館新、老學生合影於龍華百步橋，中坐撐手杖著長衫者即為70壽翁劉必振，旁邊拿帽者為安敬齋，後排右一戴圓帽者為其得意門生徐詠青

詠青是劉必振最為喜愛的學生，劉曾屢屢為他單獨講課；在畫館的諸項科目考試中，他也幾乎每項都考第一，屢獲獎勵。光緒二十三年（一八九七）二月，劉必振親自安排徐詠青拜油畫水平最高的王安德學畫油畫。徐詠青滿師後，因繪畫成績好，得以和王安德等一起成為畫館中有資格對外承接油畫訂單的少數幾人之一，劉必振為報王安德的傾心教育之情，還自己掏出兩塊銀元表示酬謝。一九一二年四月，劉必振七十歲生日，徐詠青以老學生的身分特地趕來為老師祝壽。三個月後，劉必振就因病辭世了，這張照片，很可能是這對師生唯一的一次合影。劉必振和徐詠青堪稱土山灣畫館中的師徒雙子星座：他們一個是畫館承前繼後的關鍵人物，一個則是眾多學生中聲譽最隆的傑出代表。

除了教學、管理畫館之外，劉必振還長期應邀在徐匯公學授課，在該校開設美術課程，徐匯公學的紀念冊中列有他的名字和照片。劉必振晚年還為土山灣寫歷史，今台灣利瑪竇圖書館所藏《江南育嬰堂記》（原藏徐家匯藏書樓）中的多個章節，經我們考證，均出自劉必振之手。

一九一二年七月三十一日晚，劉必振在洋涇浜的醫務室去世，終年六十九歲。

劉必振的作品現已知的有董家渡教堂中的守護天神畫像、聖依納爵、聖亞納、聖德肋撒等畫像也均為他所作。可惜，這些作品在「文革」中都毀於一旦。

五、潘國磐及那彥英時期（一九一三～一九五一）

這是兩個性格迥然不同的人：前者是一個「老好人」，土山灣的老人們，包括後來台灣的學生，只要提起他，沒有

上 | 劉必振繪，選自《新史像集》1894年版
下 | 道原精粹插圖

代犧牲為旁人觀之成何形狀湯竟忘其九五之尊者以憫念斯民至摯也夫天主尊矣監觀下民豈不甚赫乃盡斂其赫灌之威而受難贖罪者為古今萬民也為予也亦正為君也君乃忘其慈憫莫大之恩而不加頸謝痛悔反疑關不破獲戾愈深徇其熟思而細繹之斯可耳譬人有愛子多行不義有司治之其父慮子罹刑以身代罪雖極鞭笞圄圄之苦亦所不辭何也愛子最摯也為子者當父於此景必深自貶損責有加如復悠悠泛泛漫不經心其為不孝滋大矣

一個不嘖嘖說好的；而對後者的評論，多是「陰險」，「難以接近」這類的貶抑詞。

潘國磐，法籍耶穌會士，一八八六年出生於法國，一九一三年來華，主要管理畫館和印書館。也許真是當年艾而梅那封信影響了耶穌會的總部，所以才會派像潘國磐這樣工科出身的「門外漢」來管理那些藝術的靈魂——當然，他也不是一竅不通的「空降兵」，他也懂圖畫，雖然最擅長的是工業繪圖。

也許是前任劉必振修士的光芒太耀眼，再加上潘國磐並不懂油畫和水彩畫，只是以謙遜和善的態度為大家服務，故雖然獲得了眾多工人學徒的愛戴，但在他管理期間，畫館並沒有什麼大的發展，他是一個守成型的管家。可能是教會方面發現，「門外漢」式的管理效果並不理想，一九三六年，畫館和印書館分家，畫館再次成為一個獨立管理的部門，與印書館平級。潘國磐修士專職管理印書館，負責畫館的則是教會派來的西班牙雕塑家那彥英。

那彥英，字蒙珠，一九一〇年出生，西文名Marianus Navascués，西班牙籍耶穌會士。曾在西班牙本土學過雕塑和油畫。那彥英一九二四年來華，原在西班牙耶穌會所在的安徽傳教，後來才被調到上海。那彥英長著一個鷹鉤鼻，其長相確實容易給人「陰險狡詐」的感覺；他的性格陰沉、內向，不像前任潘修士那麼開朗、豁達，這也使學生們普遍感到他「難以接近」。頻頻被人詬病的他，卻意外地對於本來並不屬於他管理的木工間學生徐寶慶傾注了很大精力[21]。他是徐寶慶的啟蒙老師，也是他最早教會了徐寶慶基本的雕塑

---

[21] 徐才寶，徐右衛：《黃楊木雕第一家：徐寶慶黃楊木雕鑑賞》，p.132，上海古籍出版社，2003。

技巧。在他擔任畫館主任期間，土山灣畫館於一九四五年在上海大上海電影院二樓的寧波同鄉會舉辦了第一次公開畫展：「宗教藝術展覽會」[22]。正是在這次展覽上，徐寶慶的作品被精印出版[23]，其作品開始走俏。

那彥英修士一九五一年離開大陸後去了台灣，不久又去了菲律賓，一九七九年在馬尼拉去世。

六、畫館的尾聲（一九五一～一九五八）

一九四九年後，由於外國教士大量離開，土山灣畫館的業務和其他工廠一樣迅速萎縮。畫館的最後一任主任是中國修士余凱。他本是安徽人，對繪畫頗有造詣，加入耶穌會之後才被教會派來上海。余凱擅長水彩畫，他當年的朋友和學生還保存有一些他的作品。余凱執掌期間，正處社會急劇轉型期，畫館業務實際已不可能有所作為，他也成了土山灣畫館的最後一抹斜陽。一九五八年，畫館正式併入上海五華傘廠[24]，土山灣畫館正式退出歷史舞台。

除畫館外，土山灣孤兒工藝院下屬各部皆有產品生產，供應市場，其中不少屬於精美的工藝美術品，在當時獨樹一幟，廣受歡迎，行銷海內外各地。如彩繪玻璃的生產，此工藝由法國傳教士自法國工藝美術學校移植而來，屬土山灣工藝一絕。學生們先畫出「聖像故事」、「人物鳥獸」之類

---

[22] 2003年8月12日土山灣老人章俊民口述。
[23] 徐才寶，徐右衛：《黃楊木雕第一家：徐寶慶黃楊木雕鑑賞》，p.132，上海古籍出版社，2003。
[24] 王寅：《散落的冊頁——土山灣畫館舊史》，p.13，《藝術世界》1998年第3期。

的設計稿，再用顏料將人物、花草、鳥獸等圖像彩繪於玻璃上，置爐中煨炙後彩色深入玻璃，絢麗異常，永久不退。彩繪玻璃在市場上廣受歡迎，一些高檔住宅、銀行、教堂和洋行等高樓大廈均以用此為榮，譽為「中國彩繪玻璃，此為第一出品處」[25]。其他如中西鞋作製造的皮球、皮袋；照相館用銅鋅玻璃版製作放大的彩色人物、風景照片；五金部生產的精緻工藝鐘、嵌畫風琴、鍍金燈檯等等，都很受市場歡迎，且均備有各種型號和大小規格，可供顧客挑選，有的甚至遠銷國外。其中木工部的規模最大，產品也最多，有中西木器、金銀彩畫、油漆器具、人物石膏像、木雕宗教故事畫屏等，在當時頗有聲譽，產品也十分暢銷。徐家匯藏書樓中曾藏有兩塊雕刻技藝非常精湛的宗教故事木雕畫屏，長寬各二米有餘，氣勢十分恢宏，即為木工部所出品，今已歸上海圖書館收藏。除孤兒工藝院外，土山灣的聖母院也出產有工藝美術品。聖母院創辦於清咸豐五年（一八五五年），最初設在青浦橫塘，同治八年（一八六九年）遷到徐家匯，除辦有拯亡會、幼稚園、聾啞學堂、啟明女校等外，還設有刺繡所、花邊間、裁縫作等，歷年來招納的女工近三千人，生產的工藝品種類繁多，有壁掛、枕套、床罩、床單、床沿、窗簾、桌布、靠墊、頭巾、圍裙、繡衣、絲綢畫屏等等，產品非常暢銷。據一九三三年記載：「其出品刺繡、花邊等，為各界所歡迎，近年銷出外洋甚巨。」[26]對清末民初這種「工藝品外銷」現象，以往的工藝美術史往往忽視，以至成為一

[25] 丁悚《上海早期的西洋畫美術教育》，載上海文史館、上海人民政府參事室文史資料工作委員會編《上海地方史資料》第5期，p.208，上海社會科學院出版社1986年1月出版。

[26] 《徐匯紀略》，土山灣印書館1933年出版。

個空白，可供查考的史料和原作也散失甚多，這值得引起大家重視。

　　一八四七年，法國天主教耶穌會士來到上海，在徐光啟墓地原有的小教堂邊上開始建立會院居所，幾十年的時間裡把徐家匯地區變成了中國土地上最具規模、影響最大的西方文化中心之一，土山灣也因此名垂史冊。如何評價這一切，這是一個複雜艱深的學術課題，值得後人深深思索。

土山灣印書館
中西文化交流的一座橋樑

　　土山灣孤兒院東南部有幾間普通的平房，這裡就是創造
過印刷史上眾多記錄的土山灣印書館。整個印書館包括排字
間、石印間、裝訂間、發行部、照相室和紙張倉庫以及雜物
間，其中在排字間門口的小花園中有一個路德聖母像，聖母
像之下就是原來的土山遺址。

　　若論土山灣印書館的歷史淵源，其源頭可追溯自一八五
〇年夏顯德神父在蔡家灣孤兒院創辦的「印刷工廠」。高龍
鞶在《江南傳教史》[1]的「蔡家灣孤兒院平面圖」上清晰地
標出了這個印刷工廠的位置：鞋作以南，門衛以東。當時這
個「印刷工廠」設備簡陋，人數也很少，只能印些用於傳教
的小冊子，並再版印刷一些以前的宗教著作。這個孤兒院後
來遷往土山灣，其所屬「印刷工廠」也成為了新生的土山灣
孤兒工藝院的最早組成部分。值得一提的是，原來在教區負
責印刷工作的比利時籍修士婁良材也被調來土山灣孤兒院，
成為土山灣印書館最早的負責人；他製作的石印架和印石，
奠定了土山灣印書館石印的基礎。另據《江南育嬰堂記》
記載：土山灣的首任管帳法國嚴思愳神父，負責監管鉛版和
印書事務，所用鉛字係法國神父蘇念澄於一八七二年從香港
所拍得的鉛鑄漢字。同年，擅長照相的翁壽祺修士從徐匯堂
調至土山灣，幫助嚴思愳神父司職印書館事務，同時也負責
照相。綜上所述，可以得知：在孤兒院遷入土山灣之前，也
即從一八五〇年至一八六四年這十四年期間，印書館就已經
開始萌芽，但是由於其規模不大（各個工廠基本上均由院
長統管），印刷產品範圍單一（主要為北京老教會神父的

[1]　Colombel, Auguste, *l'histoire de la mission de Kiang-nan*, Tom. IV,
Imprimerie de la Mission Catholique à l'Orphelinat de T'ou-Sè-Wè, 〔1906〕,
p.460.

| 震旦大學校慶展覽會上土山灣印書館的展台

宗教著作），以及發行範圍狹小（僅限於提供給天主教內部使用），所以嚴格來說，此時的印刷工廠充其量也只是一個附屬於教會的單純印刷機構，並不能算是一個出版機構。自一八六四年十一月孤兒院遷入土山灣後，由於太平天國戰爭造成的大量「戰爭孤兒」一併進入土山灣，土山灣孤兒人數明顯增加，於是各個工廠職位開始漸漸細化，印書館也開始初具規模，並在以後得到很大發展，成為當時天主教在上海以及江南地區唯一的印刷和出版機構。據中國籍耶穌會士張璜一九三三年在《徐匯紀略》一書中記載：「（土山灣印書館）分石印、鉛印、五彩印等名目。所印中西書籍，久已膾炙人口。」[2]

一、西學東漸──土山灣慈母堂的中文書

「慈母堂」其實是土山灣孤兒院小教堂的名字，不知道為什麼，土山灣印書館早期出版的中文圖書總會在標註出版社的地方冠以「慈母堂」這個名字。

一九二〇年，在土山灣印刷所成立五十周年紀念大會上，沈錦標司鐸曾說道：「因憶五十年中，諸君或排字、或印書、或刻字、或鑄字、或裝訂、或發行、莫非盡為聖經賢傳及一切有益世道人心之善，本與傳教神父講道之功可並行媲美。」[3]可見，土山灣印書館建立的原始目的就在於傳教，故所有書籍，尤其是中文書，大多是圍繞傳播聖教福音展開。一八六九年的時候，至少已擁有七十種作品的木版。

---

[2] 張璜：《徐匯紀略》，土山灣印書館，1933年，p.8。
[3] 佚名：《土山灣印刷所五旬金慶志盛》，《聖教雜誌》1920年6月第9卷第6期，p.284-285。

其實早在蔡家灣印刷工廠時期，就已經開始重印明末清初利瑪竇等耶穌會士的宗教漢文西書，儘管之後孤兒院幾經遷移，但是這個工作卻從未間斷。重印的名單中就有利瑪竇的《天主實義》。但是在蔡家灣時期至土山灣前期，印書館的規模並不大，當時土山灣各個工廠基本上均由院長統管，規模尚小；印書館的印刷產品內容單一，只有重印北京老教會神父的中文著作，並沒有新出的書，發行範圍也很狹小，僅限於提供給天主教內部作傳教之用，以及給徐匯公學的學生作教材。

隨著上海以及江南地區傳教事業的發展，原有書籍已經遠遠不能滿足教會的需要，於是土山灣又出版了多部新譯的宗教書籍，比如白多瑪的《聖教切要》、陸安德著《真福直指》、沈則寬譯斯顧拔著《地獄信證》等。為了方便向上海當地百姓傳教，還出版了不少教理的上海方言本，如管宜穆著的《聖教要理問答注解》，凌雲譯戴爾弟著的《方言教理詳解》等，講述領洗問答、告解問答、聖體問答、堅振問答等宗教常識，每部分都附有以上海方言寫成的問答；而《方言聖經》則直接是用上海方言翻譯的上海話聖經。

除了書籍之外，土山灣印書館還出版有中文刊物，最主要的是《益聞錄》、《聖教雜誌》、《聖心報》和《聖體軍月刊》等幾種。

《益聞錄》，一八七九年三月十六日創刊，是中國天主教最早出版發行的刊物，當時主編是李問漁。內容有諭旨、地輿、天文、算數等，間附以道學、時事以及新聞、傳記、文啟、詩詞等，以宣傳教義教規為主。自創刊號至第十號為半月刊，從第十一號起改為半週刊，每期為六頁十二面，用有光紙單面印刷，對折裝訂，每月合訂為一冊，為十六開

| 土山灣印書館石印車近景

線裝本。讀者對象廣泛，非教徒人士居多。一八九八年與《格致新報》合併，改出《格致益聞彙報》，一九〇七年更名為《時事科學彙報》，一九〇八年始簡稱《彙報》，後來的新聞史著作為避免重名誤會，一般稱之為「徐家匯」《彙報》。一九一一年停刊。

《聖教雜誌》月刊於一九一二年一月創刊，創辦人兼主編為耶穌會中國神父潘谷聲。該刊以宣傳天主教教義為主，並討論中西學術文化以及經濟、社會問題。一九二二年，由法國神父孔明道任主編，中國神父楊維時任副主編；次年，改由楊維時任主編，中國神父徐宗澤任副主編；一九二四年，徐宗澤接任主編。需要指出的是，除了宗教內容之外，《聖教雜誌》每期都有一部分文章是非宗教性、針砭時弊的文章，如分別載於《聖教雜誌》一九二七年十一月與十二月的兩篇文章：《北京人與上海人底生活比觀》、《北京人與上海人底性情比觀》，就是目前可以找到的較早把這兩座城市的市民放在一起作對比的文章，其中有些內容至今讀來仍然覺得一針見血。一九三八年八月，《聖教雜誌》最終在日軍的炮火下被迫停刊，它也是土山灣印書館出版的發行量最大、影響最深的一本刊物。

《聖心報》一八八七年創刊，創辦人兼主編是耶穌會中國神父李問漁，一九一一年李問漁去世，其後擔任主編和副主編的有潘谷聲、徐伯愚、孔明道、徐允希、沈則寬、張渙珊、王昌祉、丁宗傑（丁斐）、丁汝仁等，其中除孔明道是法國耶穌會神父、丁宗傑是教區神父外，其餘皆為耶穌會中國神父。該報月出一期，全國發行，主要刊登有關宗教的文章與通訊，也有一些優秀教友的傳記，如一九二七年第四十一卷第三期就刊登了一篇《耶穌會士楊君傳略》，講述了土

山灣孤兒出身的楊樂山修士如何從一名遭繼母虐待逃出家門的孤兒成長為一名專司計帳的修士。一九一四年，印數為五千一百份，一九四〇年為四千四百五十份，一九四九年為二千二百份。一九四九年七月，改為活頁半月刊，並改名《祈禱宗會》，同年十月一日又改名《心聲》，一九五一年六月停刊。

《聖體軍月刊》於一九三一年創刊，是上海天主教內聖體軍善會的會刊。聖體軍是天主教內一個類似於童子軍的兒童組織，因此這本刊物的主要發行對象是教友家庭的少年兒童。該報內容除了宣傳一些聖體軍內的章程活動等綱領性內容之外，其他文章一般由少年兒童自己撰寫並投稿，內容是關於少年兒童的日常生活，比如學校組織春遊、秋遊之後寫的遊記等。該刊在上海教友家庭的少年兒童中十分流行，很多小朋友以自己的文章刊登在刊物上為榮。初發行六百份，一九三八年增為三千份，一九三九年後保持一千一百份，一九四九年停刊。

土山灣印書館平均每年出版中文圖書五十種，二十五萬到三十五萬冊。總的來說，土山灣的中文圖書是西方文化漸入中國的視窗。

二、東學西漸——TSW的西文書

1. 土山灣西文出版概述

土山灣印書館的西文出版晚於中文出版，開始於一八七四年。當時土山灣印書館盤入了上海另一家歐洲人開的印刷廠，由此奠定基礎，並繼續買進一些印刷設備，其中包括

中文和西文字模。土山灣的西文字模品種很齊全，據土山灣
老人回憶，直到二十世紀八十年代，當年土山灣的這些西文
字模仍然在後來的中華印刷廠使用。在抗戰期間，土山灣印
書館的西文排字間已備有最新式的從法國進口的自動排字
機，在四十年代的時候已具有當時十分先進的分頁印刷等技
術。根據中西文不同的記載，可以確定：一九三五年時，土
山灣印書館平均每年出版的西文書刊就達五十種，七十五
萬冊。[4]

　　當時上海教區的科技出版物全部都由土山灣編輯出版，
也正是這個原因，使印書館方面不惜一切代價去引進最好的
機器以印刷複雜的彩色出版物。一九一四年時，車間裡就有
二台當時處於世界先進水平的馬里諾尼（ARINONI）彩色
石印機，四台大型凸版印刷機以及二台腳踏架。當時，一般
印刷廠的一個車間最多可容納約三十名工人，而土山灣印書
館一共有一百一十名工人，四十名學徒，其規模在當時上海
印刷業具於前列。

　　土山灣印書館（Imprimerie de T'ou-Sè-Wè）的外語名字
是有一個演變過程的：在一八八五年黃伯祿神父的《中西
曆日合壁》中，出版社一欄的中文名字是「徐匯書坊」，
下面一行地址是「土山灣孤兒院」，而外文名字則是「Typ.
Missionis Catholicae in orphanotrophio T'ou-sè-wè」（位於土
山灣孤兒院的天主教會印刷所）。一九二六年，在祿是遒撰
寫的《中國迷信研究》一書的版權頁上，出版社一欄仍然
寫的是「Imprimerie de la Mission Catholique à l'Orphelinat de
T'ou-Sè-Wè」（位於土山灣孤兒院的天主教會印刷所）。直

4　Anonyme, *Une visite à l'orphelinat de T'ou-Sè-Wè*, Imprimerie de la Mission
　Catholique à l'Orphelinat de T'ou-Sè-Wè, 1935,non paginé.

到進入二十世紀三十年代後，其外文名稱才逐漸為後來大家
所熟悉的「Imprimerie de T'ou-Sè-Wè」（土山灣印書館，簡
稱通常為TSW）所替代。

到二十世紀三十年代，土山灣印書館的規模顯然又有所
擴大：一九三三年時，土山灣印書館裡的工人人數已經達到
一六九名；一九三五年，印刷間裡已經有六台大型印刷機，
還有一些專門用來裝訂和切紙的機器，另外附設有專門的
照相間、字模鑄造車間和紙張倉庫。一九三六年，土山灣印
書館出版了《中華天主教區全圖》，該圖高約四尺，橫約五
尺，以各種不同顏色，區分全國一百二十五個教區，並附有
各重要都市及省份之市民與公教人數統計表。該圖還出版有
法、英、德、西、意及葡萄牙等多個語種的版本。

在費賴之一八七〇年出版的《一八六九年的江南教區》
一書中，有這麼一句話：「董家渡是屬於中國的教區神父
的，而徐家匯則屬於我們（法國耶穌會神父）。」[5]一八五
六年，教宗宣佈把早在康熙二十九年設立的「南京教區」
改為「江南宗座代牧區」，交給法國巴黎省耶穌會管理，此
後，直到一九四六年中國建立天主教聖統制之前，江南宗座
代牧區歷任主教都以上海為駐地，均係法籍耶穌會士。因
此，在目前所發現的土山灣出版的外語書目中，法語最多，
占到六十六‧二％，拉丁語書次之，占了二十七‧一％，兩
者相加就已經占了絕大部分。當然，也有一些其他語種比如
英語、德語、西班牙語的書籍出版（這些書一般都是來自相
應地區的傳教士所撰寫）。

---

[5] Pfister, Louis, Compagnie de Jésus en Chine-- Le Kiang-Nan en 1869,
Collection saint-Michel, E. de Soye（Paris），1870, p.43.。

上左 ｜ 《風琴小譜》封底

上右 ｜ 土山灣印書館1908年秋出版的《風琴小譜》封面

下 ｜ 1887年土山灣慈母堂刊印的《道原精粹》一書版權頁

2. 土山灣印書館西文出版書目考述

與中文書刊相比，土山灣印書館出版的西文圖書量不大，範圍基本上是教會內的科技出版物。即使是宗教書籍，也大多是作為宗教工具書而不是如中文出版那樣的傳教目的。

土山灣的宗教書籍主要是教會的一些正式文件。其中比較著名的有《來華傳教之耶穌會神父及修士名冊》（Catalogus Patrum ac Fratrum S.J. Qui Evangelio Christi Propagando in Sinis Adlaboraverunt），包含了自利瑪竇以來至一九三七年所有來華耶穌會神父修士（主要是位於長江以南的江南宗座代牧區與長江以北的直隸東南代牧區）以及江南地區教區神父的生卒年月及來華年份等基本情況。此名冊經多次修訂，每次修訂後均由土山灣印書館出版。其中最後一次大的修訂由《中國迷信研究》作者祿是道[6]負責。

另一類比較多見的就是土山灣出版的描寫教會歷史的書，包括江南天主教的歷史，天主教內某人物的傳記，以及傳教區現狀等，其中最著名的是高龍鞶和史式徽著述的兩本《江南傳教史》。有意思的是，宗教歷史類的書籍在當時往往是作為一個紀念的座標（如《土山灣孤兒院紀念冊》是為了紀念土山灣孤兒院成立五十周年所作），或者由某個事件觸發（如《中國溺嬰記》是為了反擊當時對教會育嬰事業的污蔑），以回憶過去，展望未來，或清理障礙以更好地前進。值得一提的是，土山灣印書館出版的宗教歷史類出版物不僅僅局限於天主教範圍之內，例如，《一九二四～一九四九年中國教會巡禮》（L'église de Chine au Tournant, 1924-

---

6　祿是道（Henri Doré, 1849-1931）又譯多雷，字慶生，法籍耶穌會士，一八九七年來華。

1949）中就包括了在華基督教各支派的情況；此外甚至還有不少關於中國佛教歷史研究和儒家經典研究的書籍。

　　還有一類是介紹展現宗教藝術的書籍。土山灣印書館的負責人與土山灣畫館的負責人有著千絲萬縷的聯繫，一九三六年「分家」之前，土山灣的畫館和印書館是以「南樓」的名義統管的，所以印書館的主任同時也兼任畫館的主任，另外下設一到兩位副主任，負責管理印書館和畫館。中國有句古話「書畫不分家」，在土山灣也是這樣的，很多油畫作品會通過印書館來印刷廣告，而印書館所印的作品中，也往往會出現畫館學徒精心設計甚至親手繪製的插圖和裝飾圖。根據土山灣出身的一些老人回憶，在「分家」之前，印書館的學生也要學習素描、油畫等課程；即使在「分家」之後，土山灣印書館和畫館之間也僅有一扇小門隔斷，兩館的學徒與師傅之間也多有交流。畫館與印書館的統管使印書館的作品在插圖和美工設計方面具有很大優勢，出版品種也更加豐富，當時，土山灣印書館的出版物在業界享有很高的聲譽。土山灣宗教藝術類出版物的代表作是《徐家匯土山灣孤兒院》（Orphelinat de T'ou-Se-We, Zi-ka-wei）叢書。這套叢書在一九二八年前後由土山灣印書館出版，其實這是一套徐家匯土山灣孤兒院各工廠的「廣告」，現存共四冊，分別是「Atelier d'orfevrerie」（「金銀細作」），「Atelier de Menuiserie」（「細木工場」），「Sculpture（「雕花間」）和「Autels et Ornements d'Eglises」（「教堂裝飾與祭台」），均附有精美的插圖。其中「Autels et Ornements d'Eglises」（教堂裝飾與祭台）分冊的扉頁上有這樣一句話：「Nous ne faisons pas de statues en plâtre. Nos statues sont sculptées sur bois.」（我們不做石膏雕塑，我們

| 土山灣印書館的排字房

在木頭上直接雕刻）[7]，由此，也可看出土山灣孤兒工藝院的高度自信，他們當時所具有的技術水平確實也足以讓他們如此自傲。

隨著土山灣印書館的發展，它所印刷的範圍也不再局限於宗教出版物。與中文出版物不同，土山灣西文出版物的出版目的不像中文出版物那樣特別強調傳教，而更加注重其實用性和研究性，就今天發現的土山灣印書館西文出版物的類型來看，非宗教的印刷品就占到了一半。

教材是當時土山灣印書館印數最多的非宗教西文書籍。據記載：「徐家匯的依納爵公學和震旦大學所用的教材幾乎全部出版自土山灣印書館。」[8]即使在非天主教會的學校裡，也長期使用土山灣印書館印製的音樂與美術教材。當時，土山灣的音樂、美術教材因其濃郁的西方因素確實具有特色。土山灣印書館的教材還包括拉丁語、法語和英語學習的讀物：詞典、語法書、練習冊等等，其中主要是學習法語和英語的書籍。最著名的法語教材是董師中[9]神父編寫的《法語進階》（Introduction langue française），這本教材長期以來一直是人們學習法語的必備教材。此外，各個天主教會學校的招生簡章和學生須知等非公開出版物也都由土山灣印書館印製。

徐家匯的傳教士們，在傳教的同時，也為中西交流打開了一扇門，正如史式徽神父在《中國概況》中所說：「土山

---

[7] anonyme, *Orphelinat de T'ou-Sè-Wè, Zi-ka-wei, Autels et Ornements d'Eglises*, Impr. de l'orphelinat de T'ou-Sè-Wè, 1928, non paginé.

[8] Servière, Joseph de la: *L'orphelinat de T'ou-sè-wè: 1864-1914*, Imprimerie de l'orphelinat de T'ou-Sè-Wè, 1914, P39.

[9] 董師中（Henricus Boucher，1857-1908年赴日本），字子敏，法籍耶穌會士，1882年來華。

灣印書館遠東聞名……（它出版的）所有的書鋪就了一條黃
皮膚的人們與其他膚色的人們之間交流的道路。」[10]當時在
徐家匯有一個光啟社，法語名叫Bureau Sinologique，直譯就
是「漢學研究所」，該社長期從事漢學研究活動，其著作均
有土山灣印書館負責出版。其中最著名的漢學著作就是「漢
學叢書」（Variétés Sinologiques）。它是一套法語叢書，但
全部在上海編撰，討論的主題也全部關於中國：大到中國帝
王的陵墓，小到中國漁民用的漁具。它是一套很有份量的叢
書，其中的五本還曾經獲得過法國漢學的最高獎項：儒蓮漢
學獎，包括晁德蒞的《中國文學課程》（Cursus Litteraturae
Sinicæ），董師中的《中國官話指南》（Boussole du Langage
Mandarin）等；夏之時[11]的《法文中國坤輿詳略志》（La
Géographie de l'Empire de Chine），蔡尚質[12]的《長江上游地
圖》（L'atlas du haut Yang-tse）等則獲得了巴黎地理學獎和
科學學術獎（Récompenses de la Société de Gégraphie de Paris
et de l'Académie des Sciences）。還有祿是遒的《中國迷信研
究》（Manuel des superstitions Chinoises）等著作，都具有較
高的學術價值，至今依然是海內外漢學界的經典作品。

但長期以來，「漢學叢書」在中國卻是謎一樣的書，
人們對它的瞭解少而又少。它是土山灣印書館歷史上出版
時間跨度最長的一套叢書，第一本是一八九二年由法籍耶
穌會士夏鳴雷神父編寫的《長江口的崇明島》，現存最後一

[10] Servière, Joseph de la: *Croquis de Chine*, 1912, Beauchesne (Paris),
L'orphelinat de T'ou-Sè-Wè, P56.
[11] 夏之時（Aloisius Richard, 1868-?），字建周，法籍耶穌會士，1902年
來華。
[12] 蔡尚質（Stanislaus Chevalier, 1852-1930），字思達，法籍耶穌會士，
1883年來華。

上 ｜ 1905年的黃伯祿

下左 ｜ 土山灣印書館印製的徐光啟彩色
畫像

下右 ｜ 黃伯祿編《中西曆日合璧》，徐
匯書坊1904年出版

Dr. PAUL SIU

海門黃伯祿斐默甫輯譯

光緒甲辰仲秋滬西徐滙書坊重印

中西歷日合璧

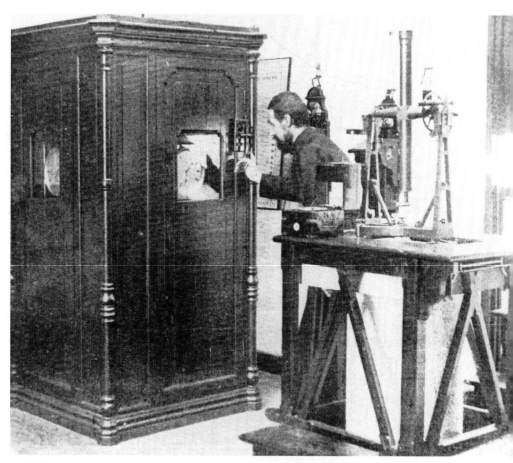

| 徐家匯天文台的神父正利用儀器在分析氣象資料

本則為一九三七年由華籍耶穌會士張正明撰寫的《中文書法和手勢》（L'ecriture Chinoise et le geste humain）。提起「漢學叢書」，就不得不提一個人，那就是華籍教區神父（去世前加入耶穌會）黃伯祿，他曾傾其畢生精力撰寫了中國歷史上第一本獨立的地震專著《中國大地震目錄》（Catalogue des tremblements de terre signales en Chine）。這本書一九〇九年由上海土山灣印書館出版，是「漢學叢書」的第二十八本，至今無中文譯本。其所記載的地震年限從西元前一七六七年一直至西元一八九五年，共記錄大小地震三千三百二十二次。

一九〇六年，已經年逾花甲、著作等身的黃伯祿意外讀到了法國地震學家巴羅的《地震地理》一書，書中列有世界各國的地震情況，但讓他感到遺憾的是，中國作為泱泱大國，竟然在這本地質學的經典著作中完全缺席了，原因更加讓其震驚：自古以來，從來沒有一個中國人對本國的地震資料做過系統整理。因此，當後來天文台的神父們因其博學的名聲找他商量寫《中國地震目錄》的時候，他不顧年老多病，毅然答應下來。此後的每一天，他都不停翻閱各種資料，耶穌會給他配備了兩個外國助手：管宜穆[13]神父和田國柱神父，協助他工作。《中國大地震目錄》最後所列中文參考書目一共是二百九十一種，外語參考書目五種，每一本他都親自翻閱，並譯成法語。所以他能在「作者自序」中寫道：「在這部作品中，我記錄下了所有我能夠找到的西元前一七六七年到西元一八九五年的中國歷史和年鑑中提到的地震記錄。」一九〇九年，《中國大地震目錄》（第一卷）即年表部分出版，此後，他更加緊查閱資料以出版第二卷，甚

---

[13] 管宜穆（Jerónimo Tobar, 1855-1917），字遜淵，西班牙籍耶穌會士，1880年來華。

民國初年土山灣印書館的石印車間

至在去世前一天，他的兩個外國助手還收到他譯好的書稿。沒想到第二天，黃伯祿就溘然長逝，留下了《中國大地震目錄》第二卷的第一部分。後面的部分都是由他身邊那兩位外國耶穌會士完成的，但是在《中國大地震目錄》（第二卷）於一九一四年出版時，為了紀念黃伯祿，他們仍然將他的名字列在第一作者的位置。

在《中國大地震目錄》中，地震的排列順序是按照地震發生的年代由古及今排列的，第一卷中還有一個按照中國各省份排列的索引。該書幾乎每一頁都有一幅地震圖，描述的是當頁破壞性最強的地震。古代地震沒有震級，近代的地震震級由徐家匯天文台神父們測算而得。當時，徐家匯天文台不僅承擔著上海及周遍地區每天的氣象測算預報工作，而且，同時也進行著各種天文地質等自然科學的研究工作，每月由土山灣印書館出版的《徐家匯氣象學磁學月報》，也同樣觀測包括地震的記錄。這個記錄是早於當時中國官方的地震記錄的。在《中國大地震目錄》的最後部分，還附有《漢書》等中國古代典籍中對地震的描述原文以及法語翻譯。中國地學泰斗翁文灝（一八八九～一九七一年）在二十世紀二十年代研究甘肅地震問題、編輯《甘肅地震表》時，就曾經將《中國大地震目錄》作為主要的參考資料，並將其簡稱為中國地震「法文表」。

除此之外，土山灣印書館還出版了多部中文著作的外語譯本，例如由管宜穆翻譯的張之洞的《勸學編》（K'iuen-Hio P'ien）；德利賢[14]翻譯的孫中山的《三民主義》（Le Triple Démisme de Suen Wen）等，使當時的世界瞭解中國的發展變化。

---

[14] 德禮賢（Pascal d'Elia, 1890-1963），字守謙，義大利籍耶穌會士，著名教會史學家，1912年來華，1934年赴羅馬。

土山灣還出版了眾多的科技書刊。因為當時徐家匯地區是天文台和博物院的所在地。即使後來博物院遷入震旦大學，它仍然從屬於法國耶穌會管理，所以土山灣出版的西文科技書刊主要是天文地學類、氣象類和生物學類。

　　天文類的代表是天文台神父們編寫的叢書《徐家匯天文台叢書》。這套叢書有期刊類型的《徐家匯天文台磁學與氣象學月報》（Bulletin Mensuel de l'Observatoire Magnétique et Metéologique de Zi-Ka-Wei）和《中國佘山天文年鑑》（Annales de l'Observatoire Astronomique de Zô-Sé（Chine）），也有上海乃至中國地理學研究情況的著作《中國大地震目錄》（Catalogue des Tremblements de Terre Signales en Chine），這是土山灣印書館出版的與市民生活最相關的自然科學著作。

　　土山灣在氣象學上的最大貢獻便是開創並一直負責上海乃至遠東地區的天氣預報發佈工作。我們現在如收聽上海的天氣預報，經常可以聽到這樣一句話：「自上海一八七三年有氣象記錄以來……」這個一八七三年的氣象記錄，其實就是由徐家匯天文台和土山灣印書館合作完成的。在當時徐家匯的一系列天主教機構中，有一個機構十分顯眼，那就是徐家匯天文台。當時上海乃至中國最早的天氣情況，就是在這裡由一群穿著黑袍的神父修士們測得的。根據記載，每天中午十一點半，最近二十四小時的天氣預報先由天文台的神父們測出，然後再由土山灣印書館負責彩色石印並發往上海乃至遠東各大報紙。土山灣的天氣預報截止一九一四年已經有了五十八大卷。[15]上海第一份成冊的天氣預報，

---

[15] （de la）Servière, Joseph, L'orphelinat de T'ou-sè-wè: 1864-1914, Impr. de l'orphelinat de T'ou-Sè-Wè, 1914, p.40.

是一八七四年土山灣印書館出版的法語著作《Observations meteorologiques faites pendant l'annee 1873》（一八七三年度氣象觀察）。其實這是一份氣象總結而非預報，它記錄了一八七三年一月一日至十二月三十一日上海地區每天的天氣變化，漲潮落潮等氣象資訊。另外，土山灣印書館還出版有《溫度變化研究》（Sur les Variations de Temperature）等氣象學研究著作。二十世紀四十年代之後，土山灣還負責向當時的中國民航飛機提供天氣預報。直到今天，徐家匯地區仍然是上海氣象局的所在地。

土山灣出版的生物類書籍代表則是一九二二年屠恩烈[16]的《上海的鳥類》（Les oiseaux de Chang-hai），此書也是「上海震旦大學叢書」（Université de Chang-hai〔l'Aurore〕）的一部分。該書以翔實可信的調查研究證實了二十世紀初還存在於上海市郊的鳥類。

與中文期刊的強烈宗教目的性不同，西文期刊顯然更加傾向於其學術性，即使是西文的宗教類雜誌，也更加注重宗教學的研究和教區資料的整理工作。解放前土山灣印書館一共出版有四本法文期刊：《震旦大學學報》（Bulletin de l'Université l'Aurore，一九〇九年創刊，這本雜誌一直延續到了解放後一九五二年震旦大學被撤才停刊）、《震旦大學學報·醫學版》（Bulletin médical de l'Université l'Aurore，一九一五年創刊，一九四九年停刊）、《光啟社動態》（Renseignements du Bureau Sinologique，一九二七年創刊，一九五一年停刊，主要發表當時中國的政治、宗教、社會、文化、教育等方面資料，常譯載國內報紙資訊，是光啟社社

---

[16] 屠恩烈（Henri Dugout, 1875-1927），字克謙，法籍耶穌會士，1908年來華，1927年在南京被殺害。

刊，也是當時江南地區漢學研究的刊物）和《中國昆蟲學文摘》（Notes d'Entomologie Chinoise，一九二九年由震旦博物院創刊，一九四九年停刊，主要發表昆蟲學研究論文），以及上海耶穌會內部發行的法語刊物《江南傳教區新聞》，或譯《史報》（la Nouvelle de la Mission，一八七三年創刊，一九四九年停刊）。

還有一本英語的《公教雜誌》（Catholic Review）週刊，一九三五年二月創刊，為中國天主教會第一份英語週刊，每逢星期四出版，創辦人兼主編為英國籍Jean Armstrong女士。自一九三七年九月起改為月刊，印數五百份。一九四一年九月，由美國加利福尼亞省耶穌會接辦，接辦後主編為美國神父甘雅谷；一九四八年七月，改由美國神父翟光華接任主編。一九四九年八月停刊。

三、土山灣西文出版物的閱讀對象

與中文出版物相比，土山灣西文出版物的閱讀對象層次相對比較高。一般來說，除了教材之外，主要都是為西方世界研究中國所出版，讀者多為有較高文化水準的西方人；即使是中國人去讀，也至少需要懂得外語，同時也有研究的需要。因此，總體來說，土山灣印書館出版的西文書刊更加注重資料的匯總和整理，語言也更加科學嚴謹，但是內容相對比較深奧和枯燥。這些書對於研究者來說價值比較高，但讀者群有限。在土山灣印書館的後期，西文書籍的出版發展快於中文。

四、總結

　　書籍是文化的載體。從「慈母堂」到「TSW」的過
程，其實也是從西學東漸到東學西漸的過程；是一個從被動
接受西方文化到研究西方文化再到向西方傳播自身文化的過
程。它展現了中國人對於西方文化從驚恐到接受再到研究的
過程，也展現了西方人對於中國文化從敵視到瞭解再到傾心
的過程。它是十九世紀中期以來一百年間中國與西方交流史
的縮影。土山灣印書館的西文出版物是一座橋樑，它使中國
人更瞭解西方，也使西方人更瞭解中國。雖然它是一個天主
教的印刷機構，但是它做出的貢獻卻遠遠超出了天主教的範
圍。雖然它並非是上海土地上最早出現的西文印刷出版機
構，卻長期是上海西文出版界的「領跑者」之一。

　　雖然土山灣印書館早在一九五八年的時候即併入了中華
印刷廠，然而在半個多世紀後的今天，它給我們帶來的影響
仍然難以忽視。

附錄：一八七○年～一九五八年
　　　土山灣印書館歷任負責人名單

印書館

一八七二～一八九四　印書館主任　翁壽祺　法國
一八七○～一八八九　兼負責木工部
一八九四～一八九六　印書館主任　嚴思愒　法國　神父、
　　　　　　　　　　兼任
一八九六～一八九七　印書館主任　向日華　法國　神父、
　　　　　　　　　　兼任
一八九七～一九○四　印書館主任　夏維愛　法國
一九○四～一九○九　印書館主任　艾必豐　法國　一九○
　　　　　　　　　　八年起稱印刷部總管
一九○九～一九二三　印刷部總管　傅良弼　法國
一九二三～一九四一　印刷部總管　潘國磐　法國
一九四一～一九四六　印刷部總管　榮亞納　西班牙
一九四六～一九五八　印刷部總管　王松漁中國　教友
一八七六～一八七七　印書館副主任　劉必振　中國
一八九九～一九○○　印書館副主任　單藹宓　法國
一八九九～一九○○　印書館副主任　談登修　法國
一九○○～一九○二　印書館副主任　鄭國緯　中國
一九二五～一九二六　印刷部副總管　勞爾賓　義大利
一九二六～一九二八　印刷部副總管　韋汝佩　法國
一九二八～一九二九　印刷部副總管　董正衢　西班牙
一九三○～一九三三　印刷部副總管　方濟亨　中國
一九三四～一九三五　印刷部副總管　董正衢　西班牙

一九三九～一九四〇　印刷部副總管　王召海　中國
一九四〇～一九四一　印刷部副總管　榮亞納　西班牙
一九四一～一九五八　印刷部副總管　王召海　中國

照相部

一九〇三～一九三七　照相部負責人　安守約　中國
一九三九～一九四一　照相部負責人　潘國磐　法國
一九四一～一九四五　照相部負責人　榮亞納　西班牙
一九四六～一九五八　照相部負責人　王松漁　中國　教友

發行所

一九〇四～一九一八　發行部負責人　馬如飛　中國
一九一八～一九二〇　發行部負責人　艾必豐　法國
一九二〇～～九三四　發行部負責人　鄭國緯　中國
一九三四～一九三五　發行部負責人　安守約　中國
一九三五～一九五二　發行部負責人　董正衢　西班牙
一九五二～一九五八　發行部負責人　王松漁　中國　教友
一九一七～一九一八　發行部副負責人　鄭國緯　中國
一九二九～一九三〇　發行部副負責人　方濟亨　中國

從上海到布魯塞爾
一座中式樓宇的百年傳奇

　　凡是去過布魯塞爾的人，都會發現大街上到處聳立著高大的具有比利時中世紀風格的建築物，但是如果你沿著比利時王宮外的環路一直走下去，卻很快就能看見一幢散發著濃厚古代中國色彩的建築。這幢中式樓宇在布魯塞爾歐式建築群中顯得格外突出，別致而又充滿神奇，給純正古典的西洋文化風景帶來了一股濃郁、別樣的東方情調。關於它的身世來源，近百年來有著各種傳說，迄無定論，就連比利時官方網站上對此的解說也顯得含糊不清；其他專業文獻，即使偶有涉及，也無一不語焉不詳。這就更讓這幢小樓罩上了一層神秘色彩。其實，要講清它的來歷並追根尋源的話，必須得從一九〇〇年巴黎世博會說起。現在，就讓我們來掀起這一頁已塵封百年的歷史吧。

一、一九〇〇年巴黎世博會上的瑪塞爾展台

　　一九〇〇年，當世界伸開雙臂迎接新世紀的到來時，法國人正忙於在自己的首都巴黎第五次舉辦世界博覽會，這也是巴黎一八六七年向世界承諾每隔十一年就舉行一次的系列世博會中的最後一次。這屆世博會共有四十個國家參加，觀眾人數達到了空前的五千萬人次。世博會上既展出有電燈、電梯、收發報機等人類重大發明，也有列賓的油畫，羅丹的雕塑等偉大經典的藝術作品。而令人驚奇的是，一個法國人設立的展台躋身於這些發明創造之列，同樣引起了很多人的濃厚興趣，他就是年輕的法國建築師、園林設計師，阿列克桑塔・瑪塞爾（Alexandre Marcel）。

　　瑪塞爾是世界著名的建築師，他對東方式建築特別鍾情，作品大都具有濃郁的東方情調，因此而獲得了「東方特色

建築師」的美稱。他設計的法國巴黎市中心的中國塔，日本東京的法國大使館等作品，個個清新別致，盛譽滿堂；特別是他在家鄉，法國中部的茉莉維耶鎮建造的東方花園，秉承東方古典文化的傳統，景依水而映襯，水因景而生輝，整座花園的景物被賦予深厚的寓意，因此而顯得格外空靈，今天已成為法國的一處著名的旅遊勝景。一九〇〇年，剛屆而立之年的瑪塞爾躊躇滿志，在巴黎世博會上設立自己的展台，並推出了以東方情調為主的世界園設計，其中包括中國式的亭、台、樓、閣等園林建築和日本風格的寶塔、木橋等。

說到這裡，讓我們暫且把鏡頭從巴黎移向上海。卻說遠在千里之外的上海西南角的徐家匯，當時有一家法國天主教耶穌會創辦的土山灣孤兒工藝院，是近代中國最早的職業教育機構。院中生產的油畫聖像、彩繪玻璃、金銀銅器、珂羅版印刷物等馳名中外，尤其是木雕作品和傢俱製作，由於技藝精湛，充滿創意，又能根據客戶要求製作流行款式，因此格外受到歡迎。當時住在上海的外國人都喜歡使用土山灣出品的木雕傢俱，並稱讚他們的作品「可以與歐洲最好的工廠媲美」[1]。由於法國人的背景，土山灣孤兒工藝院也第一次選派作品送展這屆巴黎世博會，並憑藉其高超技藝首次亮相便榮獲金牌。土山灣送展的是一組他們雕刻製作的徐家匯園林建築模型，因展品性質相近，這組雕刻模型被放在了瑪塞爾展台。

歷史往往由於人們的一些不經意之舉而添彩生色，搖曳多姿，這組徐家匯園林建築模型無意中卻掀開了中比兩國文化交流史上的重要一頁。

---

[1] Joseph de la Servière: *L'Orphelinat de T'ou-sè-wè: Son histoire son état présent*, imprimerie de l'orphelinat de T'ou-sè-wè, 1914, p.35.

二、萊奧波德二世（Leopold II）發出定單

一八四〇年鴉片戰爭後，西方列強尋求各自的經濟和政治利益，大力在華擴張，比利時也是其中的一員。一九〇〇年前後，當時的比利時正由萊奧波德二世所執政，這也是比利時國力發展最快也最強的時期。這位國王對東方事物有著濃厚興趣，在他的倡導下，許多比利時企業家紛紛把目光投向中國，如著名的京漢鐵路、開平煤礦，以及上海的華比銀行、天津的有軌電車等機構和工程，都活躍著比利時人的身影。一八九六年，李鴻章出訪歐洲諸國時，也踏上了比利時的國土，受到萊奧波德二世的接見，並參觀了安特衛普港及瓦隆工業區。一九〇〇年，萊奧波德二世應法國政府邀請前往巴黎參觀世博會，當他在瑪塞爾展台看到包括土山灣模型在內的充滿東方情調的亭、台、樓、閣時，立刻觸動了蘊鬱已久的心緒。萊奧波德很早就萌生了到東方去一探究竟的念頭，由於英、法諸國的制約，這個願望一直無法實現。朝思暮想之下，於是退而求其次，他想在自己的王宮裡建造一系列東方建築聊作慰藉。現在瑪塞爾展台上風情綽約的東方園林建築讓他心馳神往，難以抑制自己的衝動。回到比利時，萊奧波德二世立刻吩咐宮廷大臣向瑪塞爾發出定單：製作包括中國宮在內的一組東方建築。

這是一筆大生意，且又來自比利時王宮，瑪塞爾當然極為重視。憑藉自己對東方建築的鍾情和瞭解，瑪塞爾在深思熟慮之後畫出了中國宮的建築圖紙。但他深知，中國宮殿派建築歷來重視細節，屋內陳設佈置尤為複雜，就拿磚瓦門樓，窗櫺立柱來說，就非常講究繪製雕刻栩栩如生的歷代人物故事和各種寓意吉祥的花鳥蟲草圖案，而且所用材料也有

各種名堂。以他一個外國建築師的身分，這樣深入的中國古典文化底蘊和專業的雕刻技藝，是根本無法掌握的。最適合承擔這項任務的，無疑是來自中國上海，坐落在徐家匯的土山灣孤兒工藝院。他們位於中國本土，熟稔各種中國典故傳俗，又掌握了精湛的雕刻技藝，實在是承接這張訂單的不二人選。

經過一番繁瑣複雜的運作程序，當萊奧波德二世的這張訂單到達上海的土山灣並開始具體實施時，已經是三年之後的一九〇三年了。比利時政府為了確保國王的心願能夠圓滿實現，特地指派了比利時駐上海的總領事薛福德（Daniel Siffert）負責監督此事，他本是工程師出身，負責此事自然非常適合。為此，薛福德屢次前往土山灣監查，並再三叮囑孤兒工藝院院方：不計任何代價，使用最上等的木料、最珍貴的金銀配件來製作裝飾，所有的工程花費均由萊奧波德二世的特別帳戶撥款支付，保證安全。[2]

三、葛承亮和他的土山灣同事及孤兒們

土山灣位於上海徐家匯南面的肇嘉浜沿岸一帶。十九世紀，因疏浚肇嘉浜、蒲彙塘河道，堆泥成阜，積在灣處，故得名「土山灣」。一八六四年，進駐徐家匯的法國天主教耶穌會命人將土山削為平地，在此遺址上創設土山灣孤兒工藝院，並將此建成了近代中國成就最顯著的職業教育學校。幾十年間，在這片土地上誕生了中國有史以來最早的西洋美術傳授機構，形成了近代中國印刷工業的發源地，創造了中國

---

[2] Aloysis Beck: *Description d'un pavillon d'architecture chinoise.*

工藝美術史上的多個第一，掀開了中西文化交流史的重要一頁。

　　土山灣孤兒工藝院有四個部門最為著名，分別是木工間、畫館、印書館和五金工廠，萊奧波德二世的這張訂單主要由木工間承接，畫館和五金工廠參與輔助。木工間是孤兒工藝院最大的一個部門，歷史也最為悠久，它的前身之一雕花間是十九世紀五十年代由范廷佐修士在徐家匯創辦的。木工間主要為上海及中國甚至亞洲各地的諸多教堂提供聖像、祭台和其他宗教用品，同時也為社會各階層製作浮雕、塑像、擺件、裝飾屏及各種傢俱用品，「椅子、櫥、寫字台、柚木長沙發、仿古傢俱是他們的主打產品；尤其是有一種樟木碗櫥廣受歡迎，這種碗櫥的蓋子和板壁上全部雕有戰爭、狩獵場面、田園風景或者裝飾圖案。」[3] 木工間發展最盛時擁有工人和學徒近三百名，作品曾參展一九〇〇年巴黎世博會、一九〇五年列日世博會和一九一五年巴拿馬世博會等多次中外盛會並屢獲金獎。它出品的傢俱製作於一九一五年在巴拿馬世博會上展出時讓觀眾大為讚歎，一位世博會官員在他的書中寫道：「所有見過展品的人都認為那些傢俱無疑是完美的：餐廳全套傢俱，起居室全套傢俱，書桌，樟木盒，柚木箱子，餐具櫃，手工雕刻屏風，中式沙發——所有這些都展現了超越一般的技藝和品位。」[4]

　　木工間有此盛譽，在很多程度上是因為擁有一位出色的掌門人，他就是木工間的主任葛承亮。葛承亮，字臥岡，原名Aloysis Beck，是一位德籍耶穌會修士。他一八五四年出

---

[3]　Joseph de la Servière: *L'Orphelinat de T'ou-sè-wè: Son histoire son état présent*, imprimerie de l'orphelinat de T'ou-sè-wè, 1914, p.35.

[4]　D.J. Kavanagh: *Zikawei Orphenage*, San Fransisco, 1915, p.24.

生於德國巴伐利亞州，一八九二年三十八歲時來華，次年起
即長期擔任土山灣孤兒工藝院木工間主任一職。葛承亮勤於
鑽研，喜歡動手，精通多門技藝，是土山灣出了名的「辦事
相公」。他會繪畫，懂攝影，精鑑音樂，擅長建築，對木雕
技藝更是有很深的造詣，曾著有《營造學藝》等書。畫館的
年終考核經常請他去講評，著名的土山灣軍樂隊，他是領隊
兼指揮。他對中國文化懷有濃厚的興趣，尤其崇拜三國時期
的傳奇人物諸葛亮，這從他自擬的中國姓名和字型大小中就
能看出端倪。葛承亮平時對孤兒十分照顧，經常自掏腰包購
買糖果蜜餞等零食分發給孤兒們，並毫無保留地向他們耐心
傳授各種技藝，故孤兒們對他印象很好，也非常樂意聽從他
的指揮。

　　葛承亮從拿到國王的訂單和瑪塞爾的圖紙那一刻起，
就沉浸在了工作的興奮之中，他並不滿足於紙上繪製的中國
樓宇的草圖，他要將中國文化的靈魂灌注進去，讓整座建築
活起來。他開始大量閱讀各種相關文獻，並充分利用土山灣
和各省市兄弟修會有直接聯繫的便利條件，從各地將所需的
文物、民俗、圖案等細節資訊源源不斷地蒐集到土山灣。他
還有一個特別的優勢，在他的手下有約三百名土山灣孤兒，
他們並非一班平庸的務工者，而是經過長期嚴格職業訓練的
熟練技工，其中有畫家、雕刻師、木匠、金銀銅鐵匠等各類
人才。正是有著如此深厚的積累和這樣一支強壯整齊的隊
伍，葛承亮才得以開始轉動他的指揮魔方。他首先選定上等
柚木作為基本木料，以確保整座建築的高品位；然後規劃安
排各主要部件：一對造型別致的鎮守石獅，四根合抱粗的雕
刻蟠龍巨柱，巨柱底下的罕見鼓墩，左右對稱的兩扇木雕彩
鳳，四盞碩長的旗桿……一切都充滿著濃郁的中國文化氣

息，又都以嚴謹適當的尺寸、距離和高度關係各就其位；接下去要考慮的就是局部細節了。中國宮殿式的建築對細節非常講究，這也是最考驗設計施工者的地方。葛承亮為此傾盡了全部心血，他在立柱、門簷、窗櫺、護壁板及雕梁朱欄上設計的中國歷代人物故事和民俗傳說及各式祥獸和吉祥圖形等多達數百種，其中神話傳說有：盤古開天地、黃帝戰蚩尤、西王母、文魁星和鍾馗捉鬼、仙翁弈棋等；小說戲曲人物有：中國四大美女、霸王別姬、蘇武牧羊和唐玄宗與楊貴妃、岳飛戰梁王等；文人系列有：孔子、孟子、班超、陶淵明、歐陽修和孟浩然、白居易等；帝王系列有：周武王、武則天、元太祖、崇禎帝和清順治、乾隆、道光、光緒諸帝及慈禧太后等；三國故事是葛承亮的最愛，自然不會缺陣，從桃園三結義、呂布戰三英，到劉備三顧茅廬、諸葛亮草船借箭等等，簡直應有盡有，將一部「三國演義」搬了上去。其他還有湯若望、徐光啓等宗教人物和梅花與葫蘆的圖案、壽字與喜字的寫法等等，若一一匯總起來，則堪稱一部豐滿形象的中國傳統文化史冊。值得一提的是，這些生動傳神的圖像都是由中國修士劉必振領銜的畫館師生設計繪就。土山灣孤兒工藝院的畫館是中國近代最早系統傳授西方繪畫方法的場所，最初由范廷佐、馬義谷、陸伯都相繼掌門，一八八○年劉必振出任畫館主任，開創了畫館最輝煌的時期。畫館的教學方法採用工徒制，由中、外教師傳授木炭畫、鉛筆畫、水彩畫、油畫等西洋畫技法，對外承接定單，山水、花草、人物及宗教故事畫等均可受理，業務十分繁忙。他們的畫作從十九世紀中期就開始參加各類中、外博覽會，屢獲大獎，在海內外享有很高聲譽。畫館和木工間有過多次成功合作的經歷。一八八七年土山灣刊印《道原精萃》，書中共有木版

插圖三百幅，就是由畫館師生繪圖，木工間派人雕版，雙方合作出書的。這次來自海外定單的中國宮工程，堪稱雙方的又一次成功合作。為了表示對國王的尊敬，劉必振還特地指派畫館學生孟杏棠畫了一幅萊奧波德二世的畫像，作為禮物送給比方。這次工程的合作者還有一方是笪修士領銜的五金工廠。這個工廠負責金銀銅鐵器的冶煉和製作，主要生產各類宗教器皿，也出品座鐘、鐵床、黃包車等生活用品，甚至能修理管風琴等外國樂器並提供相應的零部件。它最傳奇的一項業績是一九一一年為法國飛行員環龍修理飛機，這應該是中國航空史上不應遺漏的一頁——環龍這次在上海的飛行表演，是國人第一次親眼目睹飛機在藍天翱翔。五金工廠長期附設於木工間，一九〇八年起始與木工間分離，獨立建場，全盛時有工人、學徒近百名。笪光華是當時木工間副主任，主要負責五金配件等裝飾。笪光華，一八六五年生，字石瑟，原名Joseph Damazio。他是葡萄牙人，一八八八年來華，長期擔任葛承亮的副手，並協助他一起組建土山灣軍樂隊。他還是土山灣戲劇演出的主要推動者之一。

四、中國宮巍然矗立布魯塞爾

經過四年的辛勤，工程於一九〇六年終於順利竣工，一座美輪美奐的中國宮呈現在大家面前。整座建築高十八米，長三十米，工程預算為三萬一千元，由於用料昂貴，結構複雜，耗時又長，最終造價達到四萬五千元。中國宮驗收後，比利時方面十分滿意，另外又下了一份新訂單，委託葛承亮和他的土山灣同事再造一個同樣有著濃鬱中國古典氣息的八角亭。作為中國宮的配套建築，它將和中國宮一起，矗立在

萊奧波德二世的王宮中。

　　建造工程耗時四年，運輸和組裝同樣花費了漫長的四年時間。等到中國宮和八角亭在布魯塞爾北郊國王的御花園裡巍然屹立並正式開放時，歷史年輪已轉到了一九一○年。萊奧波德二世將中國宮作為自己宴請上流社會的宴會廳，其獨特的造型和濃厚的東方情調博得了來賓的交口稱讚。一進花園，首先看到的是宮門階梯前的一對威武石獅，正面四根蟠龍金漆柱子巧奪天工，雄偉壯觀，承托巨柱的四個鼓墩造型別致，充滿神秘。二樓一對左右對稱的大型木雕彩鳳栩栩如生，彷彿在空中展翅飛翔。屋頂有四根旗杆，四周朱欄玉砌，渾然一體。屋內屋外大量情趣盎然的歷史人物組雕更是讓人目不暇接，感歎中國歷史文化的源遠流長。整座建築雕樑畫棟，飛簷流丹，金碧輝煌。八角亭坐落在中國宮前的草坪上，兩者景致錯落，互相映襯，精美至極。小坐亭中，安然愜意，讓人不由自主地會想起北京景山公園煤山上的八角亭。

　　隨著時光流逝，中國宮今天已成為比利時皇家歷史與藝術博物館的一個分館，專門陳列代表榮耀、財富和文化品位的中國瓷器，是比利時最大的陶瓷器收藏館。宮內上下兩層都闢成展室，展品絕大多數都是中國製造，也有少量西歐早期作品，其中最早的瓷器是中國宋、元兩朝的產品。一千餘件瓷器中，大多數為來自中國十七世紀至十九世紀的外銷瓷，每件陳列品都經過精心挑選，有極高的審美和歷史文化價值。中國宮的建築和環境所體現出來的東方特色以及宮內所藏珍貴豐富的陶瓷藏品，使其成為布魯塞爾的一大觀賞勝景而名聞遐邇！

中國宮與八角亭的建造與開放至今正好百年。今天，人們只知它們出自法國建築師的設計，而忘卻了它們更是產自中國的一對甯馨兒，絕對的Made in China!真正催生它們的是中國上海土山灣的一群孤兒！

　　　　　　　　　　　　　二〇〇九年八月二十七日

消逝的百塔

　　二〇一〇年初，上海世博會開幕之前，五張神秘寶塔的照片從美國漂洋過海回到上海，照片中的那五座寶塔，儘管經歷了百年風霜，卻似乎昨天剛做好一樣，鮮豔如新。負責鑑定的專家興奮起來：那不是北京佛塔、直隸大名府塔、正定府五塔、錦州雙塔和廣州府花塔嗎？其中廣州府花塔的塔身按照原塔上的壁畫用彩漆繪上的一幅幅的畫卷，精美絕倫，讓人不禁歎為觀止。這些屬於中國的寶塔，當年究竟是如何飄洋過海去了國外？它們的照片又怎麼會在盛世今日回歸祖國呢？讓我們把思緒回溯到近百年前的一九一四年……

　　上海西南角徐家匯南部，一天，正奉命寫作《土山灣孤兒院五十周年紀念冊》的法籍耶穌會士，歷史學家史式徽走進土山灣孤兒工藝院，在院中巧遇木工間主任、德籍耶穌會修士葛承亮。葛修士盛情邀請他去木工間的陳列室參觀。對於土山灣木工間在葛修士帶領下獲得的成績，史式徽早已有所耳聞：木工間是土山灣孤兒院中最大的部門，自然也是最重要的一個部門，是整個土山灣孤兒工藝院的重中之重。早先的木工間以建造教堂建築為主，而隨著其他各大教區的木工也慢慢掌握了西式建築的建造技術，赴外教區施工的任務逐漸少了起來。於是，葛承亮修士上任之後，對木工間的定位進行了相應的調整：縮小施工物件，從實用性的建築變成觀賞性的小品。比如一九〇〇年巴黎世博會上「徐家匯的建築」模型，一九〇四年聖路易世博會上的聖母屏風，一九〇六年比利時中國宮的建築構件，再到一九一一年德累斯頓衛生博覽會上「中國城市一角」的模型，無不是對中國的傳統建築進行精巧的再創造，代表中國的教育界去參加世界性的展覽。這麼多年來，葛承亮修士帶領的木工間已經為土山灣榮獲了一個又一個的獎盃。

　　除了雕刻各類模型，在世界博覽會上頻頻獲獎之外，土

山灣還製作傢俱，其中主要以西式傢俱為主。當年，這些傢俱在高層人士，尤其是在華外國人群中曾風靡一時：「在上海的歐洲人，尤其是英國人，德國人和美國人已經習慣於由土山灣來製作他們的傢俱。有一些傢俱是歐美流行款式的翻版，而另一些則是創意於中國，並根據客戶對傢俱的要求，把中國古代傳說雕刻與現代化的舒適相結合。我們的藝術家製造了靈巧的傢俱。椅子、櫥、寫字台、柚木長沙發、仿古傢俱是他們的主打產品；尤其是有一種樟木碗櫥廣受歡迎，這種碗櫥的蓋子和板壁上全部雕有戰爭、狩獵場面、田園風景或者裝飾圖案。」[1]中西合璧的特色，使土山灣生產的這些傢俱，不但在上海的中外人士之間頗有名氣，甚至名揚海外，很多初來上海的歐洲人，剛一下船，便來到土山灣的木工間定購傢俱。這些精緻的木工模型和傢俱，以及其他栩栩如生，維妙維肖的人物雕像作品，使土山灣的木工間幾乎成了中國新式職業教育的一塊牌子，媒體讚為「該堂學生技藝之精巧誠當今不可多得之數也」[2]。

此時，葛修士已經帶了史式徽來到了木工間的陳列室，一打開門，史式徽就被迎面而來的一組作品深深吸引住了：這是一個中國牌坊式的建築，兩邊圍了很多縮小的塔的模型，雕刻精細，形象逼真。史式徽本人就是漢學家，對中國傳統的建築並不陌生，他非常清楚中國塔的象徵意義，在中國古代，塔也是佛教建築之一，每個部分都有其特殊的精神涵義。此時此刻，史式徽覺得，如此精雕細刻的建築作品，竟然出自這些初出茅廬的中國孩子們之手，那的確是職業教

---

[1] Servière, Joseph de la: *l'Orphelinat de T'ou-sè-wè: son histoire, son étqt présent*, p.35, Imprimerie de l'orphelinat de T'ou-sè-wè, 1914.
[2] 《協和報》，1911年3月9日（第21期），p.7-8。

育的奇蹟。葛修士自豪地告訴史式徽：「這些模型以及中國牌樓，打算次年送去參加在美國三藩市舉行的巴拿馬太平洋博覽會。」[3]而史式徽後來也把這些作品作為土山灣孤兒們的「驕傲成績」鄭重其事地寫進了《土山灣孤兒院：歷史與現狀》一書中。

一九一五年，美國三藩市舉行的巴拿馬太平洋博覽會上，在社會經濟部附設的教育館西南拐角——作為當時中國的一個教會職業學校，土山灣的作品是無法擠進「中國一流大學雲集」的教育館中國展區[4]的——人們紛紛駐足，因為他們被那壯觀的牌樓和近百個逼真的寶塔造型所吸引。這些寶塔的雕刻建造可謂個個技藝精湛，美妙絕倫，最令人讚不絕口的是，原塔上由於年久失修造成的時代烙痕，在這些模型上都維妙維肖地複製了出來。在這些寶塔的上面，掛著一塊鐵質銘牌，上面用中文寫著：上海徐家匯。人們難以想像，這些寶塔都出自一群中國孩子之手，他們中年齡最大的也不超過二十歲。

作為西方傳教士的葛承亮修士，他為什麼要製作這些對他來說似乎無關於使命的東西？這些寶塔原本矗立在中國各地，腳步從未跨出過江南代牧區的他，又是如何會對這些塔的情況如此熟悉？葛修士手下管理的，大多是一群半大不小的孩子，他又是怎樣把他們逐漸變成能工巧匠地呢？

葛承亮，字臥岡，原名Aloysius Beck，是一位德籍耶穌會修士。他一八五四年出生於德國巴伐利亞州，一八九二

---

[3]   Servière, Joseph de la: *l'Orphelinat de T'ou-sè-wè: son histoire, son étqt présent*, p.35, Imprimerie de l'orphelinat de T'ou-sè-wè, 1914.

[4]   鄭孝胥，《中國參與巴拿馬太平洋博覽會記實》，1917年2月出版。

上 ｜ 土山灣出品的部分百塔模型，右二為上海龍華塔
中 ｜ 土山灣出品的部分百塔模型，右三為松江西林塔
下 ｜ 土山灣孤兒雕刻的部分寶塔模型

年來華，次年起即長期擔任土山灣孤兒工藝院木工間主任一職。葛承亮勤於鑽研，喜歡動手，精通多門技藝，是土山灣出了名的「辦事相公」。他會繪畫，懂攝影，精鑑音樂，擅長建築，對木雕技藝更是有很深的造詣，曾著有《營造學藝》等書。畫館的年終考核經常請他去講評，著名的土山灣軍樂隊，他是領隊兼指揮。他對中國文化懷有濃厚的興趣，尤其崇拜三國時期的傳奇人物諸葛亮，這從他自擬的中國姓名和字型大小中就能看出端倪。[5]他還喜歡收藏中國的古董，自從一九一一年起，他就在全國各地收集古玩，一共收集有三千五百餘件[6]，包括銅器、兵器、貨幣、玉器、陶器等中國各類藝術品。一九一七年時曾經有一個美國人希望用二十萬兩銀買他的收藏，被他一口拒絕。非常可惜的是，葛承亮收藏的大部分古玩毀於一九一九年土山灣木工間的那場大火，僥倖搶救出的部分古玩後來又逐漸增加，一九三〇年與徐家匯博物院的文物一起遷往盧家灣，成了後來震旦博物院的主要組成部分之一。[7]

葛修士除了對中國文化十分喜愛之外，在本職工作上也是一個能說會幹，善於帶兵的傑出將才，土山灣孤兒工藝院的標誌之一──土山灣聖母亭即為葛修士所建：由於他事先即完成了工程設計，並在建造之前就已經準備好了所有材料，整個聖母亭僅用了一個月的時間便宣告完工[8]。葛承亮

5　張偉、張曉依：《巴黎世博會催生的布魯塞爾中國宮》，《檔案春秋》2010年第3期，p.28。

6　上海地方誌網站，〔徐家匯博物院〕條：http://www.shtong.gov.cn/node2/node4/node2249/xuhui/node38753/node38755/node63533/userobject1ai23941.html。

7　《土山灣工藝廠火警續志》：《益世主日報》1920年第9年第5號，p.55-66。

8　佚名：《江南育嬰堂記》，「土山灣場中起造聖母亭」，未分頁。

並不僅僅只甘於做一個工匠，他希望能夠像前任馬歷耀修士一樣，完成幾部有紀念意義的建築作品。鑑於對中國文化的喜愛，他為自己制訂了目標：復原一批中國的古蹟。最後他選擇了「復原每一座有名的中國寶塔」。[9]這是一件前無古人的事情，此前雖然也有中外人士對寶塔有興趣，但不過就是拍幾張照片，畫幾幅畫而已。對中國這麼多寶塔的各個細部進行如此深入研究、並著手悉數復原的，葛承亮修士確實是第一人。

寶塔的復原工作其實由兩方面構成：一方面是大量資訊的收集，包括對每座塔的形狀、構造以及其內涵的理解；另一方面則是對於復原實際操作中的技術要求，其中最難的就是不僅要做到與原塔在每個細部都形似，還要做到把原塔的神韻——不論是神聖感，還是滄桑感——都要以雕刻的形式表現出來。這兩點不論對於葛修士這個外國人，還是他手下的這批學歷最高只有初中的孩子們，無疑都是一個嚴峻考驗。

但是既然下定了目標，葛修士就準備朝這個目標堅定前行。第一步便是收集資訊。首先，他對塔的起源做了一番研究：

「塔」起源於印度，梵文做stupa（直譯「窣堵波」），巴厘文為「thupo」（直譯「塔婆」）。古印度時期的國王死後，埋在一種下有基座的半圓形覆缽式墳丘裡，稱為stupa；釋迦牟尼圓寂後，他的弟子也以這種stupa來供奉他的舍利子，其後，「窣堵波」便由國王的墳丘成為供奉高僧舍利的專門建築形式。

9　D. J. KAVANAGH: Collection of China's pagodas, 1915, [unpaged].

上 ｜ 1933年美國芝加哥世博會中土山灣出品的中國百塔模型
下 ｜ 1915年三藩市世博會上土山灣出品的中國牌樓和百塔

東漢時代，佛教傳入中國，窣堵波及支提窟等建築樣式，很自然地為中土所仿效，並且有了較大的變化：因為中國原來就有高台建築的傳統，在歷史的演進中，又出現了亭台樓閣及「闕」等建築物。因此，隨著佛教的中國化，窣堵波逐漸融入中國本土的特色，形成各式各樣高聳入雲的塔。[10]

　　然後，葛修士又把塔分成了幾種不同用途：宗教用途的舍利塔、佛塔、僧塔，如北京佛塔、報恩寺塔等；世俗紀念意義的塔，比如南京著名的琉璃塔便是明成祖為紀念其生母所建。兩類塔不僅在用途上有所不同，在整個建築風格、雕刻技巧上也有不同。

　　他還把每個塔上附有的傳說也作了一番研究，比如「據說如果廣州府的『花塔』上的風向標傾倒，惡鬼便會騷擾這個城市，並且據說在中國的歷史上曾有兩次『花塔』的風向標傾倒的記載，招致的災禍是對那些不敬神的人們的懲罰。」[11]此外，他還對中國人建築塔的材料、形狀、層數等各個參數也進行了一番考證和研究，明白了建造寶塔所用的材料的講究，明白了塔的六邊形以及越到上面越小的設計，明白了塔層數的規則及其涵義。除此以外，重建工作當然需要更多細節的資料，葛修士通過各種渠道找到了當時的政府部門，要求查閱圖書館等所藏的官方檔案和歷史文件。

　　一九一一年的中國正處於動盪的時期，但是這並不能阻擋主辦一九一五年世博會的美國人遊說中國政府參加世博會的熱情，中國南北的政府在美方巨大的攻勢和世博會本身的魅力下，決定派代表參加世博會，並很快組成了陣容強大

---

[10] 台灣淡江大學網站：http://www2.tku.edu.tw/~tahx/archive/class/tang/tower/origin2.html。

[11] D. J. KAVANAGH: Collection of China's pagodas, 1915, [unpaged].

的由各界代表參加的中國代表團。一九一一年以後的中國已然進入了新的時期，那麼如果再用那些原先被認為代表中國文化的小腳、長辮、鴉片去參加世博會顯然不合適。在此次巴拿馬世博會的社會經濟館下附設有一個教育館，這個館讓誰去呢？那些一流大學是誰都不願意「自降身價」搬去那裡的，況且那些學校也實在體現不出「社會經濟」的特色；而如果再用以前那些搖頭晃腦的私塾蒙童顯然也不符合「創新」這個世博會的靈魂。正在政府部門為此煩心時，恰好葛承亮修士找上門來尋求政府部門的幫助，聽罷來意，他們立刻覺得這個找上門來的德國人的想法非常符合當時中國政府參加世博會的十大目標，而且土山灣孤兒工藝院的特殊身分也正好適合這個社會經濟館下附設教育館的定位[12]。於是，中國出席巴拿馬博覽會展團作出決定：讓上海徐家匯土山灣孤兒工藝院代表中國新式職業教育界，製作一批中國特色的寶塔模型，參加巴拿馬世博會，放在社會經濟部的教育館中，中國政府對此提供全力支援。

有了中國政府的支持，葛承亮修士自然信心倍增，更下定決心要把這件事情做好。除了查找相關的官方檔之外，葛修士還利用他個人以及教會中各修會之間的關係，寫信給當時管理中國各省教務的天主教各個兄弟修會，要求獲得當地寶塔的細節圖片和資訊。很快，幾百張照片和寫有各個參數的信件從全國各地猶如雪片般寄回土山灣。最終，葛修士從

---

[12] 十大目標即：一、恢復固有國產之名譽；二、擴張土產輸出額；三、採外人嗜好改良輸出品；四、比較各國改良大宗出產；五、誘起國民世界的企業心；六、研究運河開通商業大勢變遷後國際貿易辦法；七、循世界企業潮流確定吾國商業上之進行方略；八、乘機調查萬國出產中與我國同類物品之競勝辦法；九、表示我國民商業道德，以植國際貿易之本源；十、聯絡美國共圖太平洋之商業權。

這些資訊中選定了八十二座[13]（又一說法為一百座）中國境內[14]具有代表性的寶塔。

當時，他遇到的很大一個問題是，由於年代久遠，幾乎所有寶塔都面臨年久失修的窘境，很多寶塔甚至塔身都有殘缺。究竟是根據歷史原貌進行復原呢？還是尊重實際情況修復成現在的樣子呢？最後，幾經斟酌，葛修士決定，尊重實際情況，即使殘缺，也必須照此樣子來復原，以顯現這些塔的飽經風霜。所以在後來雕刻完工的寶塔模型上，出現了「損壞的過梁，碎裂的拱券，丟失裝飾的殘跡」[15]等殘缺景象，雖然在有些人看來這是一種遺憾，但是在葛修士看來，「正是這些使這個展品更具有浪漫的趣味。」[16]

第二步便是選定雕刻這些塔的材料。長期以來，土山灣木工間雕刻用的木頭一向是從日本進口的。為了完成這次任務，葛修士決定，必須選用最好的同時又是最合適的木頭。最終，經過多次反覆比對，葛修士選擇了柚木作為材料。因為他覺得：

一、柚木含有很重的油質，這種物質能防蟲防蛆驅蛇、蟻，使雕刻成品容易保存。

二、柚木金黃色的表面是通過光合作用形成，時間越長越漂亮，能使這些寶塔模型即使經歷百年的時間，

---

[13] D. J. KAVANAGH: Collection of China's pagodas, 1915, [unpaged].

[14] 包括高麗，即今天的朝鮮半島。

[15] Todd, Frank Morton: The story of the Exposition: being the official history of the international celebration held at San Francisco in 1915 to commemorate the discovery of the Pacific Ocean and the construction of the Panama Canal (Vol.IV), 1921, p.56.

[16] Todd, Frank Morton: The story of the Exposition: being the official history of the international celebration held at San Francisco in 1915 to commemorate the discovery of the Pacific Ocean and the construction of the Panama Canal (Vol.IV), 1921, p.56.

看上去依然像新的一樣。

三、柚木自身會散發出特別自然的香味，對人的神經系統能起鎮靜作用。

四、柚木木質密度硬度都較高，不易變形，不易磨損及開裂。這樣雖然增加了雕刻的難度，但卻使成品不易損壞。

當然，鑑於每座塔的特殊性，也有一些塔是用其他材料製成的，比如「有一塔用白桃雕刻而成，窮工極巧不知費幾許雕工始能至此。」[17]

選定了雕刻物件和材料，接下來的任務就是選定雕刻者了。

當時葛修士的手下大約有三百名孤兒，他們年齡在十三～二十歲之間，都經過了木工、雕刻、油漆等木工方面的專門訓練。他們都是「熟練的木刻工，畫匠，設計師，木匠，而且最重要的是，他們十分想工作。」[18]這些孤兒一共分為三個部門：木工、雕刻和油漆。其中前面所說的牌樓由六十名孤兒雕刻而成。而剩下的，分散在三個部門中的二百四十名孤兒則專門雕刻和油漆這些寶塔模型。孩子們用了整整兩年時間來雕刻這些模型，而同時期木工間的正常業務還必須如常運轉，其工作強度和難度可想而知。

如果說建塔主要是一個木匠活的話，那麼製作這些縮微的寶塔模型在很多方面就是一件藝術活。除了所有塔的構造都必須同步縮小外，很多細部的雕刻也需要同時縮小，那實際就增加了雕刻的難度。但是這些孤兒們在葛修士的帶領下，憑藉著平時練就的扎實基本功，完成了這項難度極大

---

[17] 《申報》1917年7月11日第11版。

[18] D. J. KAVANAGH: Collection of China's pagodas, 1915, [unpaged].

的任務。每座寶塔根據難易程度,耗費的用工時間也截然不同,有的簡單的塔半年就能雕刻一座,而有的細部繁複的塔,「兩人合刻已逾一年尚未竣工,則其雕刻之細可知矣。」[19]經過整整三年的刻苦攻關和孜孜不倦的工作,這項艱巨的任務終於圓滿完成。一九一四年十二月,這些寶塔模型和其他代表中國參加三藩市世博會的作品一起,從上海啟程運往三藩市,開始了它在美國的將近一個世紀的旅程。

一九一五年,巴拿馬太平洋博覽會教育館的負責人——美國耶穌會士J.Kavanagh——撰寫了一本名為《在土山灣孤兒院》的小冊子,系統地介紹了土山灣孤兒工藝院的各個部門,尤其是葛承亮修士擔任主任的木工間。該書在巴拿馬太平洋博覽會上作為這些寶塔以及土山灣孤兒院的宣傳冊向觀眾發放,讓廣大美國觀眾第一次瞭解了這些遠在中國的孩子們及其他們的領頭人葛承亮修士。正如Kavanagh所寫:「事實上,很多人會對這百塔模型表示欣賞,欣賞它們的科學價值和它暗含的巨大的工作。總體上而言,沒有一個人不對這些作品表示讚賞,無論是原來的中國建築師的建築技術還是土山灣孤兒院的孤兒們為這項重建工作付出的工夫和艱苦的勞動。」[20]

嚴智怡在一九二一年出版的《巴拿馬賽會直隸觀會叢編》中也寫道:「教育館中中國賽品最出色者,為徐家匯學校出品之木雕刻。……其中國各式寶塔之模型一百餘座,高者五、六尺,小者尺許,大都照原形比例為之,國中所有塔式,殆為搜遍,用功之勤,不可及也。」

---

[19] 《申報》1917年7月11日第11版。
[20] D. J. KAVANAGH: Collection of China's pagodas, 1915, [unpaged].

這些百塔模型的價值其實並不僅僅於此，在大約百年之後，徐匯區文化局副局長宋浩傑在其文章中這樣寫道：「西元九七五年建造的雷峰塔是聞名中外的西湖十景之一。一五五五年倭寇入侵杭州，縱火焚燒，僅剩磚結構赭黃色塔身。此後人們傳說塔磚可驅病健身，底層磚被挖掘一空。一九二四年九月二十五日下午塔身轟然崩坍，至今尚未恢復。而百塔中的雷峰塔成唯一的歷史見證物，它完整地保存了一九一三年的歷史原貌。與雷峰塔『南北相對峙』的保俶塔，一九三三年重修時卻改成修長束腰型，而百塔圖中保俶塔與之大相徑庭。它有簷而塔身較之稍寬，塔剎也不盡相同。當年建築師如果看到百塔真品，就會避免今天的誤差。」[21]

　　鑑於土山灣孤兒工藝院創造性的勞動，這木雕百塔和牌樓等作品最後獲得了三枚獎章，其中包括一枚巴拿馬世博會最高榮譽——頭等大獎章。這是當時中國人在世博會上獲得的最大獎項。

　　三藩市巴拿馬世博會結束之後，牌樓和這些寶塔模型都被美國菲爾德自然歷史博物館（Chicago Field Museum of Natural History）收藏，在此期間中，牌樓被兩次借展參加了一九三三和一九三九年世博會，後來又幾經轉手，被北歐建築師M.Woeler購下。而相比起命運多舛的牌樓，百塔模型則幸運了許多，它一直靜靜躺在美國菲爾德自然歷史博物館中，直到二〇〇八年世界金融危機爆發，博物館委託蘇富比拍賣行拍賣了很多藏品，其中包括這些百年前的塔雕模型。現在，菲爾德自然歷史博物館裡僅留下了三座寶塔，其餘的均被一個獨具慧眼的收藏家購得。蘇富比北京代言人張先生

<hr />

[21] 宋浩傑：《三藩市世博會——土山灣百塔的百年奇蹟》，《新民晚報》
　　2010年4月。

說：「我看過這些寶塔，保存得非常好。幾乎每個木塔裝一個箱子，現存放在波士頓恆溫防潮的倉庫裡。」

　　土山灣牌樓已經於二〇〇九年七月運回上海，並已於近日修復完成與世人見面；幸運的是，這些寶塔模型也已經初露端倪，土山灣木工間孤兒們和葛修士的勞動成果正逐漸浮出水面，有望回到它們的故土。在上海召開世博會的今天，回憶當年三藩市巴拿馬世博會的盛況，可謂感慨萬千，當年我們的前輩竟然完成了如此複雜的工藝，做出了如此精妙絕倫的作品，作為他們的後人，我們足以自豪。

土山灣五金工廠
上海第一個能修飛機的車間

在土山灣孤兒工藝院的各個工廠中，五金工廠是成立最晚的一個，其影響似乎也弱於畫館和印書館，但是卻自有其獨特地位，尤其是它參與過的幾件事曾在近代史上產生過一定影響，它和普通教友及一般市民的關係也相對比孤兒院的其他工廠要來得更密切一些。

一、炮彈鐵皮的妙用

其實在歐洲的建築中，金銀的使用並不多，倒是鐵器的使用要更為廣泛一些。最初，這些鐵器主要運用於建築方面，像教區各教堂和住院中對各種鐵器的需求就很廣泛，比如門上的鎖，房屋的水管等等。土山灣五金工廠的第一個車間——冶鐵車間於一八八〇年正式成立，因其用於製造建築附屬設施，當時從屬於專門負責建築的木工部。而傳教士們不久發現中華民族對於金銀有一種特別的偏愛，便於一八九四年在原來的冶鐵車間中加入了金銀的元素，專門製作鍍金鍍銀的器皿。隨著工藝的不斷改進，土山灣出品的五金製品種類越來越多，最終於一九〇八年正式成立五金工廠，從此五金工廠與木工部宣告分離——雖然很長時間裡五金工廠與木工間依然以「北樓」的名義共管。

五金工廠一共有以下幾個車間組成：一、金銀細作，即一八八〇年成立的冶鐵工場，專門製作鍍金鍍銀的小型器具。也有人從國外寄來聖器、聖爵等器皿，要求土山灣給它們鍍上一層金屬的，也有人把損壞磨損的器皿送來修補的。[1] 二、冶煉工廠，即翻砂間，一九〇一年成立。三、鑄

---

[1] J. de la Serviere: *L'Orphelinat de T'ou-Sè-Wè: Son histoire et son état présent,* p.36, 1914, Imprimerie de L'Orphelinat de T'ou-Sè-Wè (Zi-ka-wei - Shanghai).

| 1957年公私合營後原土山灣部分人員合影，背景即原土山灣印書館

鐵工廠，成立於一九〇七年，專門鑄造大型鐵器，比如落地鐘、大型鐵架等，甚至還可以生產黃包車。四、機械部，成立於一九二三年，它可以製做大型儀錶、機床等。在土山灣的中西鞋作尚在的時候，金銀細作和五金工廠的其他車間共用一間房進行生產，後來由於製鞋工業在土山灣衰落下去，原來的鞋作車間就成為五金工廠金銀細作的單獨車間。

一九一三年，二次革命爆發，討袁軍隊勢如破竹，甚至連多年以來一向風平浪靜的上海地區也受到波及。七月二十二日～二十八日，討袁軍隊攻打江南製造局，不久由於江南製造局內的接應部隊未按計劃響應起義，革命歸於失敗。

戰爭的後遺症令剛剛成立不久的華界警察部門非常頭痛：成千上萬的空彈殼沿著河道散落在從江南製造局到徐家匯一帶的曠野裡，在工業尚顯落後的華界，這些已經無用的廢金屬應該如何處理著實是個全新的課題。[2]此時，地處華界的土山灣五金工廠正好處於大發展的階段，迫切需要包括銅在內的各種貴金屬。當時土山灣孤兒院五金工廠（鑄鐵工廠與金銀細作）負責人、葡萄牙籍耶穌會士笪光華修士從偶然的渠道瞭解到這個情況，就向華界警察局提出：由土山灣孤兒院來負責收購這些含有銅的子彈，但鑑於孤兒院是一家慈善機構，故收購價格必須要遠遠低於市場價。

一聽有人主動願意出面處理這些令他們頭痛的炮彈殼，華界警察局當然求之不得。最後雙方協定，根據這些空彈殼中含銅的重量全部低價賣給土山灣孤兒院。這樣一方面解決了華界警察的燃眉之急，另一方面也給土山灣孤兒院的五金工廠提供了一大批低成本的原料，雙方可謂各得其所。後來，製作徐家匯天主堂那兩個大燭台的銅原料便來自這些空彈殼。

五金工廠也是土山灣各個工廠中最「開放」的一個。早在五金工廠成立之前，冶鐵車間就開始製造世俗的各類精緻器皿；一九〇一年，它與木工間一起代表上海參加了在越南河內舉行的法亞博覽會，送展的五金作品除了宗教器具外，也包括一些家用的燭台。平時，市民也可以向孤兒院訂製各類日用器皿。一九一五年的《善導報》上，曾刊載過一篇土山灣翻砂廠（即五金工廠的別名）的廣告，那也是現存最早

2　J. de la Serviere: *L'Orphelinat de T'ou-Sè-Wè: Son histoire et son état présent*, p.36-37, 1914, Imprimerie de L'Orphelinat de T'ou-Sè-Wè (Zi-ka-wei - Shanghai).

的土山灣孤兒院對社會發放的廣告。在廣告中，就提到土山灣工藝院生產的「日用器具」、「久為中西人士歡迎」，廣告上還附有這些日用器具對外出售的價目表。[3]

二、環龍在上海的飛行表演

一九〇三年，美國的萊特兄弟發明了飛機。八年後的一九一一年，法國著名飛行家環龍來到上海做飛行表演，卻意外與土山灣的五金工廠有了一段緣分。

當環龍駕駛飛機來到上海的時候，突然發現由於長期飛行，有幾個部件損壞了。飛機在當時還屬於很稀罕的東西，大部分人連見都是第一次見到，更別說修理了。眼看表演的日子一天天臨近，卻偏偏遇到機械故障，飛機上不了天，環龍急得像熱鍋上的螞蟻團團轉……

正在此時，法國駐滬領事代表法國政府來慰問環龍，並詢問其飛行表演還有何問題？環龍只得將飛機發生機械故障的情況和盤托出。法國駐滬領事立即向他推薦土山灣孤兒工藝院的五金工廠，表示這個工廠以製作精細的五金用品聞名，能夠製作鐘錶，也許飛機上精密的機械零件也可以在那裡鑄造。環龍抱著死馬當活馬醫的態度將信將疑地接受了領事的建議，把飛機送到了土山灣的五金工廠。

幾天後，環龍被告知可以去驗收了。這位飛行家在土山灣詫異地看到，不僅幾個損壞的部件被修整一新，連整個飛機都被擦得鋥亮，就像新的一樣。環龍馬上試著發動了飛機，發現心愛的座機完全恢復了正常狀態，禁不住興奮地說道：

---

[3]　《土山灣翻沙廠之進步（上海）》，《善導報》，1915年第23期，p.9。

「這裡的條件與巴黎的條件一樣好。」[4]不久後的五月六日，環龍在江灣跑馬場開始了他的飛行表演，這也是上海人民第一次見到正式的飛行表演。可惜，為了避開觀摩的群眾，最後環龍依然機毀人亡，寫下了上海飛行史上悲壯的一頁。

三、特殊的對戒

　　長期以來，土山灣的五金工廠還承擔著一個特殊的任務：為新婚的教友們打製特殊的婚戒。

　　解放前，教會曾經規定教友結婚必須使用特殊材質的婚戒：銀製鍍金的聖教圖案對戒，以示對於天主所定姻緣的規誠。而在老上海，生產這種特殊婚戒的工廠，僅有土山灣一家，因此上海教友的結婚戒指都在土山灣購買。因為獨家經營，而且做工精緻，結婚旺季時就會供不應求。為滿足教友的需求，五金工廠在今天瑞金路的位置還設立有銷售分部，以免教友們長途跋涉。由於婚戒既漂亮又實用，甚至到了土山灣後期的一九五八年，教友們依然還執著地要買五金工廠生產的婚戒[5]，並永久保存。二〇一〇年，土山灣博物館籌辦時徵集展品，其中就有當年的教友獻出珍藏多年的土山灣婚戒。

　　其實，土山灣五金工廠的生產工藝之所以能名揚海內外，這就不得不提到土山灣五金工廠第一任也是最著名的一任總管：葡萄牙人笪光華。

---

[4]　J. de la Serviere: *L'Orphelinat de T'ou-Sè-Wè: Son histoire et son état présent*, p.37, 1914, Imprimerie de L'Orphelinat de T'ou-Sè-Wè (Zi-ka-wei - Shanghai).
[5]　2010年3月4日土山灣孤兒李順興口述。

笪光華，字石瑟，西文名Joseph Damazio，葡萄牙籍耶穌會修士。一八六五年出生於澳門，一八八八年來華，一九〇一年調到土山灣擔任從屬於木工部的冶煉車間主任。一九〇七年鑄鐵車間成立的時候他兼任負責人，一九〇八年五金工廠正式成立的時候他出任第一任主管。一九三一年～一九三五年，由於身體原因，笪光華修士改為負責五金用品發行，後又改任孤兒院理家直到去世。除了負責五金工廠之外，笪修士還曾負責過土山灣的樂隊。

　　笪修士身材矮胖，留有中國式的山羊鬚。由於是澳門的土生葡人，膚色較深，五官也較其他歐洲人相對扁平，乍一看與中國人倒有幾分相似。笪修士在任期間是五金工廠的發展興盛期，他似乎與世界博覽會很有緣，在任期間曾多次組織展品參與世博會和各類展覽會，包括一九〇五年的列日世博會，一九一五年的巴拿馬世博會等，一九一〇年，笪修士還與好友、木工間的葛承亮修士一起完成了著名的比利時布魯塞爾中國宮的建造。也就在這一時期，土山灣的五金工廠因其工藝精湛、交貨及時而名揚海內外。一九二八年，笪光華修士領導的五金工廠還與葛承亮修士領導的木工部合作出版了一套作品集：Orphelinat de T'ou-Se-We, Zi-ka-wei（《徐家匯土山灣孤兒院》）。

　　笪修士對工作很負責任，也非常樂意參加各項活動，在土山灣孤兒院存世的各類照片中，可以經常可以看到笪修士的身影，而這些幾乎全部都是他帶領孩子們在一起活動的照片。他總愛對孩子們說：「我只是希望你們可以學一個職業，將來能夠自謀生計。」[6]他總是希望孩子們能出人頭

---

[6]　《聖教雜誌》1925年6月：第十四年第六期，p282。

上 ｜ 40年代土山灣五金工廠一角
下 ｜ 民國初年土山灣五金工廠一景，右側一為笪光華主任

左 ｜ 土山灣五金工廠出品的燭台燈架
右 ｜ 土山灣孤兒工藝院出品的工藝大鐘

地，而且也一直在為孩子們創造各式各樣展示自己的機會，
比如他總是為五金工廠的孩子們爭取機會參加各種展覽，他
也總是為土山灣樂隊的孩子們爭取到外面去演出的機會。他
的教育思想相比其他主任來說更為開放，其中精髓就是不能
閉門造車，有機會要走出去，看看外面的世界，借此開闊自
己的眼界。

　　笪光華一九三七年因胃癌在廣慈醫院去世，離世之際，
他的身邊圍滿了土山灣孤兒院的孩子們。在最後望了一眼可

愛的孩子們以後，笪修士眷戀地離開了他相伴多年的五金工廠和土山灣樂隊。[7]

四、土山灣的最後一抹斜陽——繼電器

　　土山灣的五金工廠是土山灣孤兒院最後一個結束的工廠，由此這也為土山灣孤兒工藝院畫上了一個休止符。

　　一九五五年，龔品梅事件發生之後，上海民政局接管土山灣孤兒院，由中國教友董貴民擔任院長。不久之後土山灣就開始分崩離析：其中木工部因江南地區教會勢力萎縮早在解放初期就被取消併入五金工廠；而印書館因為「有思想問題」，印刷量大量減少，後期只能靠印製瑞金醫院的掛號單、文件等來「救急」[8]，一九五八年被併入中華印刷廠；畫館擅長的繪製宗教油畫、製作彩色玻璃等技藝，在當時的上海百無一用，後歸併入五華傘廠。當時唯一轉型成功的就是五金工廠。工廠本來是做西式用品和教會用品的，而當時在滬西方人士幾乎都已經離開，上海教會勢力也在龔品梅事件之後加速萎縮。因此不論做西式的傢俱，還是做教會用品，在當時均已失去了市場。土山灣孤兒院的新院長董貴民看在眼裡，急在心裡，幾經奔走，終於通過自己姪女婿的關係聯繫到新的業務——生產繼電器。

　　當時的中國正處於一片火紅的建設大潮之中，國家提出了工業要實現「電氣化」的要求，而這個小小的繼電器卻

----

[7]　2009年1月20日土山灣老人李成林口述，李成林（1919-2009），聖母院孤兒出身，1923年入土山灣孤兒院。
[8]　2009年10月土山灣老人陸治榮口述，陸治榮（1923-？）1947年來土山灣做裝訂間負責人。

是當時工業實現電氣化的絆腳石——在偌大一個中國，竟然只有東北黑龍江一個阿城繼電器廠專門生產繼電器。這對於完成社會主義建設任務來說遠遠不夠。因此土山灣開始生產繼電器之後，獲得了各個工業企業的歡迎，當時的華東開關廠廠長甚至在市裡的會議上大聲呼籲：「繼電器只有東北在生產，遠遠不能滿足全國的需要。我們要不到產品，我的任務就完不成。現在上海土山灣在生產繼電器，市裡一定要重視，把它扶植起來，由點帶面，全面開花。」[9]

於是，土山灣孤兒工藝院五金工廠再次成為全市工業關注的焦點。同樣處於困難中的上海市政府對於土山灣五金工廠的繼電器生產也十分重視，甚至特地因繼電器生產的環境要求把周圍的工廠都搬遷掉，直到「公私合營」期間與合眾電器廠合併成立上海繼電器廠。

上海繼電器廠成立後不久的六十年代初，機電一局為了照顧繼電器的生產，把整幢大樓都讓出來給上海繼電器廠，於是該廠整體遷入位於黃浦區的大樓中，而原來土山灣的土地則讓給了原先與土山灣五金工廠業務上有來往的交通電器廠。至此，土山灣孤兒工藝院的百年歷史全部結束。

---

[9]　2008年9月11日土山灣孤兒酆舟林口述，酆舟林（1923-？）浦東人，土山灣孤兒院總機人員，總機取消之後入土山灣五金工廠。

美好的回憶
土山灣孤兒們的課餘生活

　　大概所有的學校（包括技校）都一樣吧，除了上課學技藝的時候，其他時間，便是孩子們自己娛樂的天地，土山灣也不例外。這幾年，我們在走訪健在的土山灣老人時，他們幾乎都會提到土山灣的業餘生活，尤其是其中的兩個社團：樂隊和足球隊。也許對於他們來說，那才是最美好的回憶。

一、樂隊

　　他們，是一群中國孩子，但是手中卻拿著西洋的樂器，奏著西方的音樂。即使時光已流逝了六十多載，但他們說起那些樂器，首先躍入腦海的卻是流利的法語名稱。他們並沒有接受過專業的音樂訓練，最高的學歷不過初中；他們的老師也只是教會裡普通的修士，他們的職業也與音樂並沒有什麼關係。但是，就是由這些人組成的樂隊卻頻頻受到邀請，有資格到上海灘的各個學校和機構演出；每次有貴賓到訪徐家匯，負責奏樂迎賓的也總是這支樂隊。

　　說起土山灣孤兒院裡的樂隊，其實一共有兩個：一個是管弦樂隊，另一個則是軍樂隊。管弦樂隊成立較早，人數不多，對外活動也很少；軍樂隊雖然成立較晚，但是發展很快，名聲也比較大。

　　西方音樂走進土山灣的具體時間，現在已經無從考證，我們現在可以找到的最早文獻，是整整一百四十年前的一則演出記錄：

　　一八七一年，奧地利駐上海領事於布內（Hubner）走進了上海土山灣孤兒工藝院，各個工廠中，中國孤兒們的活潑可愛和勤奮能幹讓他感動，耶穌會士們利用聖嬰善會經費在上海開創的這項獨特「事業」給於布內留下了深刻印象。臨

走之前，陪同的谷振聲會長盛情邀請他聆聽孤兒院樂隊的演奏。雖然於布內明白孤兒院剛剛成立不久，經費拮据，百廢待興，絕大部分的華籍孤兒們也不可能有西方音樂的基礎，但是畢竟會長開口，盛情難卻。

很快，四個中國孤兒在一個中國神父的帶領下走上台來。他們的裝束與一般中國人別無二致，但當樂聲響起的時候，這位奧地利駐上海領事驚訝地發現，他們演奏的竟然是海頓的交響樂。於布內無法相信自己的眼睛，但是眼前分明是四個中國人在演奏，連擔任指揮的也是一個「架著奇怪眼鏡」的中國神父。於是在回國後，他不無激動地寫道：「海頓的作品在中國演出，而且由中國人演奏！有什麼理由能讓我們不深深陶醉其中？」[1]

說起土山灣軍樂隊，有一群人不能不提，那就是一九○○年義和團運動期間負責保護上海法租界的那支法國部隊。當時，這些法國海軍士兵曾經利用周日中午的休息時間，來土山灣和孤兒們進行「交流」活動，比如和孤兒們做遊戲，對孩子們進行軍事訓練等等；同時，他們還利用閒暇時間教孩子們吹奏軍樂。雖然這些法國海軍士兵們並沒有在土山灣組織起一個軍樂隊，這件事本身也並非是土山灣與西方音樂的最早結緣，但是他們卻把西方最流行的音樂和最易學的樂器帶給了土山灣的普通孩子們。從此，西方音樂在土山灣普及起來。

一九○三年，葡萄牙籍耶穌會士神父葉肇昌（佘山聖母堂新堂設計者）在土山灣正式組織軍樂隊，而對這支樂隊付出最多及擔任樂隊指揮時間最長的，則是土山灣木工間主任

---

[1] D.J. KAVANAGH: *Zikawei Orphenage*, 1915, San Francisco, p.14.

上 | 民國初年土山灣孤兒院軍樂隊中的鼓樂部分,後排左為笪光華,後排右為葛承亮
下 | 1945年8月,土山灣匯南足球隊(七人制)與徐匯中學校隊舉行友誼賽,土山灣2:1勝徐匯

葛承亮和五金間主任笪光華。就從這時開始，音樂正式成了土山灣孤兒們課餘生活的重要部分。

一九一四年，法國科學院成員、戲劇家白里歐（Brieux）帶領一批人走訪土山灣孤兒院，他們剛一下車，便聽到耳邊響起沉重而深遠的《馬賽曲》樂聲。「難道他們從法國叫來了法國國家軍樂隊？」他思考著，判斷這樣的演奏水準只可能出自正規的軍樂隊。但是，當他發現演奏《馬賽曲》的竟然只是一支由一群中國孤兒組成的業餘樂隊時，眼淚不禁奪眶而出：「我十分想擁抱耶穌會的神父們，因為我十分驚奇地注意到我聽到的是一個中國交響樂隊。」[2]在遙遠的東方，竟然可以聽到如此原汁原味的法國國歌，而且它們竟然出自一支由外國孤兒組成的業餘樂隊的演奏，怎能不叫這些法國人大為感動？

土山灣軍樂隊的樂器全部都是西洋樂器，主要有小號、大號、圓號、長號、大管、薩克斯、軍鼓等組成。這個軍樂隊是一個完全業餘性質的樂隊，不論是學徒還是工人都可以報名參加，比如每屆學生新進土山灣都會有人來問：是否有興趣參加樂隊活動？如果要參加費用也是全免的，類似於現在學校裡的興趣小組或社團。樂隊的訓練時間全部都放在下班或放學之後，對工作和學習沒有任何影響。

在參加樂隊之前，這些孤兒從來沒有接觸過任何西洋樂器。剛進樂隊的時候，由老師先簡單教授吹奏樂器的方法，然後每週抽幾個固定時間進行訓練。在演出之前，通常還會突擊加排一次。

---

[2] Joseph de la Servière: *L'Orphelinat de T'ou-sè-wè: Son histoire son état présent*, imprimerie de l'orphelinat de T'ou-sè-wè, 1914, p.43, 原引自 Brieux. *Au Japon*, p.79 sq.

土山灣的樂隊在社會上影響很大，經常有人來邀請他們出席各種節慶的活動。比如佘山舉行開堂儀式時，就邀請土山灣孤兒院的軍樂隊到佘山去表演；每年春節期間，土山灣的樂隊也會應邀去廣慈醫院（今瑞金醫院）為醫生和病人演出；樂隊還經常去當時的法商電車公司（原址今為重慶南路上的巴士新新公司）演出。甚至有的教友家有大事，也會和院長神父們商量叫土山灣的軍樂隊來為自己「撐場面」；此外，徐匯公學要辦什麼事情，通常也會把土山灣的樂隊叫去幫忙，而中外貴賓訪問徐家匯的時候，樂隊也常常會站在最醒目的位置為他們表演助興。出於樂隊的公益性，土山灣樂隊所有的演出均不收報酬，邀請方頂多就是給參加演出的孤兒們管一頓飯而已。因此一般來說，對於私人的邀請，主任們大都會以非專業、工作繁忙等理由設法推脫，只有實在推脫不了，才會讓土山灣的孩子們出面表演[3]。而在一些特殊場合，土山灣軍樂隊的到場助興則是當時一道少不了的風景：

　　一九〇九年初，駐紮阿爾及爾的法國軍官訪滬，當時震旦大學為他們排演了法語話劇《愚蠢的僕人》（《善良的資本家》第二幕），之後特邀土山灣軍樂隊為法國客人演出。

　　在一九一〇年三月十九日徐家匯耶穌會會長神父的本名良辰上，中午時分，土山灣的樂隊出場，表演難度很高的軍樂《桑布林與默茲》。在晚會接近尾聲的時候，院長還特地帶領中外貴賓來到土山灣再次欣賞軍樂隊的表演。演出大受歡迎，為表示感謝，貴賓中「有一個音樂家，這個人同時也是畫家，為院長神父繪製了一幅油畫，並以十分的敬意呈上

---

[3] Joseph de la Servière: *L'Orphelinat de T'ou-sè-wè : Son histoire son état présent*, imprimerie de l'orphelinat de T'ou-sè-wè, 1914, p.43.

上 ｜ 費金標編劇本《古聖若瑟》，土
山灣印書館1923年第三版
下 ｜ 土山灣孤兒院軍樂隊當年使用的
曲譜

給院長神父：這是一幅院長神父的巨幅肖像。」[4]

一九一一年二月二十日，法國飛行家環龍在上海進行飛行表演之前，我們也能夠看到土山灣的軍樂隊在現場為法國領事和上海道台表演的報導[5]。

土山灣樂隊演奏的樂曲除了一些宗教典禮用曲之外，以交響樂曲中的兒童歌曲和進行曲為主，比如《小紅帽》等。樂隊的樂器全部由法國進口，樂隊主要由五金工廠主任、葡萄牙籍修士笪光華（Joseph Damazio）負責，同時他本人還擔任樂隊指揮。笪修士會吹奏圓號，有較高的音樂修養。笪光華修士去世後，樂隊改由會彈奏風琴的法籍修士潘國磬（Xavier Coupé）負責。上海解放前夕的大撤退中，由於缺少人手，導致潘修士一人得負責多個工廠的運轉，於是樂隊逐漸無人管理，儘管工人和孤兒們依然會拿出樂器來自娛自樂，但是水平已大不如前。樂隊的樂器一直存放在土山灣的倉庫內，上海解放後，在舞會等一些活動場合依然拿出來用過。

土山灣另外還有一個音樂社團——合唱隊，其實就是唱經班。唱經班和樂隊不同，這個班由專業音樂老師看中之後從小進行專門的演唱訓練，主要根據各個小孩的音色情況來挑選，一批一般十餘人。唱經班的成員也和樂隊不同，主要是當時還在慈雲小學讀書的男孩們，年齡大多在十歲左右，尚未到學生意的年齡，所以有時間進行專業的音樂訓練。

---

[4] Haouisée: *La Fête du R.P. Recteur à Zi-Ka-Wei*, *Lettres de Jersey*, de Brouwer, 1910, p.106.
[5] Varia, *Lettres de Jersey*, de Brouwer, 1910.

在正式參加彌撒演出之前，這些孩子們必須學習讀經，然後開始在各種不同形式的彌撒中參加演唱，對於這些從小生活在孤兒院裡的孩子們來說，這並不是一件很困難的事情。參加彌撒的順序也是有規定的，為儘量保證小孩子們的充足睡眠，早晨五點多的最早一台日課彌撒由年齡較大的孩子參加。孩子們的演唱有時會得到一些報酬，如果在二個月的假期中需要演唱，他們一般會在假期之後拿到一鷹洋（二法郎五十生丁）作為酬勞。

　　土山灣的合唱隊中通常分兩個聲部，並讓一個音色最好的孩子擔任主唱。擔任主唱的孩子能享受特殊待遇，即使在日軍佔領期間物資供應最貧乏的時候，當時整個土山灣孤兒院唯一有牛奶喝的孤兒就是擔任主唱的孩子。徐家匯大教堂裡，每當四大瞻禮（天主教中耶穌聖誕、耶穌復活、聖神降臨、聖母升天為四大瞻禮，要隆重慶祝）期間或有貴賓到訪之時，合唱隊通常就在教堂的二樓演唱。

　　一九一〇年十月徐家匯天主堂舉行開堂典禮的時候，土山灣派出十八個人參加鼓號隊（整個鼓號隊的規模有四十八人之多）演出，並出動了全部合唱隊成員與徐匯公學、老堂、洋涇浜教堂一起組成六十人的大合唱隊，在徐家匯天主堂演唱。儀式的最後，土山灣的軍樂隊作為壓軸，演奏了Filliard的《聖母》[6]。

　　土山灣合唱隊的演出場地主要在土山灣慈母堂和徐家匯天主堂，唱經多使用法語和拉丁語。因為這些孩子文化有限，為了便於記憶，老師就在原文歌詞下用滬語注音。這種特殊而簡便有效的「滬語注音拉丁語方法」一直沿用到今

---

[6] *Echo de Chine, 26 octobre, Lettres de Jersey*, de Brouwer, 1910.

| 20世紀20年代土山灣孤兒在工餘時間踢足球玩耍副本

天。這種注音方法以滬語為基礎，以字體大小來表示拉丁語的輕重音，以簡譜的符號來表示拉丁語的長短音，專門用於天主教內演唱拉丁語聖歌以及念拉丁語經文。當時很多農村的教友連普通話都不會說，但卻會念標準的「拉丁語經文」，唱「拉丁語聖歌」，主要就得益於這種注音方法。

因為男孩發育後嗓音變聲的原因，土山灣合唱隊的孤兒一般長到學生意的年齡（一般為十三歲）就自動退出合唱隊。目前依然健在的土山灣唱經班當年年齡最小的成員也已八十六歲高齡了。

二、足球隊

現代足球在十九世紀末成型於英國，而土山灣的孤兒們在稍後的二十世紀初也已早早玩起了足球。

那是一九○一年的冬天，後來曾出任徐家匯住院院長的法籍耶穌會士顧洪義（Joseph Ducoux）神父當時剛來中國，還在大修院裡讀書。按大修院規定，學生有「散心時間」（即今天的休息時間），而顧神父（當時還是「顧修士」）因為特別喜歡土山灣的孩子，就經常利用「散心時間」來土山灣和孩子們玩耍，還把自己從歐洲帶來的「皮球」（即足球）拿來和孩子們一起踢。就是這源於玩耍的不經意之舉，無意之中把足球這項歐洲人的現代運動帶到了上海，帶到了土山灣。

土山灣是男孩們的天下，好動是男孩子們的天性。所以土山灣最廣泛的活動，便是足球運動。在土山灣，有一個響噹噹的足球隊：匯南足球隊，因土山灣位於徐家匯以南而得名。其實，土山灣的足球隊在歷史上曾有過多個名字，如慈

雲職業學校足球隊、土山灣足球隊等等。這個足球隊曾經打敗上海市徐匯公學、聖方濟學校、震旦大學等老牌勁旅，奪得一九二九年第一屆天主教學校體育聯合會盃冠軍[7]。

在那個娛樂生活相對貧乏的時代，踢足球可以說是這些孤兒們的最大樂趣。在二十世紀三十年代土山灣孤兒院地圖的最西端，可以清晰地發現有一個足球場，這塊場地便是孤兒們當年最快樂的地方。

嚴格說起來，土山灣的足球隊其實並不專業，在土山灣，足球是全民運動，不僅學徒們玩，工人們玩，甚至外國的修士、神父們業餘時間也在球場邊踢足球。與樂隊不同，土山灣的足球隊並非由院方組織，也沒有固定的教練，而是更多由土山灣的孤兒或工人們自發組織。

足球隊的主要成員基本上都是一些沒有滿師的學徒，年齡在十三～二十歲之間。對這些孩子來說，踢球是他們業餘的主要活動，也是最受歡迎的一項活動。他們平時也不像專業足球隊員那樣有自己專屬的釘鞋和隊服，只是在比賽的時候，才有一雙比較像樣的運動鞋和一件像樣的球服上身。說是球鞋，其實也只是一般的運動鞋，不是足球運動那種專用的釘鞋；至於球服，由於經常要換著穿，所以上面也沒有正規足球隊服那樣的號碼和名字，球服的尺碼也明顯偏大，以適應各種高矮胖瘦的身材。而且，這些衣服大都自產自銷，是由聖母院裡的孤女們一針一線親手縫製的。隊員們練習時，有時甚至連一個像樣的足球也沒有，只能自己用線頭製作一個「線頭球」來踢；此外，所謂球場也只是在孤兒宿舍旁邊一塊空曠的場地上加裝了兩個球門架子而已，孩子們

---

[7] 《徐家匯土山灣匯南足球隊榮獲錦標記》，《聖教雜誌》，1929年第18卷第6期，第286頁。

| 清末時期土山灣唱經班合影

踢球的時候還可以聽到一旁孤兒院飼養的豬叫聲,或者聞到
孤兒院菜園裡新澆肥料的臭味。但是男孩子們可管不了那麼
多,只要是自己喜歡的活動,照樣每天樂呵呵地在那裡揮汗
如雨。

在三十年代之前,土山灣簡陋的球場也承辦足球比賽。
每次比賽都是土山灣孤兒們的節日,經常會有年幼的孤兒在
一旁津津有味地觀戰,而他們長大以後又會成為足球隊新的
成員,運動的薪火就這樣一代一代傳下去。有一次,土山灣
的匯南足球隊與光華大學足球隊進行比賽,面對裝備精良的
光華大學足球隊,匯南足球隊一點都沒有示弱,頑強地與對
方對抗。當時,足球場邊只有一排低矮的籬笆作為隔離,周
圍觀賽的小朋友們就趴在籬笆邊看。突然,穿著釘鞋的對方

球員大腳把球開了出去，球飛過籬笆，擊中了正全神觀賽的一個年幼孤兒。巨大的衝擊力讓這個孤兒當場暈過去，被馬上送到醫務室治療。雖然傷勢並不很重，且不久就痊癒了，但很快，土山灣孤兒院院方還是把球場上的球門架子拆除了，從此以後，土山灣孤兒院便以球場簡陋為由不再承辦任何足球比賽，三十年代以後所有的足球比賽全部移師徐匯中學的大球場進行。從土山灣到徐匯中學，從二十世紀初一直到八十年代，徐家匯地區的這兩個球場吸引著一代又一代的男孩子們去圓自己的足球之夢。

工人師傅們的踢球條件則稍微好些，因為他們有收入，所以會有一個真正的足球。但是他們不參加比賽，踢球只不過是工餘鍛鍊身體的一項運動而已。土山灣的外國修士和神父們也踢足球。為了不和學徒和工人們搶場地，他們通常在土山灣孤兒院內另一個小場地裡踢球，頻率也遠遠不及學徒和工人們那樣高。但有時候，他們也會和孩子們一起踢球，享受「與民同樂」的快樂。

三、孤兒們的其他活動

1. 夏令營以及遠足活動

除了樂隊和足球隊的活動之外，每年夏天，土山灣還會組織優秀的學徒去鄰近的龍華百步橋進行類似於今天夏令營的活動，一般為時三天——那裡有一個原來軍閥建造的別墅，後來被教會買下作為活動基地。去龍華百步橋避暑曾是當時很多土山灣孤兒的奮鬥目標。有時如果有重要的賓客光臨，也會組織部分學徒一起去那裡吃飯作陪。

孤兒院內還會不定期地舉行會操、遠足拉力等帶有體育鍛煉性質的活動。一般拉力的目的地就是附近的某個教會機構。此外，每年五月在此期間，土山灣原來的孤兒也會回孤兒院三天，參加避靜、拜苦路、念玫瑰經等活動──這也是在他們離開孤兒院之前，院方與雇主商量好的「公假」享受。

2. 年終大抽獎活動

在每年耶誕節和春節期間，土山灣孤兒院內還會為學徒們組織抽獎活動。平時，院方根據學徒們的學習和工作成績分發獎票，抽獎的時候，十六張獎票加起來獲得一次抽獎機會。預備的獎品五花八門，基本上都是孩子們愛吃的零食和喜歡的玩具。而耶誕節期間，則是不論獎票每人都有一個抽獎機會。此外，院方還會組織戲劇演出來增加節日氣氛。

這種抽獎活動最早源於一八八〇年華籍耶穌會士沈則寬（字容齋）神父擔任院長期間。身為中國人的他深知春節在國人心目中的地位，而土山灣孤兒院內的孩子們因為春節歇業，在孤兒院內無事可做。他們中相當一部分人又無家可回，於是就利用春節的休假期間到外面遊玩，從而沾染上賭博等壞習氣，有的人甚至把一年積攢起來的零花錢全部輸在了賭桌上，而贏的人也助長了不勞而獲的壞習慣[8]。於是沈神父首先在孤兒中實行發獎票的制度，獎票分黃、綠、藍、紅四種，紅色等級最高。平時根據孤兒在讀書、工作、神功等方面的表現來發獎票，以示鼓勵。這項制度從一八八〇年的年底開始實行，沈神父拿出一些銀洋專門用來購置年貨，

---

[8] 佚名：《江南育嬰堂記》，《沈二神父初任管土山灣》，未分頁。

這些年貨中的一部分就在春節期間設攤，讓孤兒們用獎票換取；另一部分則用來抽獎，最早的抽獎形式就是轉糖。沈神父還開始在春節期間舉辦晚會，讓孤兒們在孤兒院中也能感受到春節的氣氛，從而避免沾染上社會上的不良習氣。土山灣的戲劇演出最早便是在這樣的晚會上開始萌芽。

3. 戲劇演出

土山灣還有一個傳統就是戲劇。土山灣的戲劇傳統起源於會長神父們的本名慶日以及各個大小節日晚會上的表演，最初的形式是兩個孤兒在台上問答並間以歌唱的形式，漸漸地變成表演一個聖經舊約裡的場景，偶爾也去徐家匯的神父住院演出。土山灣孤兒院演出的戲劇絕非一折或者一幕戲，而是有完整劇情的一個故事。全劇中只有一個旁白在一邊用滬語宣講，其他人只是按時出場做各種動作，沒有對白。

土山灣的戲劇演出開始時是使用堂裡孩童的平常服飾，一直到一八九七年，當時的土山灣孤兒院副院長向日華（Gabriel Chambeau）神父為孤兒們編了一齣戲，描寫的是夏朝至明朝的歷史。第一次用五色紙貼成衣服的形狀，而且在布上畫耶穌像做佈景，當時是在徐家匯耶穌會住院的散心時間表演的，使用的是臨時的戲台，用完就拆除。這樣每次演出的總花費只有十元左右，後來逐漸有新的花樣翻新，這樣臨時搭建的演出每次總花費也不超過二十元。到一九〇一年，葡萄牙籍修士笪光華（他同時也擔任樂隊指揮）來土山灣之後，他用了三個月時間在土山灣的中灶間裡搭建了戲台，戲劇演出逐漸正規起來，第一齣戲只是一齣喜劇，沒有名字，一直到一九〇一年秋天，才有了土山灣第一次正式的戲劇演出，當時稱為 Table vivent（活聖像劇），演出的內

上 | 清末土山灣孤兒院軍樂隊合影，後排右一為葛承亮，右五為笪光華
下 | 1901年土山灣部分孤兒合影

容是聖誕的故事，台上聖母聖若瑟聖嬰，還有驢牛的形象都是用彩色紙糊在板上，做成真物一樣的形狀，讓孩子們去扮演。這種演法其實是仿照當時徐匯公學的戲劇演出。一九一〇年夏天又在土山灣的後場搭建了一個露天戲台，戲台上還請傅良弼修士安裝了裝飾用的電燈。由於演出要拍劇照，為了效果美觀，演出服也日益華麗，當然花費也隨之日漸增多。

一九一〇年元旦，江南傳教區主教姚宗李（Prosper Paris）、江南耶穌會會長倪懷綸（Valentin Garnier）、徐家匯耶穌會住院院長顧洪義等一起率領神父修士們來堂給土山灣的孩子們拜年，為此，土山灣的孤兒們特地排了一齣戲，戲名為：當今預備立憲之世，江南議員某來堂參觀天主教育嬰堂、實業工業各廠，內容大致如下（滬語）：

第一齣：

議員到堂，教董接見領看各作坊，外教議員詢問工藝廠興盛法則。

第二齣：

教董答以敝堂所有法子不過兩樣。

第一、堂裡之人，齊是信天主個，敬造天地萬物個真主宰，教內有十條誡命，當全守；守好之，就是天主教裡好教友，亦是國度裡好百姓。

第二、因管理教務個主教及傳教士，俱是羅馬教皇所遣，齊是才德出眾，棄俗精修，無家室之牽連，所以能專心傳道，終其身，惟領人返本歸原，而

且代不乏人，所辦事業常有人接續，此即我教
中，實業興旺之上策也。

腳色

外教議員黃松渙
教友董士楊德友[9]

孤兒們認真的表演讓神父們十分喜愛，連聲稱讚孤兒們
的表演「可稱得法」。當時，也有一些演出劇本是根據外面
的本子稍微修改後編成，但因其中往往會有一些所謂「為蒙
童見之損多益少」[10]的東西，所以一般編成劇本後，必須先
在神父修士面前略述劇本的大致內容，再根據他們的意思略
微修改後才可以上演。土山灣演出的戲劇，法語劇本一般多
由華籍耶穌會士張璜神父翻譯成滬語供孤兒們演出。劇本在
演出後由印刷間負責石印成本供孤兒們留作紀念並以後演
出再用。

土山灣的課餘生活是豐富的，留給孩子們的記憶是如此
深切。那些貧苦出身的中國孤兒們，在很多年後回憶土山灣
的生活，首先浮現腦海的往往就是唱歌、踢球、遠足、發獎
和演出這些業餘生活中的許多生動細節，它們給這些孤兒的
暗淡童年抹上了一層亮色。

9　佚名：《江南育嬰堂記》，《恭祝慶辰》，未分頁。
10　佚名：《江南育嬰堂記》，《恭祝慶辰》，未分頁。

土山灣的邊沿
慈雲小學、聖母院以及五埭頭等土山灣周邊建築

今天我們說的土山灣，大多數時候還是指土山灣孤兒工藝院。但是除了土山灣孤兒工藝院之外，土山灣地區還有一整套天主教會創立的文化社區機構。與徐家匯的拉丁文化有所不同，土山灣的機構，面對的大多是平民教友。

一、慈雲小學

慈雲小學這個名字的出現不過是二十世紀四十年代的事情，但是慈雲小學這個機構作為土山灣孤兒工藝院的「附小」存在卻歷史悠久，大約從一八六四年孤兒工藝院遷到土山灣時起它就初具雛形，當時參觀學校的外國人曾留下這樣的記錄：「孤兒工藝院還有好幾間教室，在那裡人們教授中文、算術、歷史、地理和法語。」另一個外國人寫道：「學生們先上幾年中國的古文，並且學到了很多種有用的知識。」

慈雲小學最初並沒有正式校名，校舍也並不大，位置就在孤兒院的大門口。孤兒們的學習課程十分簡單，就是中國私塾的傳統課程：四書五經；與私塾有所不同的，只是增加了法語和教會的教理課。孩子們被送來這裡的時候一般都是六七歲，正是應該上學的年齡，而慈雲小學正填補了這一空缺，為孩子們今後的學工生涯打下了文化的基礎。在上世紀二十年代的時候，隨著國民學校教學制度的正規化，慈雲小學也逐漸順應潮流，設置了簡單的數理化課程。當然，教育難度與當時正規學校的數理化教學還是有著一定距離。慈雲小學的教學一直以打基礎的課程為主，主要目的在於修身。

孩子們一般在慈雲小學裡讀六至七年的課程，小學畢業時大概為十三歲左右。學生畢業的時候，負責學校管理的修士會根據孩子們各自的資質來分配，「當時土山灣分南邊北邊，基本上，他們認為你看起來比較斯文些的，就分配你去南面的圖畫間和花玻璃，還有靠東面的排字間，其他的就分到印刷間、裝訂間，還有發行所。」[1]在那裡孩子們半工半讀，做工的同時繼續學習各種知識。幾年後滿師，可以自尋出路，也可以選擇留下，成為正式工人。

二、聖母院

其實在蔡家灣的孤兒院裡也有女孩的身影。後來拯亡會修女在唐墓橋開設孤女院之後，就從蔡家灣接走了孤女。隨著徐家匯的發展，拯亡會修女把聖母院搬在徐家匯，後來逐漸發展成了女育嬰堂（也就是今天「上海老站」的位置）。

就規模來說，聖母院要比土山灣大許多，人數也遠遠超過土山灣。因為從中國傳統上來說，女孩被遺棄的概率要比男孩高很多。「一般我們這裡女孩和男孩子的平均比例為：我們每收三百個女孩，就大概收三十個男孩子，其中十個是得了無法治癒的疾病的，在這十個中，有七或八個是私生子。健康的男孩子全部被收養了；而那些病孩們在他們領洗後不久就去了天國。」[2]

被遺棄的男嬰也生活在聖母院裡，以便得到修女們更好的照顧。直到六歲要讀書的年齡，才被送到土山灣繼續求

---

[1] 土山灣老人鄔舟林2008年8月26日口述。

[2] CHEVREUIL (Emile): Relation Décennaie sur l'orphelinat de T'ou-sè-wè, Lettre de Jersy, de Brouwer (Bruge), p.57, 1885.

| 聖母院

學，而女孩們則繼續生活在聖母院裡直到出嫁。留在聖母院的女孩們同樣在聖母院中學習各種基礎的文化課程，稍大後再分配去從事刺繡、織布、製衣、洗衣等女紅活。當時上海教會中的神父用的祭披，教堂裡用的裝飾性刺繡等都是出自這些孤女們之手。

值得一提的是聖母院的孤女和土山灣的孤兒們之間的「別樣姻緣」。

在當時社會中，孤兒們無依無靠，又遭到社會的歧視，於是，選擇聯姻對於孤兒和孤女個人來說，雙方身世相近，也算門當戶對，自然比較容易情投意合；而對於教會來說，夫妻雙方都是從小受教會教育長大，結婚後也生活在教堂的附近，因此對於他們的信仰生活來講也比較有利。

在「父母之命，媒妁之言」還大行其道的當時，土山灣的孤兒和孤女們卻多少能夠享受一些自由戀愛的權利：成年滿師之後，教會不再干涉孤兒人身和戀愛的自由。但是如果需要院方幫助介紹，孤兒院還是很願意幫忙的。

整個聯姻的過程是這樣的：

1. 首先由孤兒本人向院長神父提出請求。在當時，孤女不可能主動提出「我要嫁人」的願望，所以一般第一步往往由男方邁出。

2. 院長神父接到孤兒請求後，寫信給聖母院院長姆姆，把孤兒的基本情況告知院長，讓院長在聖母院中物色一個條件相當的孤女。

3. 聖母院院長接到請求後，首先會派一個修女來和孤兒先見面，觀察對方的人品和相貌，然後回去向院長彙報。

4. 聖母院院長覺得此人大致不錯之後，就在聖母院中物色一個孤女，然後由原先碰過面的修女帶來與孤兒見面。雙

方互相瞭解。

5. 見面後聖母院院長問雙方各自的感覺。如果雙方都覺得認可的話，孤兒院和聖母院就開始張羅雙方的婚事。孤兒院方面院長神父寫信給徐家匯的本堂神父，後者專門管理徐家匯地區的房子，由他找一間合適的房屋給婚後雙方居住。而聖母院方面，修女們作為孤女的「娘家人」，也會為孤女準備一些諸如馬桶、被褥之類的嫁妝用品，並購買土山灣孤兒工藝院五金車間生產的戒指作為禮物。

6. 在徐家匯教堂中選擇一天進行婚配，並在敘倫堂中舉行中式的結婚儀式。

7. 婚後，二人居住在土山灣孤兒院附近的三角地地區，新的家庭誕生。

一般，在組成家庭後男方繼續在土山灣孤兒院做工，女方則繼續留在聖母院工作，靠微薄的收入養活全家。在土山灣孤兒院存在的一百多年來，孤兒們一代又一代形成了特殊的土山灣的「教友村」，這個教友村便是「五埭頭」。

三、五埭頭

「埭」（音Dai）在滬語中就是「排」的意思。所謂「五埭頭」，就是指五排專供土山灣作工之人居住的房屋，地方位於土山灣河對岸，聖衣院西南角的一塊由河流淤積形成的「三角地」上。

一八七四年註定是土山灣歷史上具有里程碑意義的一年。在這一年，土山灣孤兒院第一次作為獨立的編制出現在耶穌會每年的職位表（Status）上；而同時土山灣也迎來了自己的第一批長大成人的孤兒：從一八六四年孤兒院遷入土

上 ｜ 留在聖母院中的女孩子正在刺繡
下 ｜ 清末土山灣慈雲橋

山灣開始算起，第一批孤兒已經到了結婚成家的年齡，其中不少人娶的是聖母院的孤女。婚房便因此成了很大的問題。因教會方面希望「通過聖嬰善會事業的傳教方式，我們可以確保這些新一帶教友的信仰。」[3]於是，一八七四年的時候，由當時的院長、華籍耶穌會神父沈則寬提議，馬歷耀修士設計，在土山灣對岸的「三角地」地區建造專用土山灣做工人員使用的房屋。最開始建立的只有兩排，不久又在東北角河嘴上叫「底田里」的地方造了三排房屋[4]，加起來一共有五排，所以被稱為「五埭頭」。一八九二年徐家匯當家顏神父的建議下，又在聖衣院後造了第三批房屋，也就是後來的「塘街西」，同樣供土山灣的工人居住。

「五埭頭」的房子並不大，是一間「二丈餘深，一丈餘開闊的平房」[5]，但是麻雀雖小，五臟俱全，在一間不大的平房裡，卻有客堂間，臥室等各類上海平民房屋的要素。與當時徐家匯肇嘉浜邊窮人的「滾地龍」相比，「五埭頭」裡的居住條件可謂大大改善了。

「五埭頭」和「塘街西」的建造也使當地迅速繁榮起來，當時三角地地區（即今天上海體育館一帶）甚至還形成了熱鬧的小型集市。「五埭頭」和「塘街西」可謂就是徐家匯周圍的「教友村」，但與徐家匯的知識分子教友群體不同，這裡的天主教教友們多是普通的平民，他們的生活僅夠溫飽，一不小心就會返貧，因此有很多這裡的孩子依然回

[3] PALATRE (Gabriel): Relation de la mission de Kiang-Nan, T'ou-sè-wè, 1874, p.71.
[4] PALATRE (Gabriel): Relation de la mission de Kiang-Nan, T'ou-sè-wè, 1874, p.50.
[5] 《匯南小築之緣始》，《江南育嬰堂記》，《徐家匯藏書樓明清天主教文獻》，p.2568，方濟出版社（台北），1996。

到土山灣免費學手藝，成了「土山灣二代」，「土山灣三代」。但他們卻與很多上海郊區的農民教友群體又不同，這裡的天主教教友們很多已經不從事農活，而成為一名產業工人，他們手裡握著的，不再是祖輩們慣用的鐮刀、鋤頭，而是畫筆，美工刀，或者擺弄起了照相機、印刷機等工業時代的產物。

「五埭頭」和「塘街西」相繼住滿已經是二十世紀三十年代的事情了，由於日軍的戰火逐漸逼近，教會已經無力再建造更多的房子。於是，後期土山灣的工作人員只能蝸居在孤兒院裡破落的廠房中。

二十世紀八十年代末開始，由於該地區逐漸建造體育館和地鐵一號線、四號線等公共設施，「五埭頭」和「塘街西」的居民逐漸動遷至東安路和梅隴等地。一個有著特殊意義的地名於是便在地圖上消失了。

四、敘倫堂

「五埭頭」建成後，土山灣的孤兒們相繼入住，但是一些問題也逐漸暴露出來：由於當時設計的時候未考慮到中國人的實際情況，該地缺少一個居民婚喪集會的議事場所，居民們遇到紅白喜事，只能向隔壁鄰居借房間，造成很多不便。於是，一八九七年由土山灣孤兒院院長沈則寬提議，在建造「塘街西」的同時，將新造房屋最中間的三間闢為正廳，並命名為敘倫堂，專供婚喪集會使用。

敘倫堂不僅僅是光一間大房間了事，還擁有一整套婚喪典禮所需的一切物品，並設有專人管理。若教友家庭有婚喪嫁娶的需要，一律可以借用，婚事能借三天，而喪事則僅

上 ｜ 敘倫堂中的婚禮場景
下 ｜ 1914年土山灣孤兒工藝院慶祝成立五十周年時全體成員合影

借一日，如果需要延長，需要本堂批准。平日，轎子、婚喪禮服等東西都存放在土山灣各個工廠中，如需使用，所花費的僅僅是花轎的費用二百文，加上茶水僕役費用三百文，敘倫堂的場地提供則完全免費。敘倫堂中的婚禮，由於新人雙方的不同身分以及宗教信仰的原因，也有與眾不同的儀式，主要是參拜耶穌像和誦讀婚配祝文。這樣的婚禮，與中國傳統的父母之命自然完全不同，也與後來所謂的「新式結婚儀式」有所不同，可謂中西合璧。

敘倫堂每年舉行六次聚會，聚會的時間為四大瞻禮（聖誕、復活、聖神降臨和聖母升天），加上農曆春節（初一至初三）和慈母堂本主保瞻禮。聚會期間，供應茶水零食。在議事的時候女性不能進大廳，參加議事的人主要是「教友村」中的長者，議事的內容就是「五境頭」和「塘街西」範圍內發生的重大事件。

在沒有婚喪大事的時候，敘倫堂則是一個私塾，由一個聖母院派來的女教師教書讀經，不論男孩女孩，只要是八歲以內都可以進入這個私塾免費讀書。

五、夭折的慈母堂公墳園

一八九七年，土山灣孤兒院院長沈則寬神父在造好敘倫堂之後，覺得土山灣各類生活設施都已經差不多了，唯獨缺少身後的殯葬之處，於是再次提議買地置辦一個慈母堂公墳園。當時在土山灣的東面大約一裡的地方已經有了一座墳地，那裡專門埋葬未成年夭折的男女嬰兒，所剩的地方已經不多，而且其中還有三分之一被用來作為教友墓地，幾十年使用下來也已經沒有空地了。於是，沈則寬院長就想到，土

| 敘聖母院女孩和她們的手工繡件

山灣地區在肇嘉浜以南還有一塊大約十幾畝的空地，而且當時的田價只有每畝地三十到四十千文，很便宜。

沈則寬神父當時已經設計好了未來墓地的圖紙。受過歐式教育的他希望效仿歐洲，把天主教的公共墓地造成像歐洲一樣的旅遊景點：中間部分建造一座小教堂，在東南西北四周各挖一條小河，河邊栽種各式的樹木花草，路邊可以行走，讓土山灣的工人閒暇的時候可以來園中遊玩。墓園中的安葬也必須有規劃，不能像以前傳統的中式墓地一樣無序。沈神父的這個設計稿，後來卻因故未能得到實施。原來，一八九八年法租界再次擴張，把原八仙橋一帶的宋家墓地也納入了法租界的版圖中，按照工部局章程中的規定，宋家墓地

必須遷移。當時宋家正好看中了徐家匯附近的地方，並已在那裡建造別墅，便一併把墳地遷移來。宋家是大戶人家，他們在徐家匯地區不惜鉅資，購買田地，大興土木，造成的結果就是土山灣地區的田價大漲了四倍。沈則寬神父原先的預算就這樣只能成為了一個空想。

再之後，由於上海縣城幾個教友家族都相繼發財，上海的教友都願意在徐家匯地區買地，購買別墅或置辦墳地，徐家匯地區田價日益上漲，甚至翻番。慈母堂公墳園的事情更顯得遙遙無期，於是就再也沒有能提起這件事情，此事就此作罷[6]。

六、慈雲橋

慈雲橋是架設在肇嘉浜上的一座並不出名的小橋。對於土山灣人來說，慈雲橋有著特別的涵義。橋的北面，是土山灣孤兒院，而橋的南面，則是土山灣人的居家所在。肇嘉浜河面雖然並不寬，但是來往船隻繁忙，當時也算是水域要道。一八七二年，馬歷耀修士在修建聖衣院的時候修建了這座橋，橋墩全部以巨大的木頭做成。進入二十世紀後，由於潮漲潮落的關係，原來的木製橋墩不免爛損，加上隨著上海經濟的發展，來往的船隻逐漸從小舢板變成了大型船隻，不免總是碰到橋墩，而橋面的木頭也常有脫落。恰在此時，宋家和俞家這兩個大戶人家相繼在徐家匯建造房屋，這座破敗的橋樑不免讓車馬頻繁的兩家頗感危險。於是，宋、俞兩家聯合附近的張家，商量妥當後決定出資改造慈雲橋。在得到

[6] 《預籌慈母堂公墳園置產（未成）》，《江南育嬰堂記》，《徐家匯藏書樓明清天主教文獻》，p.2617，方濟出版社（台北），1996。

教會方面同意後，新的慈雲橋於一九○二年開工興建。首先把橋堍改稱石製，橋身則改為鐵製，而鐵橋的鐵料全部由上海教友大家朱子堯先生托土山灣孤兒出身的邱子昂購買。又因為慈雲橋所在的「五埭頭」和「塘街西」地區當時人口已逐漸稠密，慈雲橋東、西橋堍還安裝了用金山石製成的三個橋座，便於兩岸家庭淘米、洗衣、做飯。一九○三年二月二十六日，新橋竣工。這座橋被正式命名為慈雲橋，意為經過此橋的人如同沾了慈雲之氣，也含有不忘慈母堂本意。

一九○四年二月二十一日大聖若瑟瞻禮，耶穌會為慈雲橋舉行了隆重的降福大典。前一天，土山灣五金間主任笪光華修士在慈雲橋上用柏樹枝紮了兩座牌樓，牌樓上寫「大聖若瑟保障華夏聖橋」。土山灣的孩子們也出席了慈雲橋的降福大典。

從此，慈雲橋成為了土山灣的標誌之一，至今由慈雲橋得名的「慈雲街」依然存在於上海的版圖上。

土山灣的孤兒工藝院雖然已經消失了半個多世紀，但是細細琢磨，不難發現，土山灣的點點滴滴依然在它的周圍存在著：比如慈雲街，比如斜土路（因從斜橋到土山灣而得名），又比如那最後存留的老房子，其實，土山灣並沒有走遠，依然存活在我們生活之中……

柏立德
土山灣建檔第一人

在土山灣早期的影像資料裡，常常會出現一個長著小眼睛，留著大鬍子，穿著中式服裝的西方人。他永遠躲避在照片的角落裡，一臉害羞的神情，有點內八字的腳似乎總是踩在一起。他就是土山灣孤兒院當時的院長柏立德神父。

柏立德，西文名Gabriel Palatre，法籍耶穌會士。一八三〇年七月二日出生於法國西北部的雷恩古鎮，一八五八年入耶穌會，八年後晉鐸。柏立德於一八六三年二月來華，先是用了一年的時間周遊江蘇的各個堂口。一八六四年土山灣孤兒院建立，他被調任副院長一職，一八七一年升任土山灣孤兒院院長。一八七五年柏立德擔任徐家匯耶穌會神父住院院長，三年後他在院長的職位上去世，年僅四十八歲。

一、柏立德的「土山灣檔案」

柏立德從一開始便承擔起了土山灣檔案（Archive de Tou-sè-wè）的撰寫工作，並為以後土山灣檔案的書寫樹立了榜樣。由於檔案中記錄的史實大都是他親見親聞，有些甚至還是他所親手操持，故柏立德編撰的檔案成為後人研究土山灣最重要的文獻之一。在一九一四年史式徽[1]編撰的《土山灣孤兒院紀念冊》中，「土山灣檔案」是排列在第一位的參考資料，在正文的「歷史」部分中，直接引用」土山灣檔案」的就有四處；在高龍鞶[2]的《江南傳教史》[3]中，關於早期土山灣歷史的描寫也有很大一部分是參考「土山灣檔案」的。

---

[1] 史式徽（Joseph de la Servière, 1866-1937）字德甫，法國耶穌會士，1909年來華，震旦大學教授，教會史學家。

[2] 高龍鞶（Augustin Colombel, 1833-1905）字鏑鼎，法籍耶穌會士，1869年來華。

[3] 1926年祿世道（Henri Doré）加注本。

就目前各部作品中所摘引的「土山灣檔案」的內容來推測，「土山灣檔案」的原稿一共可分為兩類，第一類中有一部分內容是追溯的檔案，柏立德為這部分檔案起名叫「男童孤兒院，一八五〇～一八七二」（Orphelinat des garçons, 1850-1872），這部分內容最早可以上溯到一八五〇年夏顯德神父從方濟各會士手中接管蔡家灣孤兒院。柏立德是早期土山灣孤兒院的見證人，他在檔案裡詳細描寫了土山灣孤兒院的建立情況：「……在石可貞[4]神父的帶領下，人們回到了徐家匯。工人們和學徒們暫居在徐匯公學和現在的孤兒院之間的房子中，因為這座房子的外牆是白色的，所以被稱為『白宮』。從事農業和其他室外工作的孤兒們住在現在聖母院位置的一排房子裡。這種把孤兒們分開的做法由於十分不方便，因此只是臨時性的措施。自這年（注：指一八六四年）七月開始，人們在土山灣開始建造現在的孤兒院；南樓的那排房子在三個月後竣工，十一月二十二日，孩子們進駐土山灣的新址。」[5]而檔案的第二類則是描寫一八七三年以後孤兒院的發展情況。

在此值得注意一八七三年這個時間節點。根據《耶穌會法國省職位表》（Catalogus sociorum et officiorum provinciae franciae Societatis Jesu）記載：在一八七三年之前，所有土山灣孤兒院負責人的編制都合併於徐家匯耶穌會神父住院，故他們的所謂「組織關係」也都是放在徐家匯的住院內的。一八七三年土山灣孤兒院和徐匯公學一起單列開來，而從一

---

[4] 石可貞（Emile Chevreuil, 1827-1898）字介如，法籍耶穌會士，1869年來華，擔任土山灣孤兒院院長達二十年。

[5] De la Servièreb(Joseph): *L'orphelinat de T'ou-Sè-Wè*, 1914, Imprimerie de l'orphelinat de T'ou-Sè-Wè, p.12-13，原引自 Archive de Tou-sè-wè.

八七四年開始，所有土山灣負責人的編制變成了一個獨立系統而不再與徐家匯住院或者徐匯公學放在一起。因此我們可以把一八七三年作為土山灣正式獨立建檔的起始之年，而這項事業的開拓者正是柏立德。

很多後來的土山灣研究者們發現，整個土山灣檔案均為柏立德的手稿，而這些手稿是他們可以找到的唯一的原始資料。例如關於第一批孤兒離院後的就業情況，柏立德詳細地寫道：「在上海縣城及其周遍地區工廠裡的年輕人們，按住地被分成三組：洋涇浜、董家渡和徐家匯。每一組都有一個主任，這個主任可能是一個輔理的修士，也可能是一個大修院學生或者一個傳教先生，他們在各自本堂神父的監督下，專門管理這些原來土山灣的人們。正是他們把聖嬰善會的費用源源不斷地提供給學徒們直到他們成為工人；正是他們一

1865年，柏立德（前排左一）及其同事們和土山灣孤兒在一起

直關注並陪伴這些孤兒們完成他們的宗教聖事；如果孤兒們
有需要的話，也正是他們關心這些教友孤兒在學徒試工期內
與他們外教老闆的不合理要求做鬥爭；也正是他們使這些教
友孤兒能與外教學徒在手藝上相媲美。每個學徒只在土山灣
的合同到期後才由主任出面去找新的老闆，然後在找到後再
由主任去答覆這些光榮的基督徒工人。在這個合同中，首先
是注重這些年輕基督徒在道德品行和宗教生活的保護：承諾
永不強迫學徒參與與教會相背的迷信活動；每週給學徒足夠
的時間來望彌撒；在大瞻禮期間學徒可以回土山灣一段時間
吃飯；每年有四至六天的假期用以給孤兒院所有的老孤兒們
避靜。」[6]

　　柏立德親手所記的這些檔案手稿，從未公開或對內出版
過，如今雖然已經散佚，但是由於柏立德所處時代和身分的
特殊性，他的這部分手稿的內容被稍後一些學者在多部作品
中予以很高評價並反覆引用，因此我們今天依然可以有幸從
這些作品中窺得「土山灣檔案」的部分面貌。

二、柏立德的「類土山灣檔案」

　　除了冠名為「土山灣檔案」的作品外，柏立德的其他作
品中也有很多記述土山灣的內容，為了有所區別，我們暫且
稱它們為「類土山灣檔案」。這裡略作介紹。

---

[6]　De la Servière (Joseph): *L'orphelinat de T'ou-Sè-Wè*, 1914, p.19, 原引自
　　Archive de Tou-sè-wè。

1. 《土山灣住院日誌》

（Diarium de l'orphelinat de Tou-sè-wè）

　　這本《土山灣住院日誌》同樣也是柏立德的手稿，他用日記的形式，詳細記錄了土山灣孤兒院每天所發生的事件。如每一個孩子從進入土山灣的第一天開始，柏立德就為他們建立了完備的檔案，包括：姓名（中文，法語拼音，聖名）、籍貫、領洗時間和地點、進土山灣的原因（被父母遺棄／父母去世後寄養……）、入院時健康情況等等。在孩子們進了土山灣的小學學經之後，他又寫下了每個孩子的考試成績以及各科目的學習情況、堅振時間等所有的資訊。小學畢業之後，這些孩子的工廠分配去向、帶教師傅、滿師時間，離院時間以及落腳地點等等，柏立德也都一一登記在冊。如果有孩子生病，他會寫下醫生的診斷情況；孩子因病去世，他則記錄下孩子去世時的情況與其埋葬地點。

　　這本《土山灣住院日誌》如今雖然也已散佚不傳，但是我們今天卻可以看到一本後繼者撰寫的《徐家匯孤兒院日誌》（一八八二～一八九四）（Orphelinat de Zi-ka-wei diarium, 1882-1894），作者以崇敬的口吻寫道：這是一本「完全按照柏立德留下的樣式」[7]撰寫的書。正是在這本書中，我們可以深深感受到柏立德嚴謹的工作態度和強烈的檔案意識，也得以依稀看到柏立德首創的《土山灣住院日誌》一書的樣式。

---

[7]　Orphelinat de Zi-ka-wei diarium, 1882-1894, Avertissement.

2.《江南傳教區日誌》
（Diarium de la mission du Kiang-nan）

　　這本書其實更像一部柏立德親筆抄錄的筆記摘抄本，每週一篇，一共分為教區東部（主要包括今天的上海，江蘇的蘇南地區以及海門等蘇北東部地區）和西部（主要包括今天江蘇的蘇北西部和安徽）。柏立德記錄了當周在教區這兩個部分各個主要堂口包括土山灣發生的各種大大小小的事情，還會把當天相關英語報紙的頭版頭條內容（內容以時事為主，基本不涉及宗教）貼在旁邊。例如在一份剪貼的一八七六年十月十五日的報紙上，柏立德記述道：「土山灣一年一度的避靜集會於十月五日至八日聖母領報節期間在許彬[8]神父帶領下舉行。在集會期間，有十四名成人領受洗禮，另有十名成人初領聖體。」[9]

　　現存的版本中，大部分內容均由柏立德撰寫，開始於一八七六年七月一日。柏立德的字是很有特點的蠅頭小楷，從字體上辨認，他的最後一篇寫於一八七八年的七月三十一日，距他去世的日期八月十一日（又一說八月十二日）僅相隔兩周都不到。在他去世之後，這本《江南教區日誌》由費賴之接管寫到了一八七八年年底。

---

[8] 許彬（Joannes-Baptista Hiu, 1840-1884）字采白，華籍教區神父，長期管理土山灣孤兒的教訓工作。

[9] Palatre（Gabriel）（柏立德）：Diarium de la mission du Kiang-nan（江南傳教區日誌），1876年10月15日，原文為法語。

3.《中國溺嬰記》

（L'infanticide et l'Oeuvre de la Sainte-Enfance en Chine）

　　這本書，是柏立德僅有的兩部公開出版的作品之一──另一部作品是《佘山聖母朝聖史》（《Le pelerinage de Notre-Dame-Auxiliatrice a Zo-Se》）。

　　柏立德撰寫《中國溺嬰記》（原名《溺嬰與聖嬰善會》）的目的，是為了反擊一八七五年十二月薩爾塞在《十九世紀》雜誌上發表的針對耶穌會「在中國把聖嬰善會善款移作他用」[10]的批評。那時，多年擔任土山灣孤兒院院長的柏立德因病重正在徐家匯治療，他竭盡餘力，耐心收集有關溺嬰問題的資料。一八七七年三月一日，他把自己傾心寫就的《溺嬰與聖嬰善會》一書的謄清稿寄給了巴黎聖嬰善會主任德吉拉爾丹先生[11]。由於法國的印刷費昂貴[12]，該書的出版工作一再拖延，於是作者又重抄原稿[13]，最後於一八七八年由土山灣印刷了兩百本。為聖嬰善會辯護的人，從此就可從柏立德這本著作中找到有力的論證，駁斥薩爾塞的污蔑。

---

[10] 史式徽：《江南傳教史》（第二卷），上海譯文出版社，1983，P297；柏立德：《中國溺嬰記》，序文第3頁起。

[11] De la Servière(Joseph)（史式徽）：《L'orphelinat de T'ou-sè-wè》（土山灣孤兒院紀念冊），Imprimerie de l'orphelinat de T'ou-sè-wè，1914，P27，原引自Palatre(Gabriel)（柏立德）：Diarium（日誌），1877年3月1日，原文為法語；Palatre(Gabriel)：Diarium de la mission du Kiang-nan（江南傳教區日誌），1877年3月1日，原文為法語。

[12] S De la Servière(Joseph)（史式徽）：《L'orphelinat de T'ou-sè-wè》（土山灣孤兒院紀念冊），Imprimerie de l'orphelinat de T'ou-sè-wè，1914，P27，原引自Palatre（Gabriel）（柏立德）：Diarium（日誌），1877年10月10日，原文為法語。

[13] De la Servière（Joseph）（史式徽）：《L'orphelinat de T'ou-sè-wè》（土山灣孤兒院紀念冊），Imprimerie de l'orphelinat de T'ou-sè-wè，1914，P27，原引自Palatre（Gabriel）（柏立德）：Diarium（日誌），1877年4月22日，原文為法語。

《中國溺嬰記》共分三個部分。第一部分，以歷史記載
——中國皇帝的上諭和各省巡撫們的告示——來證明殺嬰的
罪行到處氾濫，但一直在努力克服中。在儒釋道三教的文人
著作裡，也承認這種惡風陋習滅絕人性，並要他們的信徒與
之鬥爭；從一八七四年至一八七八年，中國報刊上發表的許
多文章也證明這問題至今存在。最後，柏立德還蒐集了一些
比文字更能說明問題的民間繪畫，證明在中國許多家庭內，
還有人對這種駭人聽聞的殺嬰方法不以為恥反以為榮。第二
部分，敘述天主教從十七世紀開始創辦的育嬰事業，目的就
是為了糾正消除這種罪行，並陳述今日育嬰堂的起源與現
狀。第三部分，闡述殺嬰溺嬰的惡習與中國的博愛慈善精神
相違背，並對清皇朝和各地努力收養棄孩表示尊敬，但也指
出教外人辦這種事業存在的缺點。書的最後認為，中國殺嬰
的原因是出於自私和迷信。該書總共由六十六篇辯護文章組
成[14]，因書中舉例主要以土山灣孤兒院為樣本，故也成為研
究早期土山灣的重要文獻。

　　《中國溺嬰記》是柏立德的最後一部作品，但他本人最
終並沒有看到這本傾注了自己巨大心血寫就的著作。一八七
八年，在柏立德的奔走呼告下，《中國溺嬰記》由聖嬰善會
出資[15]在土山灣得以付印出版時，柏立德已因病長辭。

4. 反映土山灣內容的其他作品

　　除了以上作品之外，柏立德還在一八七四和一八七五
年在土山灣出版過兩本《江南教區通訊》（Relation de la
mission du Kiang-Nan）（未署名，屬於內部石印），書的內

[14] 史式徵：《江南傳教史》（第二卷），上海譯文出版社，1983，p.297。
[15] Palatre (Gabriel): *Diarium de la mission du Kiang-nan*, 1877.

容也和土山灣有關，只是後來「這部作品很遺憾他沒有繼續寫下去。」[16]

此外，柏立德還負責編輯過包括土山灣內容的《傳教年刊》（Annales de la Propagation de la foi）、《聖嬰善會年刊》（Annales de l'œuvre de la Sainte-Enfance，簡稱A.S.E.）、以及他的著作《天主教傳教區》（Les Missions Catholiques）等[17]，還為土山灣的事業多次寫信向歐洲爭取經費。另外，他還擔任過《傳教區日報》（Journal de la Mission）的編輯，該報主要是為神父們進行行為規範培訓的內部材料，自一八七三年開始一共編輯了十四天，後由費賴之繼續編輯直至一八九四年。

柏立德撰寫的所有作品，均多少與土山灣的事業有關，或者乾脆就是以土山灣為中心展開的。除了《中國溺嬰記》和《佘山聖母朝聖史》外，他的其餘作品都未公開出版，也沒有署自己的名字，很多是以教區名義內部石印，作為教區檔案的一部分才留存下來。今天我們只有從歷史的卷宗中，才知道了它們的作者其實都是柏立德。

他的好友費賴之在《中國溺嬰記》的序文中寫道：「在他（柏立德）生命的最後時間裡，他一直在寫作。……他在痛苦中去世，連等待他最後作品出版，並把它帶走的時間都沒有。他在傳教區服務十六年，司鐸生涯二十五年，這些時間他所做出的貢獻已經足夠使天主讓他在天上遠離一切痛

---

16 De la Servière (Joseph): *L'orphelinat de T'ou-sè-wè*, Imprimerie de l'orphelinat de T'ou-sè-wè, 1914, p.28.

17 Palatre (Gabriel): *L'infanticide et l'Oeuvre de la Sainte-Enfance en Chine*, Imprimerie de l'orphelinat de T'ou-sè-wè, 1878.

苦。」[18]後世的教會史學家，《江南傳教史》的作者史式徽對柏立德的作品如此評價：「（他的作品）對研究那些年的歷史十分重要；從他的工作中，我們受益匪淺。」[19]

　　在《聖經》中，加俾額爾（Gabriel）是為天主傳遞訊息的天使；在現實中，同樣是這個叫加俾額爾（柏立德名為Gabriel）的人，為後人傳遞了土山灣最早的訊息。

[18] Palatre (Gabriel): *L'infanticide et l'Oeuvre de la Sainte-Enfance en Chine*, Imprimerie de l'orphelinat de T'ou-sè-wè, 1878.

[19] De la Servière (Joseph): *L'orphelinat de T'ou-sè-wè*, Imprimerie de l'orphelinat de T'ou-sè-wè, 1914, p.28.

土山灣的建築大師
馬歷耀

二〇〇九年年初的一天，上影廠的一個角落裡推土機發出陣陣轟鳴，幾十分鐘後，一幢老樓化為了一片灰燼。在土山灣的歷史譜系裡，這幢老樓的完結，也意味一個時代的結束：馬歷耀的時代從此只能到老照片上去回憶了。

馬歷耀，西文名Leo Mariot，字慈良，法籍耶穌會修士，一八三〇年三月二日出生，一八五三年九月二十七日入修院，一八六三年二月十二日來華，一八六〇年八月十五日修士品，一九〇二年十二月二日去世於上海縣城。

根據《江南育嬰堂記》記載：以「精曉營造學」著名的馬歷耀修士是在一八六五年由直隸調來江南的，原因是當時的土山灣育嬰堂初建，大興土木需要專業建築人才，馬歷耀的任務便是「經管『木、漆、雕花等作場』，並負責營造土山灣聖堂」。從此一直到一八九四年，馬歷耀都是土山灣營造部門的主要負責人，執掌建築大權整整三十年。他的一生，沒有留下過一張單獨的照片，也許對於他來說，他的形象就應該由他的建築作品來代言吧？

從今天的角度看，馬歷耀是一個宏觀的建築設計師，同樣也是一個微觀部件的建築師，同時還是一個雕刻家。他的作品中既有中國傳統的木建築，也有西方傳統的石建築，也因此奠定了土山灣營造部門「粗木＋細木＋雕刻間」的格局。其實從今天看來，馬歷耀設計的建築是標準的實用主義風格，並不十分華麗，但是絕對堅固耐用。

一、虹口耶穌聖心堂（一九四九年前老堂）

虹口耶穌聖心堂位於上海市虹口區南潯路。今天的耶穌聖心堂在天主教上海的各個教堂中地位並不顯赫，但是在解

THE SACRED HEART CHURCH AFTER THE SOLEMN REQUIEM MASS SAID IN MEMORY OF THE
DECEASED S.F.X.C. TEACHERS BENEFACTORS AND STUDENTS

放前，它的地位卻非同尋常。

　　當時的虹口地區處於公共租界的位置，在一九二〇年之前，耶穌聖心堂也是上海公共租界唯一的一座天主堂，主要是為聚居在虹口的葡萄牙人和外國海員服務。作為在「對方地盤」的唯一一座天主教堂，該堂的重要性不言而喻

　　一八七四年八月二十四日，耶穌聖心堂舉行奠基大典，當時恰逢江南代牧區新代牧郎懷仁到任，郎懷仁和耶穌會會長高若天均出席了此次大典，以示對此堂建造的重視。按照當時的慣例，江南地區所有的教堂建設全部都由土山灣的木匠工人們擔當，因此設計以及督造的重任也自然落在了主任馬歷耀的身上。耶穌聖心堂造好之後，門口還專門列有一塊石碑記述開堂時的盛況，這塊石碑也同樣出自馬歷耀之手。

　　耶穌聖心堂老堂「文革」期間被佔用該堂的工廠拆除改建成廠房，石碑也同時被毀掉，現在的耶穌聖心堂為一九八〇年移地另建。

二、邱家灣耶穌聖心堂（老堂）

馬歷耀設計的建築中，命運最悲慘的當屬邱家灣聖心堂。這座教堂也許可以用「命運多舛」來形容。它的歷史最早可以追溯到一六五八年受徐光啓的孫女許甘地大資助建造的邱家灣老天主堂，但造好不久就被教外勢力侵佔，直到兩個多世紀之後的一八七一年，天主教會才終於收回了這座教堂，並交給馬歷耀修士重新設計。當時，松江邱家灣的土地上，建造於兩個多世紀前的老教堂早已經損壞到不堪修理的程度，對於馬歷耀修士來說，一切都要從零開始。

新堂的設計和建造一共用了兩年零一個月時間。一八七四年九月，外貌為哥德式十字形的新教堂落成，開堂大禮由耶穌會會長高若天主禮。

僅僅過了十餘年，第一次厄運就降臨到了該堂身上：一八八六年三月十日上午，松江府童子考試期間，考生們來教堂參觀，有些考生拔取祭台上的紙花玩耍，有些考生闖入神父住所鬧事，並因此與教堂工作人員引發矛盾。下午，考生們蜂擁而入，不僅敲壞了教堂裡的物品，而且還縱火焚燒整個教堂。儘管教堂工作人員努力撲救，教堂還是被燒去了大半。這就是歷史上著名的「火燒邱家灣」事件，馬歷耀修士的心血也在這次事件中付之東流。幸運的是，教堂的整體構建尚未完全損毀，所以今天我們還可以有幸瞻仰到馬歷耀修士的作品——雖然僅僅是很不完整的極小部分。

今天的邱家灣天主堂是一八八七年重修的產物。一九四九年松江解放後，宗教活動停止，教堂也被佔用。這裡曾駐紮過部隊，做過大會會場，辦過大食堂。「文革」期間，教堂鐘樓理所當然地毀於一旦，教堂內部設施也被砸光，僅

松江邱家灣耶穌聖心堂外景

存一具空殼，後來又被教師進修學校當作垃圾倉庫。幸運的是，教堂的建築保存尚好，其中還有部分是當年馬歷耀修士的作品。也許從其中僅存的那部分建築中，我們還能體會到馬歷耀修士碩果僅存的心血吧？

三、佘山聖母教堂（老堂）

佘山是中國天主教的一塊聖地。早在太平天國之前，這裡就是教友們朝拜聖母之所在。但是，在山頂上造教堂從來就不是一件容易的事情，所以一直到一八七四年，山頂才有教堂，而該教堂的設計也是出自馬歷耀修士的手筆。

佘山聖母教堂由當時土山灣孤兒院的營造部負責建造，設計師一職理所當然由馬歷耀修士擔當。他非常清醒地意識到佘山教堂的重要地位，為之耗費了大量心血，決定揉合中西建築的特點建造此教堂。中國傳統建築是由木材為原料的，而西方傳統建築則大都採用岩石為原料。馬歷耀從上海縣城採購上好的木材，從福建買來最好的石料。在當時機械能力低下的情況下，這些笨重的木材和石料全部由土山灣孤兒院的工人們人工抬上山頂，鄰近地區的教友也自發前來義務勞動。

在佘山聖母教堂建造的時候，地方上的教外人士對教堂有很多謠言：說新堂的每根柱子底下都需要活埋一個兒童，大堂下面躲著一條巨龍，只等大堂完工就要把堂沖毀；土地菩薩和水神菩薩都被大堂壓得不能動彈，因此將要降災於鄰近地區……但是這一切都沒有動搖馬歷耀修士和土山灣營造部門工人的信心，佘山教堂於一八七一年正式開工建造。

左下 ｜ 19世紀90年代肇嘉浜流經徐家匯之一段

歷時兩年建設，一八七三年，佘山聖母教堂終於竣工，
堪稱是一座典型的中西合璧建築。教堂鋪設黑色瓦片，門前
有中式遊廊，門口廊外空地上，八個中國傳統的石獅與十根
西式的羅馬柱和諧地結合在一起。而教堂的內部陳設則更像
西式風格的小教堂。

　　這座教堂建成之後的第二年，當時教宗庇護九世便頒佈
了「凡五月上佘山朝聖可得全大赦」的敕令。從此之後，佘
山便成了全國各地教友們朝拜的聖地。

　　這個教堂是與當時百廢待興的江南教區現狀結合在一起
的，建築的設計規模也只是小教堂的風格。幾十年之後，佘
山山頂的小教堂已經遠遠不能滿足絡繹不絕前來朝聖的教友
們的需要。每年朝聖的時候山頂小教堂總是顯得擁擠不堪。
於是，教會在一九二五年拆除小堂，建成了今天我們尚能看
到的佘山天主堂。這時，馬歷耀修士早已逝去，教堂是由葡
萄牙籍耶穌會士葉肇昌重新設計的。

四、其他建築

1. 土山灣慈母堂

　　土山灣慈母堂是土山灣孤兒院的內部小教堂，而對於現
代人來說，熟悉這個名字，是因為土山灣印書館早期的很多
著作都以「慈母堂」命名。由此來看，也說明這座小教堂對
於整個土山灣孤兒工藝院來說具有重要的象徵意義。

　　建造土山灣慈母堂正是一八六五年將馬歷耀修士從直
隸調到江南的直接原因。土山灣慈母堂在規模和地位上自然
與徐家匯大教堂不能相比，土山灣周圍教友村的居民在周日

也一直是去徐家匯教堂舉行宗教活動的。土山灣慈母堂更多地是和孤兒院相連在一起，它是孤兒們平時過宗教生活的地方，也是土山灣孤兒工藝院的精神象徵。

土山灣慈母堂位於土山灣孤兒院的正中位置，為哥德式建築。一九一九年冬天它毀於一場大火。大火燒了整個木工間，也把這個教堂全部燒毀。後來人們看到的那個教堂是重建的，與原來的堂相比，不論從哪方面來說，藝術性都大打折扣。

2. 聖母院老堂

土山灣聖母院於一八六七年由馬歷耀修士設計並由土山灣孤兒院營造部門建造，一九二九年造新聖母院大樓的時候拆除。聖母院旁原來還有一幢女育嬰堂，也由馬歷耀修士設計，土山灣孤兒院營造部門建造，後來在九十年代建造美羅城之前拆除。

3. 聖衣院

從外面來看，那是一幢很普通的房子，說不清是什麼風格，只覺得有點像解放初期大量建造的工人新村。也許就是這個所謂不夠「高貴」的原因，使這幢房屋在經歷了一百三十五年的風風雨雨之後，還是躲不過被拆毀的命運。

一八六九年二月十九日，黃浦江邊響起了一聲汽笛，一艘從法國拉瓦爾駛來的輪船經過長途航行，終於抵達上海港。從船上走下了五個面容嚴肅、身穿黑袍的法國修女，她們來自天主教中教規最嚴格的修會——聖衣會。她們這次是受當時法國耶穌會士，江南代牧區代牧郎懷仁的邀請而來到上海。

這些修女們開始並不住在徐家匯，而是一直住在王家堂的拯亡會和獻堂會修女的房子裡。後來，一方面因為在王家堂地區有多條小河圍繞修院，氣候非常陰濕，該會會規又規定了不能像其他修會的修女那樣開大窗或經常出門通風，於是這些剛從法國來的修女們因無法適應天氣而相繼有人得重病去世；再加上王家堂的修院離耶穌會神父住院太遠，過宗教生活十分不便，所以耶穌會方面才起意讓修女們移居。耶穌會的會長們決定在徐家匯地區建立一個更加私密、更加符合聖德勒薩修會會規的，更重要的是能由修女們自行支配的修院建築。

一八七三年十二月八日，郎懷仁主教為聖衣院建築祝聖了第一塊奠基石。新的修院建築位置就選擇在土山灣孤兒院的對面，擔任建築設計的仍是馬歷耀修士。他帶領孤兒工程隊負責建造這座會院，僅僅用了一年時間便宣告完工。此外，馬歷耀修士結合會規和上海氣候的實際情況，別出心裁地為修院建築添加了一排轉經筒和一排木格子。

聖衣院是一座假四層的磚木結構建築，正門朝南，樓內過道貫通東西，過道兩邊是兩個相對開門的房間。整幢樓沒有任何花飾。二〇〇九年一月，它終於因為建造電影博物館和商品房而被拆除，其情景正是我們在本文篇首所描述的。

馬歷耀的時代，實際上也是土山灣木工間壟斷江南傳教區各大教堂建造的時代。他去世後，木工間不再以承接教堂的建造為主，轉而承接社會上的傢俱製造，創造了另一種輝煌。如今，馬歷耀的時代已經離我們遠去，遠得只看得見在推土機的轟鳴聲中揚起的塵埃。

藝術家的孤獨
走在時代前面的艾而梅

　　一八六〇年七月，一隊剛攻陷松江城的軍隊闖入一座
天主堂。像對待無數他們佔領的其他教堂一樣，他們本打算
把教堂內可以搬走的、值錢的東西都搬走，而那些不能搬走
的、不值錢的東西——裝飾，聖像以及聖像畫之類則全部搗
毀，實在搗毀不了的就一把火全部燒掉。但是，這天他們的
行為卻似乎有些蹊蹺：他們像往常一樣把教堂裡的各種裝飾
全部搗毀，最後，來到一幅油畫前。這是一幅普通的作品，
畫面上一個慈愛的母親抱著嬰兒，顯得那樣安詳。然而，就
是這幅畫卻令他們做出了一個意外的動作：沒有繼續搗毀這
幅油畫，而是不約而同地默默離開了教堂。在他們身後，那
張油畫依然孤零零地豎立在已經被毀壞的教堂裡……[1]

　　這幅畫的作者是法國傳教士艾而梅。而他又是誰呢？
究竟為什麼他的作品能有如此魔力，以至能夠改變人們的心
呢？他和土山灣畫館究竟有沒有什麼關係？為什麼後來的土
山灣歷史上很少提到他的名字？這一切都要從一八二五年的
法國小鎮勒東（Rédon）說起。

　　法國西北部小鎮勒東位於兩條河的交匯點上，因此該鎮
也以其秋冬季節的洪水而聞名全法國。像所有的布勒塔尼省
小鎮一樣，勒東風景如畫，卻又不像法國南部那些小鎮那樣
因聲名遐邇而被破壞了安謐的氣氛。因此在春夏季節，勒東
確實是附近城市居民遠離塵囂的散心勝地。一八二五年的春
天，來自坎佩爾——距離勒東大約二小時車程的當地經濟重
鎮——的Laimé夫婦在這裡生下了他們的第三個兒子，起名

---

[1]　A. Vasseur: Lettres illustrees sur une école chinoise de Saint-luc auxiliaire de
la propagation de la foi, Melanges sur la Chine, p.27, 1884, Imprimerie des
apprentis-orphelins.——Roussel (Paris-Auteuil)

福斯坦（Faustin），拉丁文的原意是「幸運」。小福斯坦出生後不久就隨父母回到了坎佩爾生活。

福斯坦的父親，原來是當地法院的一名法官，卻擁有法官職業本不應具備的衝動和狂熱，最終導致他在福斯坦五歲的時候放棄法院優厚的待遇，轉而成為當地一份天主教報紙的編輯。他經常撰文反對政府的「教育世俗化」政策，一八四八年作為當地虔誠信徒勢力的代表被選為議員。他把自己靈敏的思維遺傳給了福斯坦，也把他容易衝動的缺點給了他的小兒子。

福斯坦的母親是布勒塔尼省原住民——凱爾特人，也是一個藝術家，在宗教上的狂熱程度絲毫不遜色於她的丈夫。她曾經用法語翻譯過多部宗教作品，她的作品甚至使一些原本信仰新教的英國人皈依天主教。她曾經在她的作品中寫道：「她祈求天主讓她的兒子成為傳教士，如能成為烈士那再好不過。」[2]從她那裡，福斯坦繼承的是對藝術的執著，他身上那帶有魔力色彩的藝術基因便是來源於母親，當然也同樣免不了藝術家特有的特立獨行的秉性。

福斯坦的兩個哥哥當時在一所教會寄宿學校裡上學，所以在相當長的一段時間裡，小福斯坦是家裡唯一的孩子。照理他可以獨佔父母的關愛，但是他的父母偏偏經常忙於工作，大多數的時間裡他只能一個人在家裡玩著自己的遊戲，因此也養成了他孤僻自我，不擅於與他人交流的性格，而這樣的性格直接影響了他一生的命運。

上學後的福斯坦絕對可以用讓父母失望來形容。父母先出於照顧方便的目的，把他送到坎佩爾城的小學上課，

---

[2]　A. Colombel: Histoire de la Mission Kiang-Nan, vol. III, p603, 1902.

但不久就被學校退學，因為「這個孩子心思根本不在課堂上。」[3]之後，父母又通過校長的關係把他送到當地著名的教會寄宿學校，希望以教會學校嚴格的校規向「傳教士」的培養目標靠攏，但是最終只換來了這樣的評語：「這個孩子每門課都不及格，整天就在課堂上用膠泥塑像。」[4]唯一可以顯示出他對宗教虔誠的，也許就是他最喜歡製作聖女則濟利亞（St. Cécilia）的塑像這一點。終於連校長都無法忍受他朋友的這個不合群的兒子，寫信給他父母說：「這個招人討厭的學生，看起來更像一個好的油畫家或雕塑家。」沒想到這句氣話，竟然讓寵愛小福斯坦的父母眼前一亮，覺得也許自己的兒子真的是塊藝術家的料呢？於是，又花了大價錢通過層層關係讓他去學藝術，不久之後，小福斯坦便被送到巴黎去跟隨一個名家學習雕塑和油畫。他父母覺得即使不能成為傳教士，成為藝術家也是一條不錯的道路。

可是他父母的藝術家培養計畫再度落了空。在巴黎這個花花世界裡，福斯坦遭到了人生迷惘：今天跟著老師學繪畫，明天迷上了詩歌和哲學，後天又在巴黎各大著名的博物館裡閒逛，最終卻不知道自己究竟想幹什麼。所幸這樣三心二意的生活並沒有讓他的靈魂沉淪，但是結果卻是病倒在床，必須回坎佩爾養病。

家鄉的安寧雖然使福斯坦很快恢復了健康，卻依然改變不了他無所事事的窘境。正在父母對這個小兒子幾乎徹底失望的時候，事情卻似乎出現了一線轉機。坎佩爾小城迎來了一個新居民：Piltan太太和她的兩個兒子──她是一個貴族寡婦，為了躲避宗教迫害和保證兩個兒子的宗教教育而遷居

[3]   A. Colombel: Histoire de la Mission Kiang-Nan, vol. III, p603, 1902.
[4]   A. Colombel: Histoire de la Mission Kiang-Nan, vol. III, p603, 1902.

| 19世紀末土山灣一景

坎佩爾。而她對宗教的虔誠恰巧與Laimé夫婦不謀而合，於是兩家也就很自然地成了常常來往的好朋友。

不久，Piltan太太的兩個兒子在教會學校畢業之後因有志修道相繼加入了耶穌會，Piltan太太覺得作為兩位耶穌會士的母親是件無上光榮的事情，於是經常在Laimé夫婦和正在家養病的福斯坦面前說起很多兒子們在耶穌會的事情。百無聊賴的福斯坦耳濡目染，特別是當聽到很多耶穌會士在世界各地傳教時遇到的各種各樣的困難，以及耶穌會士們堅強不屈戰勝困難的事例，他漸漸被這樣的精神所感染，同時也逐漸萌生了加入耶穌會的想法。

令他父母欣慰的是，他這次終於沒有像前幾次那樣三分鐘熱度。自從加入耶穌會修院之後，福斯坦好像換了一個人，在耶穌會精神的感召下，他一改原來三心二意和漫無目標的毛病，天生的聰明才智被逐漸激發出來，再加上勤奮刻苦地學習，最終在一八五〇年以優異的成績完成了耶穌會規定的文學課程的學習。後來，他又用了七年時間遠赴羅馬學習美術課程，包括素描、油畫和雕塑等。後來也在土山灣教過課的范世熙（Auguste Vasseur）就是他在義大利學素描時候的同學。

一八五八年三月，中國的江南教區急需一個既懂油畫，又會雕塑，也能畫素描的藝術家傳教士：因為長期以來負責教區繪畫和雕刻工作的徐家匯畫室主任范廷佐修士兩年前在太平天國的戰火中去世，而接任的擅長油畫的馬義谷神父一方面事務繁忙，另一方面綜合修養也比不上范修士全面，故教會方面希望能夠派一名基本功扎實的新藝術家傳教士來華。此時，曾經跟隨巴黎某名家學習過繪畫和雕塑的福斯坦被教會選中了。在義大利讀書的過程中，福斯坦已經顯示出

了很強的藝術天賦，不論在油畫、雕刻，還是在素描上，都展示出了他扎實的基本功。接下來的八個月裡，福斯坦被耶穌會方面送到巴黎最著名的美術學校專門進修宗教藝術。在這所後來走出過劉海粟、徐悲鴻等中國美術大師的學校裡，福斯坦憧憬著未來去中國向孩子們傳授美術的美好前景。

　　一八五八年十一月十三日，福斯坦乘坐的輪船到達上海港口，先被安排在徐家匯學習中文。取中文名字是每個耶穌會士來華的第一課，福斯坦先根據家族姓氏給自己起了一個中文名字叫艾而梅，然後按照當時中國的習慣選了字叫「羹才」，意思就是有豐富才能的人。事實也確實如此，他精油畫，擅雕刻，會素描，是當時來華傳教士中難得的藝術家神父。由於當時尚處於太平天國戰亂時期，徐家匯地區局勢也十分不穩定，再加上他的漢語說得尚不熟練，不久便被派到遠離戰火紛擾的崇明島去輔助平乃公（Hubertus Pingrenon）神父的傳教工作，另外也可以借此熟悉江南地區的傳教環境。一年後，負責教區美術教學工作的馬義谷奉命調往張家樓負責修士的教育，而重建徐家匯美術學校的重擔就此落在了艾而梅的身上。

　　在艾而梅接手如此重要的任務之前，郎懷仁主教親自找他談了一次。郎主教自然相信艾而梅能夠做好這個藝術學校負責人的職位，在充分肯定了他的前任——范廷佐修士和馬義谷神父的工作同時，也坦率指出前兩位工作中存在的問題：個人水平高而教學能力弱，四年來僅僅帶出了陸伯都這個當時還不能算很像樣的中國學生，而其他的學生水平更加低下，畫出的油畫，雕刻的作品連形似都難以讓人滿意，更不要說神似了。如果讓這些人將來挑起教區藝術的大樑，基

| 艾而梅像

本不可能。因此，郎主教希望艾而梅在擔任徐家匯美術學校負責人期間，利用自己所學的特長，為江南教區培養幾個成器的中國學生。

艾而梅當然也完全明白自己肩上的重擔。由於太平天國戰爭的關係，很多教堂百廢待興。流民大量湧進相對安全的上海租界地區，在教會看來這正是傳教的一個良機。既然要造教堂，就肯定有聖像畫和聖像雕塑的大量需要；既然要傳教，就肯定有宗教傳單的大量需求，而對於那些大多目不識丁的中國農民和漁民來說，圖片肯定是這些宗教傳單的重要內容。這種背景決定了教區需要大量的藝術人才。當時，教會美術學校的招生十分困難，根本沒有中國教友會主動來報名學習根本不知所云的「偏門課程」；當時畫館中的一些學生也都是修道不成轉而「曲線就業」的大齡教友。比如陸伯

都本來一心想修道成為神父，因超齡被拒絕，但他依然要求為教會做點貢獻。最後郎主教拗不過陸伯都的一再請求，把陸伯都推薦到范廷佐修士門下學習藝術，並一再強調這也是為教會做貢獻的一種方式。四年來，陸伯都是這些學生中最努力，最勤奮，也是相對最有天賦的一個，但是畢竟由於文化背景相差太大，又沒有一點基礎，再加上范修士去世過早，他的作品與老師范修士的作品相比，依然存在較大差距。

范廷佐的教學形式很簡單，他在前面畫，學生在後面跟，沒有教學理論，也沒有美術技巧的系統教授，全靠學生的天賦和感覺。艾而梅覺得這正是范修士和馬神父這麼多年來培養出的學生僅僅只會模仿，甚至連模仿都很粗糙的原因。因此，他決心要靠自己的努力改變這一局面。他暗自定下了目標：不僅要把土山灣的美術學校辦成教區的一塊招牌，而且要成為在中國普及西方美術教育的視窗。他希望這所學校培養出的學生，能夠成為第一批系統學習西方美術的中國人——不僅在油畫上精通，而且在其他藝術門類上也和自己一樣擅長，以便將來能夠挑起教會藝術的大樑。當然，他也希望自己的名字能夠永遠被中國人和耶穌會所牢記。

艾而梅做的第一件事情就是對土山灣美術學校的教育進行改革，所有的課程向歐洲靠攏，增加了很多訓練基本功的課程。首先是畫各種各樣的圖形元素，接下來是寫生和浮雕。在接觸畫筆前，甚至還需要學生學習一定課時的透視學和解剖學[5]。他認為，練好扎實的基本功才是學好繪畫、雕

---

[5] A. Vasseur: Lettres illustrees sur une ecole chinoise de Saint-luc auxiliaire de la propagation de la foi, Melanges sur la Chine, p27,1884, Imprimerie des apprentis-orphelins.——Roussel (Paris-Auteuil)

塑等各類西方藝術的關鍵。如果堅持這樣做下去，土山灣美術學校的學生一定會成為中國最好的藝術家。

　　然而他的估計完全錯了：他的中國學生畢竟不是達文西，他的中國學生也不是因為對藝術的熱愛才來學習繪畫的。長時間的畫簡單圖形，還有那些在中國人看來與繪畫毫無關係的藝術類基礎課程終於使他們厭煩。本來他們的想法就是在這裡學習三個月的繪畫本領，然後謀得一份薪水頗豐的職業[6]，但是看著時間一點點過去，而自己卻連油畫筆都沒有機會捏上。而且更可怕的是，艾而梅還告訴他們：「這裡的學習將沒有止境。」[7]學生們找到艾而梅，要求把學制縮短，課程精簡；甚至教會上級也多次提醒艾而梅「學習簡單歐洲油畫課程即可」[8]。但崇尚藝術，生性固執的艾而梅哪裡聽得進其他人的聲音，一再向學生們強調：首先要學習歐洲的版畫素描，才能夠教他們畫油畫。關於艾而梅的執拗，即使是他的同學范世熙也都認為：「這是他的缺點，聽不進一切不同的意見。」[9]此時，為了緩和徐家匯畫館內師生關係的緊張局面，教會上級出來打圓場，讓他去負責設計聖若瑟堂[10]。艾而梅在畫了第一稿後就告訴教會方面說，自

---

[6] A. Vasseur: Lettres illustrees sur une ecole chinoise de Saint-luc auxiliaire de la propagation de la foi, Melanges sur la Chine, p27,1884, Imprimerie des apprentis-orphelins.——Roussel (Paris-Auteuil)

[7] A. Vasseur: Lettres illustrees sur une ecole chinoise de Saint-luc auxiliaire de la propagation de la foi, Melanges sur la Chine, p27,1884, Imprimerie des apprentis-orphelins.——Roussel (Paris-Auteuil)

[8] A. Vasseur: Lettres illustrees sur une ecole chinoise de Saint-luc auxiliaire de la propagation de la foi, Melanges sur la Chine, p27,1884, Imprimerie des apprentis-orphelins.——Roussel (Paris-Auteuil)

[9] A. Vasseur: Lettres illustrees sur une ecole chinoise de Saint-luc auxiliaire de la propagation de la foi, Melanges sur la Chine, p27,1884, Imprimerie des apprentis-orphelins.——Roussel (Paris-Auteuil)

[10] 即今四川南路天主堂。

己是畫家，不是大眾的設計師，恐怕難以完成這樣的任務，弄得上級好不尷尬。最後，還是由當時聖若瑟堂的本堂杜若蘭神父完成了這個堂的設計終稿。

其實，在繪畫方面，艾而梅絕對可以算是一個優秀的畫家，在這一點上，他和他的前任范廷佐十分相似。他在藝術上可謂精益求精，同一幅畫，他可以一改再改；他的藝術創造力也令人歎為觀止，同一個題材，他可以畫出十幅完全不同的油畫來。但同時，在處理人際關係方面他又絕對情商很低，不懂得妥協，也完全不顧及他人的感受，只迷戀藝術家的所謂特立獨行。性格決定命運，這句箴言在艾而梅身上得到了充分應驗。艾而梅的一意孤行終於把他的美術學校負責人生涯帶向了終結：一八六一年八月，在徐家匯避靜期間，艾而梅突然消失了。眾人都以為他被太平天國軍隊抓走了，因為艾而梅神父之前就已經兩次落入太平軍之手，但是誰也不知道他這次有沒有可能再次逃脫。教會緊張起來：一方面派人到太平軍那裡遊說，試圖營救艾而梅；另一方面也開始考慮美術學校負責人的接班人選。其實，教會方面對於艾而梅的固執性格早有耳聞，對他置教區需要而不顧，一意延長教學時間的做法也頗有微詞。但因為艾而梅是當時江南教區中唯一科班出身的畫家，教會裡也難免有需要他幫忙的地方，況且他的教學方法出發點也完全是為了教區著想。最關鍵的一點是，他經手之後的徐家匯畫館，不論從檔次還是繪畫技巧上確實有了一個不小的飛躍，故一直忍讓至今。而這次，艾而梅的突然消失，使教會方面不得不考慮「後艾而梅時代」徐家匯畫館的發展。

教會方面這次選擇了陸伯都。經過三年系統的美術學習，這個原先被認為「不成器」的中國學生這次終於站到了

歷史的前台。教會方面通知陸伯都，讓他準備明年三月修院春季班的課程，並讓他開始實際負責教授美術課程。

正當大家已經做好艾而梅去世準備的時候，艾而梅突然出現在了上海郊區的奉賢南橋。他依然堅強，聰明，但是蒼老和衰弱了很多——離開了藝術的他，好像失去了主心骨。沒有人知道他失蹤的那些日子裡究竟發生了什麼，只是覺得他的身體在漸漸變老。他也知道自己時日無多，於是整天把自己關在房間裡，不停地寫信：給同學，給朋友，給家裡，每封信的內容都是講述自己的不幸處境。他的最後一封信是寄給自己教區的本堂神父，其中有一句話至今仍令人唏噓不已：「不要把太藝術的靈魂派來中國，那樣對他們將會是痛苦的煎熬。」幾個月後，艾而梅神父去世。他最後的一句話就是：「母后萬福！」（Salve Regina!）也許在生命的最後時刻，他開始想念小時候在母親身邊那段藝術的日子。

陸伯都接手徐家匯畫館之後，令人意外的是他並沒有把原先艾而梅的課程全盤否定，而只是做了一些細微的改革，比如去掉解剖學和透視學的課程。他也明白，在艾而梅的教育模式下，自己的繪畫技巧確實提高很大。即使後來他和自己的學生劉必振把畫館遷到土山灣，艾而梅的循序漸進的美術教學模式依然延續了下來。只是因為那些種種不愉快，人們不再提及艾而梅的名字。

從藝術上說，艾而梅是一個徹頭徹尾的藝術家，繪畫、雕塑、素描，樣樣拿得起，甚至能做到最好。他的繪畫水平至少不在前任范廷佐和馬義谷的水平之下。教學方面，他在徐家匯畫館引進了西方美術教學的模式，讓學生能夠學習比較系統的美術知識，為繪畫實踐打下堅實的基礎。只是性格

上的缺陷讓他難以顧及當時中國的實際情況，因此得不到時人的肯定，最後被歷史所湮沒。

　　艾而梅執掌畫館大權時的上海其實依然處於局勢不穩定的太平天國戰爭末期，即使是租界，也不能說完全安全。徐家匯地區也不過因著法國的庇護而搖搖欲墜地存在著。由於戰爭局勢的不明朗和戰爭造成的創傷，大部分國人的心理狀態尚處於不穩定的狀態，人們學習藝術的目的很現實，就是希望能夠快點學成本領，藉此謀生，養家糊口。因此若要讓他們靜下心來研究繪畫，在當時的情況下並不現實。從教會方面來說，范廷佐修士去世之後，尤其是經過太平天國戰爭，教會需要大量的藝術人才。他們本來希望科班出身的艾而梅能夠大展身手，迅速培養出一批本地的美術人才，以應對當時的迫切需求。一方面是中國人希望能夠迅速學成謀生，另一方面是教會急需一批速成的美術人才，但他們偏偏遇到了艾而梅。這位虔誠的藝術家只知道按部就班地按照培養藝術人才的普遍規律來培養人才，而根本不去考慮當時這些外在的因素，而這足以造成他的失敗。但站到更高的層面來說，如果不是艾而梅在上海開創了這樣的藝術教學模式，為上海的西方美術教學開了一個好頭，也不會有土山灣畫館以及上海西方美術後來的發展。因此從這個角度講，如果說土山灣畫館是中國西畫搖籃的話，那麼他就是中國西畫教育的先行者。

　　如今，由於時光的流逝，艾而梅留下的作品，僅僅只剩下了他畫過草圖的聖若瑟堂建築，他的名字也湮沒在歷史的潮流之中，很少被人提起。但是與他的前任和後任不同，他留下的，是一種觀念，是一種方式。他的理念雖然一時沒有被人們接受，但是歷史的潮流終究不能逆轉，因此艾而梅可

以算完成了他母親的夙願：成為「傳教士中的烈士」──他
為了上海西方藝術教學的發展「犧牲」了自己的前程，他舉
著藝術的旗幟，孤獨地走在了時代的前面。

「全能修士」
翁壽祺

　　一八九五年三月二十五日，聖母領報節，這天，在土山灣素以多才多藝而著稱的翁壽祺修士在洋涇浜的上海教區養病院裡停止了呼吸。五月二十日，土山灣木工間主任馬歷耀修士寫下了一篇萬字訃告，深情緬懷這位土山灣孤兒院裡的全能修士。

　　翁壽祺，字錫眉，西文名Casimir Hersant，法籍耶穌會修士。一八三〇年八月十五日聖母升天節那天出生於法國勒芒教區的Saint-Christophe-du-Jambet。他的母親在他幼年時就離家出走，後來再也沒有在他的生命中出現過（也由於他不明的身世，他一生只能做輔理修士）。而這個滿頭金髮的小男孩從小被送到教區神父家寄養：因為他的父親——一個當地的大地主——愛馬勝過愛他。

　　不久，他的父親因為大量買馬把祖上的家產全部耗盡，於是，便把包括翁壽祺在內的三個孩子送到商校學習鐘錶製造，以期快點畢業可以為他償還債務。在商校裡，翁壽祺認識了耶穌會昂熱住院會長Louis Ringot神父，也正是在後者的影響下，他漸漸傾向於傳教。

　　一八四八年，剛滿十八歲的翁壽祺盤下了一家小鐘錶店，一邊專門經營鐘錶，一邊等待初學院的召喚。一八五一年他進入初學院，後來又先後擔任過聖器保管員和洗衣員。一八五四年，江南教區說要調他去中國，於是他便被送去培訓醫務知識，並獲得了醫務官的資格。一八五八年十一月二十五日，在姚繼白和徐聽波兩位神父和六品修士石可貞的陪同下翁修士離開巴黎。他們在倫敦登上了Neville號遊艇，五個月後抵達上海港碼頭。

一、多才多藝，任勞任怨

　　翁壽祺在上海教區的正式職位是醫務師。他曾經這麼描述他在太平天國時期的醫務工作：「親愛的兄弟，您不在這裡太遺憾了，因為我們已經榮幸地救治了很多可憐的傷者。最近曾經遇到過一個急救傷員幾天前為賺錢而打扮成滿族人然後就被割去了雙耳；因為太平天國覺得他犯了大罪。在鄰床是一個官兵，他被太平天國的軍隊肯定是誤傷了胸部，這些勇敢的守軍為了謹慎起見通常被帶到安全的地方治療。在他的右邊是另一個頭部被刺中六刀（其中有兩刀刺中顱骨）的官兵，他的手臂也中了一刀。這一天，軍隊的醫生來看我，並和我說：我親愛的兄弟，你在你們的醫院中真的做的很好。」

　　太平天國這場戰爭造成的動亂，使翁壽祺除了醫務工作以外，還需要承擔很多原本不屬於他的理家責任。在太平天國的軍隊攻佔徐家匯地區時，他臨危不亂，以異乎尋常的敏感和冷靜，在撤退的前一天就把所有需要的東西全部打包裝箱，使教會方面不致造成很大損失；他還冒著生命危險，在太平天國軍隊尚未撤離的情況下就潛回徐家匯探視戰況，為戰後教會的迅速恢復作出了貢獻。

　　作為一個醫師，翁壽祺明曉身心健康才能遠離疾病的道理，故在治病的同時他把更多的時間用在了調理病人身心上面：他知道很多法國病人吃不慣中國的蔬菜，就在徐家匯的花園中引種當時上海還沒有的歐洲蔬菜：如西芹、花菜等等；為了讓病人們賞心悅目，神清氣爽，他還在病房窗外種植歐洲的花卉，並利用教會擴大花園的機會，堆砌了一座聖母小山。為了改善病人們的飲食，他在徐家匯的後院闢建豬

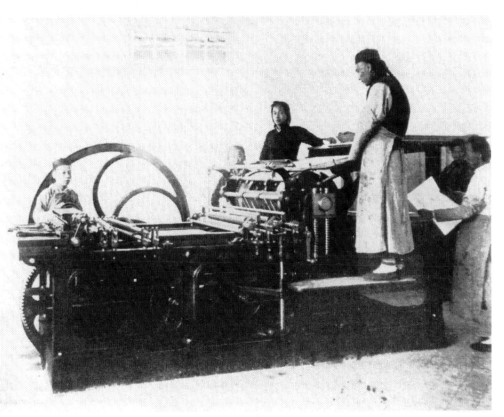

| 清末時期，土山灣印書館的石印技術在業界居領先地位，圖為工人們正在用石印車印刷書籍

圈，組織大家養豬，並對各種類型的豬種進行仔細觀察，擇優汰劣，最終引進肉多膘肥的澳洲良種豬，後來又引進了一些日本種的豬以供應瘦肉。為了提高病人的營養水平，他還提請教會首肯，養了五、六頭奶牛以自己生產牛奶；同樣為了改善病人們的貧血狀況，他利用之前學過的西點製作技能，在徐家匯開設了一家西點店，製作的糕點一方面供應給病人，另一方面也對外出售。這也可以說是上海最早的西點店之一。他養的幾百隻兔子，由於飼養得法，長得十分可愛，以致名聲遠揚，甚至當時日本的王子都慕名前來，願意高價購買。

　　一八六二年四月十二日，管理教區鐘錶修理的楊恆離修士因病去世，因翁壽祺心靈手巧，又肯吃苦，以前還開過鐘錶店，於是，教會把鐘錶製造和修理的活也全部交給了他。此外，翁修士還擔當起教會的攝影職責。當時的攝影工藝十分複雜，一般人不經過專門的培訓很難掌握，而翁修士利用以前學習鐘錶製造時掌握的機械原理，和以前學習藥學時候掌握的化學原理，刻苦鑽研，終於靠自學成為江南傳教區最早的攝影師，並為教會留下了很多珍貴影像。在高龍鞶的名著《江南傳教史》中有不少照片及插圖，其中大多為翁壽祺拍攝或根據翁壽祺拍攝的照片臨摹而成。翁壽祺拍攝的照片由兩部分組成，一部分是徐家匯地區中外居民們的生活情況，另一部分是一些耶穌會士的照片。幸虧有了翁壽祺修士的精心拍攝，才讓後人在今天依然可以看到許多老傳教士們逼真傳神的容貌：長相清瘦，藝術才華橫溢，性格不羈，總喜歡和上面唱反調的艾而梅；喜歡把不是自己的工作也攬下來，最後累死在崗位上的婁良材；不知為什麼眼中帶有幾分兇氣的笪良仁；似乎永遠手裡拿東西作閱讀狀的梅德爾；

│ 19世紀中後期的土山灣,翁壽祺攝

白面書生似的陸伯都；以及後來死在安徽的雷遹駿，照片上的他似乎已經意料到了自己將面臨一條不歸路，因為他照片上的姿勢讓人想起古埃及棺材上法老王的形象。正是因為有了翁壽祺，這些早期耶穌會士的形象才永遠留存至今。還有那些已經消逝的建築：肇家浜原來的走向，以及肇家浜上原來的徐家木橋；法華浜東生橋上最早的法國士兵；一八六二年冬天上海的雪；一八六四年颱風中被摧毀的徐匯公學宿舍（因此事故才導致後來教會下命令：「造土山灣樓房務須格外堅固」[1]）。這些原本只限於文字的歷史因為翁壽祺留下的影像而變得生動逼真。

二、土山灣印書館的頂樑柱

　　一八七四年，因原來管理印刷的嚴思憫（Stanislaus Bernier）神父調往張涇做本堂神父，教會方面就派翁修士來管理土山灣印書館。翁修士上任後，完成了兩件大事：

1. 把石印技術引進土山灣

　　這首先要說起那個活活累死的比利時修士婁良材，一八六四年之前，他是專門負責江南傳教區[2]印刷業務的。婁良材也是一個擅長各門技藝的修士，「裁縫、印刷、雕刻、繪畫、鍍金鍍銀、油漆、細木工、管風琴維修、製鞋、耕地，他無不身體力行。」[3]只可惜他太喜愛孩子們，以至於把本

---

[1]　《江南育嬰堂記》p.2493。

[2]　當時總部設在董家渡天主堂。

[3]　J. de la Serviere: *L'Orphelinat de T'ou-Sè-Wè: Son histoire et son état présent*, p.25, 1914, Imprimerie de L'Orphelinat de T'ou-Sè-Wè (Zi-ka-wei - Shanghai).

應該由土山灣孩子們做的事務也大肆包辦下來，最終累死在崗位上。「人們想把他送去徐家匯的醫務室，但他拒絕了。他不止一次用平穩的語氣說過：他必須留在自己的職位上，因為會長們曾說過，不論付出什麼代價，他都必須像一個戰士一樣留在自己的職位上。他沒有辜負會長們的期望，而付出的代價卻是：五月二十一日，他離開了孤兒院，並於五月二十四日去世。」[4]

　　婁良材修士在董家渡留下了一些當年用來印刷的石印架子。他去世之後，石印的架子無人打理，被荒廢在倉庫角落。一八七三年，翁壽祺修士從徐家匯調到董家渡做醫務師，正好看到了這些堆在角落中的石印架子，便暗下決心，要讓這些石印機器重新開動起來。於是，從未接觸過印刷術的翁壽祺開始自學石印技術，「這位好修士，根據他一向的習慣，在全新的領域中秘密進行著一系列的試驗，最終取得了最好的結果。」[5]不久，翁壽祺就在教區範圍內嘗試小規模印製一些簡單的石印冊子。一八七四年，翁壽祺奉命調往土山灣，於是，他把這些石印機器全部運到了土山灣，並親手教會孤兒們使用這些機器。從此，土山灣有了石印技術，並逐漸將這門十九世紀的新興技術傳播推廣到全上海。

2. 活字印刷試驗成功

　　土山灣的活字字模是由蘇念澄神父（Hippolytus Basuiau）於一八七二年從香港拍賣得來。但如何在印刷實踐中使用

---

[4]　柏立德神父的信，1866年9月8日。《聖嬰善會年刊》（Annales de l'œuvre de la Sainte-Enfance）第十九卷（1867年），第33頁起。

[5]　Leo Mariot: Nécrologie:Le Frère Casimir Hersant, *Lettres des Scolastiques de Jersey*, 1895, p.388, de Brouwer (Brugge).

這些活字字模，對於翁壽祺來說又是一項全新的挑戰：「這一領域對他來說是全新的，但是他謹慎地前行，秘密試驗活字。」[6]經過反覆試驗，翁壽祺屢敗屢戰，毫不氣餒，終於獲得成功。從此，雕版印刷開始逐漸淡出土山灣，取而代之的是高效率的、可以循環使用的活字印刷。

除此以外，翁壽祺還一直十分注意設備的更新，他上任伊始，便囑咐下屬陳克昌和陳阿弟二人負責調查印書館所缺的機器，記錄下來後去法國添置[7]，使土山灣印書館的印刷設備在一個相當長的時間內始終保持著上海乃至中國的先進水平。「他每天都會收到不僅僅在江南範圍內的而且是來自整個中國傳教區的傳教士們的書籍訂單，而每個訂單都可以如此迅速得到服務。有時候，作者們會發現他們的作品印刷有所延遲，但是我們知道在這裡印製著各種書籍，有拉丁語的、法語的，還有大量的中文書籍，因此不要對此感到驚訝。」[8]

除了正常的印書館工作外，翁修士還為土山灣孤兒院做了不少「副業」：

1. 上海最早的葡萄酒窖

歐洲的葡萄酒有不少是在修道院的地下室中釀造的，這一方面因為天主教的各個宗教節日中有不少需要用到紅葡萄酒的地方，另一方面可以出售賺錢。

---

[6] J. de la Serviere: *L'Orphelinat de T'ou-Sè-Wè: Son histoire et son état présent*, p.29, 1914, Imprimerie de L'Orphelinat de T'ou-Sè-Wè (Zi-ka-wei - Shanghai).

[7] 《江南育嬰堂記》，p2510。

[8] Leo Mariot: Nécrologie: Le Frère Casimir Hersant, *Lettres des Scolastiques de Jersey*, 1895, p.388-389, de Brouwer (Brugge).

在上海的徐家匯，翁壽祺修士一度承擔了這個開創性的工作。他克服了當時的很多困難：首先，上海潮濕的天氣並不適合葡萄的生長；其次，上海夏天的氣溫過高，影響葡萄的生長和儲存。而這一切都通過翁壽祺反覆實驗，一一克服了。人們只知道他在土山灣的菜園裡搭了葡萄架種植葡萄，而他釀的葡萄酒在十九世紀的上海無人可以與之匹敵。只可惜，他生產和儲藏葡萄酒的經驗和秘訣沒有傳承下來，今天已經失傳。

2. 接待參觀者以及分發禮品

土山灣孤兒院在十九世紀中後期就已經成了在滬西方人遠足的目的地，來訪的客人很多，其中不少是身分特殊的貴賓，而接待來訪參觀遊客的繁瑣任務，也交給了翁壽祺修士。接待客人時，他做到彬彬有禮，不亢不卑；在挑選禮品方面，他總是絞盡腦汁，竭力使所有人都滿意。每逢節日，他還要把這些禮品親自送到徐家匯、董家渡、洋涇浜等各座堂中。來訪的貴賓對翁壽祺修士的工作都十分滿意，並屢屢給予讚揚。

3. 醫務工作

醫務工作是翁壽祺修士的老本行。即使在土山灣擔任印書館主任之時，雖然事務非常繁忙，但他依然沒有放棄本行，總是竭盡所能，提供醫療服務。孤兒們有一點頭疼腦熱，跌倒碰傷，最早出現在他們面前的總是他。翁壽祺不但為土山灣的眾多孤兒醫治疾病，而且還為河對岸聖衣會的修女們提供全科醫療服務。

翁壽祺修士的口頭禪是「我很高興」。他與土山灣的工人們一直保持良好的關係，「他贏得了工人們的愛戴，他很少把他們送回去；當他訓斥他們的時候，他總是掌握良好的分寸——他多是選擇犯錯的第二天，在修士自己的房間裡。」因此，他深得中國工人和孤兒們的愛戴。

　　翁修士並不擅長與他人交流。他剛來中國的時候，想讓工人或孤兒做什麼事時，總是叫他們來，示範一遍後告訴他們：「是這樣。」（「Ze-Ka-Neng[9]」）即使後來在中國住的時間長了之後，他也十分清楚修士的本分就是多做事，少說話。如果與他人交談，說的也大多是與工作有關的內容。但是從他人的角度來說，翁修士言簡意賅，人們總能夠在與他的談話中學到很多。因此，即使是一些身分地位比他高的神父，也都願意與他交朋友，而翁壽祺最好的朋友，便是當時徐家匯的晁德蒞神父。

　　翁修士的逝世是有些戲劇性的。他早在十九世紀七十年代末的不惑之年就開始擔心自己會突然去世——因為他是醫務師，幾乎每天都在面對死亡——不擅言辭的他曾經多次寫道：自己也會像兩個哥哥和表兄一樣突然死去。每次組織避靜的時候他總會自言自語道：「離天堂又近一年了。」一八八二年八月二日，他就已經不小心在土山灣的小教堂裡暈倒過一次，當時他馬上被抬到走廊上，雖然很快就恢復了神志；但他覺得這是一個預兆。翁壽祺常常去他的神師、與他關係甚篤的晁德蒞神父那裡去，與他多次談起死亡問題，並認為自己離死亡已經不遠了。從此他大部分的時候都不耽在自己的房間裡，因為他總是害怕有一天自己突然死去卻沒人

9　Leo Mariot: Nécrologie:Le Frère Casimir Hersant, *Lettres des Scolastiques de Jersey*, 1895, p.381, de Brouwer (Brugge).

發現。他更多選擇耽在土山灣的小教堂裡，一方面可以祈禱，另一方面小教堂裡經常有人，即使突然發生事故，也很快會有人發現。

一八九三年，他摔了一跤。摔跤的原因是為了趕走幾隻企圖進入小教堂的狗。由於其身體肥胖，行動不便，當時光線又比較暗，沒有看清前面的樓梯，而一腳踩空從樓梯上跌了下去。他先想忍一下，但是早餐之後，發現疼痛愈加劇烈，就在交代了印書館的事務之後馬上攔了輛黃包車去了洋涇浜天主堂的教區醫務室[10]。當時情況很嚴重：左手骨折，肩膀脫臼，他覺得自己可能回不了土山灣了。但是兩周後他還是回來了──雖然手上綁著石膏，每走一步路都痛，呼吸也很困難。

他越來越覺得自己的大限要到了，因此他一直在默默地做著印書館事務的移交工作。大限果然在一八九五年三月二十四日到來，他覺得很累，沒有胃口，看起來病得很嚴重，於是他把這些告訴了住在他隔壁房間的劉必振修士，並告訴劉修士他不希望去打擾任何人。但是劉修士依然叫來了院長沈則寬。沈院長一看情況不妙，馬上把他送到了徐家匯，他的好朋友晁德蒞神父也馬上趕了來。翁修士看著大家說到：「我再也不能呼吸了。」於是周圍人馬上為他終傅。終傅之後，他果然在安樂椅上停止了呼吸：享年六十五歲，在會四十四年，在傳教區三十六年。

---

[10] 《江南育嬰堂記》，p.2554。

| 翁壽祺畫像

　　為了表達對翁壽祺修士的尊敬，在他去世之後，土山灣的孤兒們根據追思禮儀在孤兒院的小堂裡為他舉行了一台彌撒：翁修士的遺體並不在棺材中，而是露天放在托架上。一個月後，印書館的孤兒們又為他捐了一台彌撒，並邀請傳教區的會長神父來主禮這台追思彌撒。

　　綜觀翁壽祺修士的一生，有幾個方面可以總結：

　　1. 翁壽祺修士能力很強。不論做什麼事情，他都是勇敢的開拓者；而且只要他去做，幾乎都是成功的。從飼養家禽家畜，製作西式糕點這些生活上的瑣事，到學習石印技術，嘗試活字印刷這些當時的高科技，每次挑戰對於他來說都是一個全新的領域。但是他偏偏是個「頭腦靈敏又充滿獻身精神」[11]的人，上級每次分配給他一件事情，他都會全力以赴

---

[11] J. de la Serviere: *L'Orphelinat de T'ou-Sè-Wè: Son histoire et son état présent*, p.29, 1914, Imprimerie de L'Orphelinat de T'ou-Sè-Wè (Zi-ka-wei - Shanghai).

去做，直到最後獲得成功。他看事物很有前瞻性，並不單單滿足於事物當前如何，更重視該事物今後如何發展。

2. 翁壽祺修士是土山灣印書館的頂樑柱。作為土山灣印書館的主任，翁壽祺修士可以說做到了鞠躬盡瘁，死而後已。對於印書館的大小事務，他都一併管理，自己能做的決不假手他人，以至於他去世後，土山灣印書館竟然無法找到一個能夠勝任這麼多事務的修士，只能把當時已經調走的前主任嚴思愠神父重新調回。

3. 翁壽祺修士非常善於處理上下級關係。土山灣的修士可以說處在一個「夾心層」的尷尬位置。一方面他們要服從上級神父們的管理，而那些神父們可能並不懂具體的事務，在技術上也遠沒有他們精通，甚至一竅不通。但是神父們是行政領導，修士必須服從他們的管理。此外，根據史式徽《江南傳教史》的記載，當時以董家渡為代表的教區勢力和以徐家匯為代表的耶穌會勢力一直矛盾重重，甚至到了勢不兩立的程度。而這方面翁壽祺修士處理非常得當。自他一八五九年來華一八九五年去世這三十六年間，期間不論他耽在徐家匯，還是耽在董家渡，他都兢兢業業做好自己的份內事，並努力協調好上下級之間的關係，因此獲得了教區主教和耶穌會會長們的一致首肯。另一方面，修士們管理著廣大下層的中國工人和孤兒，他們人數眾多，眾口難調。在他們眼裡，修士掌握著「生殺大權」，很多關係若處理不當後果可能不堪設想。後來就因有些修士總是對孤兒和工人們的錢東扣西扣，最後導致勞資矛盾的爆發。而從另一個角度來說，孤兒院經費是從法國募集而來，每年的經費都有一定額度，預算也都是上級做好的，修士們的權利非常有限。如盲目顧及工人和孤兒的利益，也有可能造成不好的影響。比如

當時的院長石可貞神父，就因為心腸太軟，聽信個別孤兒讒言，一直接濟那些「生活比較貧苦」的老孤兒們，最後發現自己實際上是用全體孤兒的錢在為個別人「扶懶」，於是一生都在為自己的錯誤懺悔[12]。而這方面翁壽祺修士的處置則比較妥善。他既利用好了上面的經費甚至還巧妙經營，使這些經費略有盈餘；又在精神上對孤兒們十分關心，並很顧及孤兒和工人們的感受，即使批評也非常注意方式方法，從而贏得了孤兒和工人們的愛戴。

可以說，正是有了翁壽祺修士這樣的主任，才為土山灣印書館今後的發展奠定了堅實的基礎。

---

[12] Louis Gaillard: Nécrologie: Le Père Emile Chevreuil, *Lettres des Scolastiques de Jersey*, 1893, p.381, de Brouwer (Brugge).

黃金拍檔
葛承亮與笪光華

　　二〇一〇年五月一日，世界博覽會在上海舉行。四月三十日晚，燈光璀璨，煙花綻放，萬民歡騰，舉世歡慶。然而，誰又能想到，在這座城市裡，曾經有過這麼兩位歐洲人——他們早在一個世紀之前，就已經帶領中國的孩子們感受了世博會的榮光。

　　葛承亮、笪光華——這兩個中文名字，前者對應的是一個中等身材，棕髮褐眼，身材稍瘦的德國巴伐利亞漢子；而後者對應的則是長的矮矮胖胖，膚色較深，面相有點像中國人的葡萄牙人。前者的身分，是土山灣孤兒工藝院木工間主任，而後者身分則是木工間副主任兼五金部主任。

　　本來他倆的生活沒有任何交集：葛承亮在英國坎特伯雷一所耶穌會主持的天主教學校做著學監，直到一八九二年的一紙調令突然將他調到上海，先是安排在安徽教區，一年後調動回上海後即安排在土山灣工作。而笪光華則是在澳門的土生葡人，從小在澳門長大，軀體裡多少流淌著中國人的血液，所以不論從面相還是身材都有點像中國人。他來上海不過是因為澳門當時耶穌會的聖保祿學院[1]早在一八三五年被大火燒毀，加入耶穌會後升學無門。一八八八年發願做修士後，他就一直留在上海，後來同在土山灣工作的安敬齋修士是他的同學。初學期兩年完畢後，他先是被分到上海葡萄牙人集中的虹口堂，正逢上海教會急需機械方面的人才，他就這樣陰差陽錯地留在上海，又回修院繼續他半工半讀的生活，負責修院中的機械設備，離開修院之後，他又被分到天文台負責安裝天文儀器。一九〇一年，土山灣冶煉工廠正式成立，土山灣急需一位在機械金工方面技能出眾的修士，於

---

[1]　舊址即今天的大三巴牌坊。

是，教會方面便把笪光華從佘山調來土山灣，隸屬葛承亮擔任主任的建築部門管理。兩人很快成了好朋友，彼此間的合作直到一九三一年葛承亮去世，整整三十年。

從年齡上說，葛承亮比笪光華大八歲；從來華年份來說，笪光華從小在中國長大，來上海也很早，而葛承亮雖對中國一直心馳神往，來華到滬的時間卻要比笪光華晚好幾年；從職位上來說，笪光華名義上是葛承亮的下屬，但在實際的工作中兩人各管一攤，彼此只是分工不同；從神職上

| 民國初年土山灣孤兒院軍樂隊的一次排練合影，中排右五持指揮棒者為葛承亮，後派右一拿大號者為笪光華

說，兩人都是耶穌會修士，在教會內部地位都不高；從性格上來說，技能高超、脾氣火爆的葛承亮和處事圓滑、擅於交際的筐光華恰好互補；從國籍上來說，在法國傳教士占大多數的土山灣、乃至整個徐家匯地區來說，他倆的身分都顯得特別另類。最重要的是，兩人目標一致：就是致力於把土山灣的事業推廣，為廣大普通百姓所用，而不是僅僅限於教會的方面。也許就是因為以上原因，才使他倆成為了工作上的黃金搭檔和生活中的最好夥伴。在兩人共事的三十年中，屢次聯手合作，完成了不少傑作，也譜寫了土山灣歷史上的一段佳話……

一、工作上的搭檔

（一）一九〇三年的中國宮

　　中國參加世博會的歷史可以一直追溯到一八五一年倫敦第一屆世博會，但在早期，中國政府方面並沒有組織過官方的參博代表團，當時參加世博會的形式，多是中國民間個人或行業組團參與。直到一九〇四年的美國聖路易斯世博會，中國政府才第一次正式組團參博。然而，不論是中國民間的組團，還是後來參博的中國政府代表團，其中都可以見到葛承亮和筐光華這兩位來自土山灣的外國修士的身影。

　　若單就「中國宮」與「中國亭」本身而言，二者並非世博會的產物，但是催生這二者的，恰恰就是一九〇〇年巴黎世博會後從比利時王室通過該國駐上海總領館發來的訂單。

　　一九〇三年的建造比利時布魯塞爾中國宮是葛承亮和筐光華之間的首次合作。這張訂單當時是由比利時駐上海總

領事薛福德交給葛承亮的，但是葛承亮自己也明白，僅僅靠他木工間的那些孩子們，當然可以完成這個活，但是絕對無法出彩。於是他找到了筥光華，希望他能夠參與，負責工程的裝飾及金加工。筥光華答應了葛承亮的請求。為使自己的作品顯得更加專業，筥光華又通過同學安敬齋的關係，與土山灣畫館主任劉德齋商量，請他率徒參與細部繪圖設計；而在屬於自己的金加工方面，出於對中國文化和歐洲文化的敏感，為了體現「中國宮」富麗堂皇的特點，他選擇用二十四K黃金為材料對建築中最能體現中國文化的部分進行鍍金：例如建築物的四根廊柱進行全鍍金；在其他的柱子上，他選擇了對柱上代表中國的龍造型部分進行鍍金；還有二樓代表中國古代建築特色的太師壁，以及具有中國特色的額楣部分也用黃金包裹。

　　鍍金是中國古老的工藝，在中國古代的很多瓷器、木器上都可以看到鍍金的裝飾，但鍍金技術用於建築在中國倒並不多見，相反倒是同為東方的伊斯蘭建築中經常使用鍍金的圓頂作為清真寺建築的構件。鍍金建築最怕的就是不同建築材料之間的膨脹比例計算不對，其導致的直接後果就是，建築表面的金箔會隨著時間的推移而逐漸脫落。但筥光華帶領的土山灣五金間卻克服了這個技術難關，使中國宮歷經百年，依然如新。

　　「中國宮」於一九〇六年建成之後，獲得了比利時王室和人民的普遍讚許。於是興奮之中的比利時國王再次下了訂單，向土山灣訂做一個八角亭。這個八角亭同樣是葛、筥二位合作的產物。筥修士充分明瞭八角亭作為中國宮配角的定位，僅僅把外側的圍欄用鍍金裝飾，其餘則用同樣代表中國的大紅色來表示。

「中國宮」和「中國亭」建造完成之後，立刻獲得比利時社會各界的強烈讚許。但是現有的一切資料，都只是簡單提及「該中國宮和中國亭在上海完成」，沒有人會想到，它們的建造者竟然是來自上海土山灣孤兒院的中國孤兒們，而指揮這場戰役的則是兩個外國修士。

（二）一九一五年的百塔

　　一九一九年冬天的一個寒冷晚上，笪光華修士有事出門，便把看管木工間的責任交給兩個學生看管。沒想到這兩個學生因天氣太冷，竟違反規定在五金間附屬的火酒間[2]中用酒精燈燒雞湯喝，以此暖身。晚上十點半的時候，院長過來例行巡視。聽到腳步聲，學生這才意識到這是孤兒院中明令禁止的行為，於是，慌慌張張想趕在院長到來之前收拾乾淨，慌亂中卻把湯鍋連同下面的酒精燈一起弄翻，於是火勢迅速蔓延。老式房屋都是易燃的木結構，再加上樓下全部都是置放油漆的場所，最後火光沖天，燒毀了整個北樓。這場大火使土山灣孤兒院損失慘重，整個木工間、五金間及慈母堂全部被毀，損失高達數百萬。火災還將葛承亮修士很早就開始收集的木雕、玉器等文物也化為了灰燼，更為痛心的是，其中還包括原本在木器陳列室內展示、四年前為三藩市巴拿馬世博會製作的百塔模型小樣。

　　一九一四年，葛承亮修士與笪光華修士分別帶領土山灣孤兒院木工間和五金間合作製作了百塔模型。其中，木工間細木工場與油漆間作為主力軍，出動二百多人參戰。他們根據葛修士收集繪製的圖樣，對照原塔按一定比例用楠木精

2　即五金部的實驗室。

心雕刻，其在工藝方面達到的精湛程度，無論在當時還是在近百年後的今天都令人歎為觀止；而笪光華帶領的五金間再次展現出其金工方面的魅力，在部分百塔的模型中，逼真呈現出了鎦金塔身的璀璨奪目。同時，笪修士他們還為另一些塔製作了縮微的鈴鐺：對於原本以製作教堂使用體積龐大的鐘為主的五金間來說，這是第一次製作如此細微的作品。然而，笪光華和他的五金間學生在經費有限的情況下，僅在模具上做一些細小的革新，便製作出了寶塔模型上千姿百態的鈴鐺。土山灣孤兒院的這組百塔模型及其他作品在一九一五年美國三藩市巴拿馬世博會上榮獲巴拿馬世博會最高榮譽——頭等大獎章，這也是當時中國人在世博會上獲得的最高獎項。三藩市世博會結束之後，這些寶塔模型被美國菲爾德自然歷史博物館（Chicago Field Museum of Natural History）珍藏。一九一九年那場大火焚毀的雖然是展出模型的小樣，但同樣具有唯一性，非常珍貴。

除了世博會的幾次合作之外，葛承亮修士與笪光華修士還合作多次，把木器和金工完美地結合起來，使土山灣不論在木工方面還是在五金方面都始終走在了業界的前列。他們還曾合作為木工部和五金間的產品出了一套叢書，書名就叫「徐家匯土山灣孤兒院」（Orphelinat de T'ou-Se-We, Zi-ka-wei）。這套叢書在一九二八年前後由土山灣印書館出版，其實這是一套徐家匯土山灣孤兒院各工廠的「廣告」，是土山灣木工間和五金間作品的集大成者，代表了葛修士和笪修士領導下的土山灣北樓（木工間和五金間）藝術創作的巔峰。叢書現存共四冊，分別是「Atelier d'orfevrerie」（「金銀細作」），「Atelier de Menuiserie」（「細木工場」），「Sculpture（「雕花間」）和「Autels et Ornements d'Eglises」（「教堂裝飾與祭台」），其中「Autels et Ornements d'Eglises」（教堂裝飾與祭台）分冊的扉頁上有這樣一句話：「Nous ne faisons pas de statues en plâtre. Nos statues sont sculptées sur bois.」（我們不做石膏雕塑，我們在木頭上直接雕刻）[3]。從中充分顯示出土山灣孤兒工藝院的高度自信性，而當時他們的技術水平也確實達到了一個較高的水平，在業界享有很高的聲譽。這套叢書中的照片均由安敬齋修士親自拍攝，經常作為禮物送給來訪土山灣的貴客們。

（三）土山灣的樂隊

笪光華修士的才能還體現在土山灣的樂隊組織訓練上。如果說在工作上，出於職位的關係，都是以葛承亮為主，笪光華為輔的話，那麼在樂隊的管理上，便是以笪光華為主，由葛承亮輔助了。

一九○三年，同為葡萄牙藉神父葉肇昌在土山灣正式建立軍樂隊，隨即將樂隊交給笪修士管理。笪修士本人擅長吹奏圓號，管理樂隊，他自然不會忘記會吹小號的好朋友葛承亮；另外他還招徠了一批本地的修士──這些人同時也是原來土山灣管弦樂隊成員，他們都會演奏多種樂器。

自從負責這個樂隊的第一天開始，笪光華心裡就很清楚：這些孩子不可能走專業道路，他們最終都會成為一名普通的工人。但是他希望能夠用藝術來彌補這些孩子們童年心靈的創傷，同時陶冶他們的情操，讓這些孩子們在藝術的陽光下變得樂觀開朗起來。在此之前，土山灣管弦樂隊滿足於閉門訓練，自我欣賞，只有在貴客來訪土山灣時才應上級要

---

[3] Anonyme, Orphelinat de T'ou-Sè-Wè, Zi-ka-wei, Autels et Ornements d'Eglises, Impr. de l'orphelinat de T'ou-Sè-Wè, 1928, non paginé.

求出來表演一番。笪修士徹底改變了這一切，在他帶領下的土山灣軍樂隊喜愛到處演出：耶穌會會長本名良辰、震旦大學舉辦慈善義演、佘山聖母朝聖、剛恆毅主教來訪、甚至大戶教友家庭的堂會上，都會出現笪光華修士和土山灣軍樂隊的身影。笪修士一直擔任樂隊指揮的角色，而葛修士也一直作為樂隊的指導參與樂隊的建設工作。葛修士雖然脾氣不好，但是卻十分喜歡小孩子，在天真活潑的孩子們面前，他儼然成了另外一個樣子。他的口袋裡永遠放著糖果，那是隨時準備發給孩子們品嚐的。

土山灣孤兒工藝院木工部內景

每當土山灣樂隊出來表演的時候，人們總能在隊伍的最前列看到一個矮胖的外國修士在指揮一群中國兒童，而隊伍的最後面，另一個清瘦的外國修士則永遠是這支樂隊的忠實成員。土山灣的樂隊因為笪修士的組織獲得了不少美譽，但他認為這離不開葛修士的相助，每次只要有上照的機會，笪修士總不會忘記拉上好朋友葛修士，因為他一直覺得樂隊的成功是他們兩個人努力的成果。

二、生活中的夥伴

　　葛承亮修士雖然技藝高超，但也有德國人的耿直和倔強，再加上土山灣乃至整個徐家匯地區基本以法國人為主，因此他經常感到很孤獨，從而與院內法國修士們的矛盾逐漸加深。　第一次世界大戰期間，土山灣孤兒院雖然置身戰區之外，但也並非如表面上表現得那樣太平。當時，德國和法國分別是同盟國和協約國的主要成員，二者在歐洲戰場上角逐爭鬥，而在小小的土山灣孤兒院裡也經常因此發生不愉快。

　　那天是吃晚飯的時候，耶穌會士的外國神父和修士們在洋灶間吃飯，耶穌會神父們在前，修士們在後，像往常一樣他們討論著當時的局勢。幾位法國修士在起勁地議論著戰局，並為法國人大敗德國人的「馬恩河戰役」說好，說到激動處，竟然不顧周圍有德國人，說出了「德國人該死」之類的話。這句話當然觸怒了身為德國人的葛承亮。這麼多年來，從德國到英國到法國再到中國，他一直深知自己修士地位的卑微。來到法國人為主的土山灣後，雖然他會說法語、英語、德語，仍然免不了受到法國人的歧視──至少他內心

IMAGINES
FACTÆ IN TSW

A

In folio
未　裱

B

In tela
巳　裱

N° 114 (45 × 30 cm); A $ 0.10 B $ 0.16　N° 107 (45 × 30 cm); A $ 0.10 B $ 0.16
N° 162 (39 × 20 cm). A $ 0.06 B $ 0.12　　　N° 152 (22 × 13 cm). A $ 0.03

| 土山灣孤兒工藝院產品外銷廣告

的感覺是這樣。但此時他再也無法忍受這樣的惡言惡語，德國再怎麼錯，畢竟是他的母親國。他當即不顧一切站起來，與法國修士翻臉大吵。而這時，同樣身為非法國人的笪光華站了出來，為自己的朋友打圓場——他深知，正副院長都是法國人，作為「挑起事端」的葛承亮不可能佔便宜，此時避免場面激化是解決事端的最好方式——最後，在笪光華的調停下，院長也明白是法國修士言語失當在先，故沒有多責怪葛承亮。之後為避免再起爭端，院長作出一個規定：用餐期間不得議論時局；而為了調節沉悶的用餐氣氛，就利用用餐時間抽孤兒進來背經[4]。此亦是後來孤兒們用餐時常會被抽去背經的緣由。

三、黃金拍檔的最終結局

一九三一年葛修士因病在土山灣去世，土山灣的木工間失去了主心骨。在失去了最好的夥伴之後，笪修士也因為生病隨即調離土山灣，木工部的事務交給了土山灣孤兒出身的中國修士王來福，而五金部的事務則交給了法國修士毛如德。一年後，笪修士由於實在放不下土山灣的孩子們還是選擇了回來。因為笪修士當時已經得了胃癌，孤兒院方面把笪修士的職位調整為理家，其實也就是修士中的總負責人，希望以輕鬆的工作讓笪修士更好地養病。但是，笪修士依然不肯放棄土山灣的樂隊，堅持每次排練演出必親自指揮，這也導致笪修士的胃癌愈來愈重。一九三七年，笪修士在廣慈醫院吐了幾天黑水後去世。土山灣孤兒院樂隊的孩子們在廣

---

[4]　土山灣孤兒李成林口述，2008年10月26日。

慈醫院為他送行。笪修士去世之後，樂隊的領隊一職交給原本就在土山灣的法國修士潘國磬兼任。

　　葛修士和笪修士去世之後，土山灣木工間再無出彩；尤其是後來日寇入侵，原來以日本為進口木源國的木工間頓時遭遇到了最大的困難。雖然以土山灣孤兒出身的王來福與蔡根保為正副主任的木工間採取多項努力，竭力維持木工間正常業務的開展，但是畢竟時局不濟，作為土山灣孤兒院最大工廠的木工間，在抗日戰爭爆發之後業務不斷萎縮，抗戰勝利之後雖由中日混血修士田現龍（又名田一郎）負責[5]短暫恢復過一陣，但是最終回天乏術，解放前夕第一個被兼併至五金間，成為土山灣孤兒工藝院後期第一個被撤並的工廠。五金間則在解放後因為開拓繼電器市場而紅火過一陣，但最終還是被上海繼電器廠兼併。

　　葛承亮和笪光華這對黃金拍檔聯手創造了土山灣孤兒院工廠歷史上最輝煌的一頁，兩人嘔心瀝血，用自己的才華和生命將孤兒院工廠的聲譽推向了高峰，他們留下的作品，至今都讓人讚歎不已。

---

[5]　田現龍修士解放之後被作為外國人對待，後離境去台灣。

滬上攝影、印刷界的前輩

安敬齋

　　珂羅版的發明是印刷史上的一個巨大突破，從此之後，製版省時省力，印刷效果也大為改善。珂羅版最早由德國人阿伯特於一八六九年發明，很快就風靡歐洲，大約於十九世紀中後期傳入中國，在上海這個中國最大的口岸城市得到很大發展，並於二十世紀初成為當時印刷業的一支新軍。我們現在在不少文獻上都可以看到這樣的記載：「孤兒」出身的安敬齋早在上海徐家匯的耶穌會住院內就開始用珂羅版技術參與印書館的工作。而這個安敬齋，在歷史上一直就是一個若隱若現的神秘人物，即使他的形象也直到近年才剛剛從歷史的塵埃中被重新翻找出來。作為滬上攝影、印刷界前輩的他，究竟有何撲朔迷離的故事？他對上海乃至中國的出版史有何貢獻？

一、特殊的身世

　　安敬齋，名守約，字敬齋。一八六五年七月二十一日生於上海縣城，終其一生都沒有離開過這座城市。父親是英籍的愛爾蘭人[1]，在上海江海關稅局工作。母親是中國人，目前沒有發現關於他母親更多的資料，可見並非是名門望族。安守約從小隨父親接受了天主教的信仰，並有一個聖名叫恩利格（Henricus，即亨利Henry）。三歲時，他的母親去世。當時他患病不及治療，導致腿有殘疾，父親忙於工作照顧不便，再加上這個孩子的特殊身分在當時社會條件下不便公開，於是其父就把他送到天主教耶穌會管理的上海土山

---

[1]　在《海關職員名錄》中查到上海同時期江海關工作人員中有一個1862年來華，1872年離華，負責稅務工作的英籍職員叫「安米」（Amy），為安敬齋之父可能性很大。

上左 ｜ 馬相伯像，安敬齋的得意門生張充仁1928年繪
上右 ｜ 土山灣照相製圖館之安修士（《聖教雜誌》26卷7期，
1937年7月），郎靜山攝
下 ｜ 1921年在土山灣印書館照相製版部當學徒的張充仁（前排
左二）

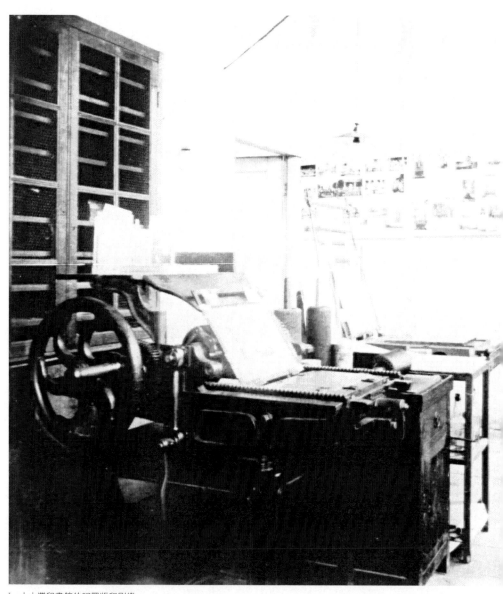

| 土山灣印書館的珂羅版印刷機

灣孤兒院寄養。在孤兒院裡，一方面因為其父作為西人與院長石可貞神父的交情，另一方面因為安守約當時在孤兒院中年齡最小（只有三歲）──按照孤兒院的規定，不論是棄兒還是寄養的孩子，進入土山灣孤兒院時都是至少要六歲，小於六歲的孩子只能在拯亡會修女開辦的全托性質的聖母院裡生活，所以石可貞院長格外寵愛他，稱他為「病孩中的天使」[2]。他也因此獲得了很多「特權」：比如他和院長石可貞神父一起住在徐家匯的耶穌會住院，而不是和其他孤兒們一起住土山灣；他得以與院長神父們同吃洋灶間而不是一般孤兒所吃的中灶間大鍋飯。雖然當時安守約還沒有到讀書的年齡，但是他平時也和其他孤兒們一起讀經，接受傳統中式的教育，閒暇時候，法籍的石院長則教他法語，因此他會中、法兩種語言。當時，徐家匯的耶穌會住院裡有一個圖畫工作室，他總喜歡去那裡看學生和老師們繪畫、雕塑，那個工作室也就是後來遷到土山灣去的畫館前身。他後來一直說自己「從小即喜愛美術」[3]，即源於此。年幼的安守約因為性格安靜乖巧而深得孤兒院各個神父相公們的喜愛，在孤兒院裡神父們的照顧下，他的身體逐漸好了起來。

四年後，他父親從上海調任日本稅關，本想把他一起帶走，但是此時剛在孤兒院上學不久的安守約，因長期與父親分居，感情淡漠，因此無論如何都不肯隨父親去日本，最後其父無可奈何，只能將其留在了孤兒院裡。從此父子天各一方，終生再未相見。因此，在現存所有公開的檔案文件中，安守約的國籍一欄均填「中國」，而姓氏則是按照

---

[2] PALATRE, Gabriel: Relation de la mission du Kiang-Nan, p.70-71.
[3] 張樂古：《藝苑：安敬齋的藝術生涯》，《文藻月刊》1937年第一卷7/8合期，p.53。

當時中國教徒外文名字的寫法——聖名+中文姓氏的滬語譯音，即為「Henry. EU」。後來很多中文文檔中說他是「愛爾蘭人」，其實是指他父系的血統；有的文獻中寫他的外語名字為「Enry」，其實是其法語名字「HENRI」（即亨利，Henry的法語拼法，法語中H不發音，Y發音同I）的不正確的音譯。人們誤以為他的「安」的姓氏來源於「EN」，更有甚者誤以為他是和其他傳教士一樣的「老外」，試圖找出他的來華時間。事實上，安守約生於上海，長於上海，終生沒有離開過上海，是個地地道道的，長著一張外國臉的「上海人」。

安守約小學畢業之後，按照孤兒院的規定，他要被分配到某一個工廠裡學生意。按照他安靜乖巧的性格，也由於他本人的意願，於是被分配到了需要耐心和靜心的圖畫間——即土山灣畫館，由畫館主任劉德齋修士親自教授他油畫、水彩畫等各種繪畫技藝。

畫館主任劉德齋（Simon Lieu, 1843-1912），常熟古里人，早年為避太平天國戰亂從常熟逃難來到上海，跟隨當時徐家匯畫館主任陸伯都學習繪畫。後由於陸伯都患肺病，因此一八七○年起代陸修士管理畫館，並於一八七二年將畫館遷至土山灣孤兒院內，一八七七年起負責畫館內的水彩畫，一八八○年陸伯都修士去世後正式成為畫館主任。劉德齋的作品曾經參加過一九○四年聖路易世博會並獲獎，並著有《道原精粹》等多部繪畫傳教作品，還有現在流傳下來的土山灣唯一的中文專著《江南育嬰堂記》（未完稿），其中一些章節也已被證實是劉德齋所寫。劉德齋桃李芬芳，其中包括著名畫家徐詠青。新入學的安守約深感自己的幸運，為表示對老師的尊敬，他首先為自己取了一個中文名字：敬齋。

在畫館裡他認真學習油畫、水彩畫等各種技藝，而他最喜歡也最擅長畫的就是聖母像。由於早年喪母的原因，安敬齋對聖母懷有一種特殊的感情。除了繪畫之外，他還利用閒暇時間向當時土山灣負責修理鐘錶的翁壽祺修士學習修理技藝。

　　一八八〇年，尚未滿師的安敬齋向上級提出：要求進入耶穌會擔任輔理修士，把終身獻給教會。當時考慮到他尚年幼而且沒有滿師，於是教會方面沒有馬上答應。後來，經過整整八年的考察，鑑於他對教會的一貫奉獻，尤其是他在土山灣孤兒的信友團體聖母會中的表現，安敬齋終於如願於一八八八年九月七日入耶穌會的修院。在他一同修道的同學中，有後來擔任土山灣孤兒工藝院五金間主任和土山灣樂隊負責人的澳門土生葡萄牙人笪光華（Joseph Damazio），在後來土山灣五金間的工作中，笪光華修士曾經因了這層同學關係，多次讓安敬齋幫他拍攝模型圖樣和土山灣樂隊的活動照。

　　一八九〇年初學完成後，修院派他去徐家匯博物院擔任技師，專門「繪製各種花木昆蟲鳥獸標本畫冊」。按照教會規定，懸掛油畫《最後的晚餐》是天主教會內餐廳的標誌，而其中上海徐家匯耶穌會住院餐廳內所懸掛的那幅《最後的晚餐》（教會內名為《堅定聖體圖》）即為安敬齋所繪[4]，由此可見他的油畫功力。二十世紀九十年代初，餐廳所在的原主教府（即今聖愛廣場原址）拆除，安敬齋的油畫不知所蹤。九十年代末期，徐家匯天主堂的職工用餐處還懸掛著一幅《最後的晚餐》的油畫，但已不知是否就是當年安敬齋的

---

[4]　張樂古：《藝苑：安敬齋的藝術生涯》，《文藻月刊》1937年第一卷7/8合期，p.54。

| 20世紀初的土山灣一帶風光，安敬齋攝

原作了。

　　安敬齋向來視錢財如糞土。一八九九年九月八日聖母生日，也就是安敬齋即將發終身願的日子，在這之前的一天，耶穌會的一位神父突然將他叫去，對他說：「你在英國素未謀面的姑母去世了，因為她沒有直系後代，按照英國法律，你作為旁系後代也被列入遺產繼承名單中，得到的份額是四千英鎊。」在十九世紀末，無論對於誰來講，四千英鎊都是一筆很大的數目，尤其是對於從小置身於孤兒院粗茶淡飯簡樸生活的安敬齋來說，這絕對是一個不小的誘惑。於是神父問他是否願意還俗？因為按照教會的規定，作為神職人員的神父和修士是不能擁有個人財產的，而如果他還俗後，這四千英鎊應該也可以支撐比較殷實的生活了。但是安敬齋沒有絲毫猶豫，斷然拒絕。他表示：自己早在將近二十年前就已經確定了侍奉天主的志向，而這一志向不會因為這筆從天外飛來的錢財而有絲毫動搖。於是他做主把這四千英鎊分成四份，分別給他從小到大生活和工作過的徐家匯教堂、修院、徐匯公學和土山灣孤兒院，並按時於一八九九年九月八日發終身願，正式成為安修士。發願之後，安敬齋就與同學笪光華一起被派往佘山天文台，一同協助天文台的觀測事務，安敬齋負責繪製各種天文現象的圖冊，而笪光華負責安裝天文儀器。

二、從與攝影結緣到遠東珂羅版第一人

　　攝影技術於一八三九年由法國人達蓋爾發明，很快風靡世界。以法國巴黎省耶穌會為主的上海耶穌會一直很重視攝影技術的發展，攝影術發明不久，上海耶穌會中就有攝

| 土山灣印書館的攝影製版技師

影活動的記載，並由法籍的翁壽祺（Casimir Hersant, 1830-1895）修士負責教會內部的攝影，標明年代和作者的上海教會照片最早可追溯到十九世紀六十年代初的太平天國時期。翁修士用最老式的照相機，和最老式的攝影方法，為我們留下了早期上海教會以及徐家匯地區的珍貴歷史記憶。翁壽祺修士是教會中著名的多面手，除了依靠自學而學會攝影之外，他還負責土山灣孤兒院中的鐘錶修理和醫務師等工作，而當時尚在讀書的安敬齋恰恰正在向翁壽祺學習鐘錶修理。因此，雖然我們很難說翁修士在給安敬齋講授的課程中究竟有沒有涉及攝影，但作為朝夕相處的師徒兩人，耳濡目染之下，說安敬齋在老師翁修士那裡獲得了攝影方面最早的啟蒙，這顯然合情合理，並不過分。實際上，安敬齋大約從一八九六年起就對攝影產生了濃厚興趣，並有所實踐。他是一個認真的人，吶於言而敏於行，一旦準備從事某項工作，必然全力以赴。當時他就向教會的圖書館借了《內日照法》等專業書籍努力鑽研，要求自己不但知其然，而且要知其所以然。日後他之所以能很快承接並勝任教會的攝影工作，絕非偶然。

　　一八九五年翁壽祺修士去世後，教會的攝影工作暫時由木工間主任、德籍的葛承亮（Aloysis Beck, 1853-1931）修士兼任。葛承亮一八九二年來華之後，先是分配在安徽教區，之後又因為建築方面的特長被招回土山灣，[5]擔任木工間副主任。因當時木工間主任、法籍修士馬歷耀（Leo Mariot, 1830-1902）尚在，木工間的活尚不繁忙，故教會方面決定暫由葛承亮兼任土山灣的攝影師。一九〇一年，馬

5　Catalogus provinciae franciae,1878-1904.

清末土山灣畫館一景，安敬齋攝

歷耀修士病情加重，木工間的活需要更多仰賴葛修士支撐；而木工間從佘山新調來的副主任筐光華又必須主要負責機械金工方面的工作，以及忙於新成立的冶煉工廠。因此，一方面，木工間的工作確實只靠葛承亮修士一人在忙裡忙外，根本無暇再顧及攝影這塊，而另一方面，也由於葛修士為人性格耿直，再加上他的德籍身分，在以法籍耶穌會士為主的上海教會早已樹敵無數而不得信任[6]。於是，上海教會急需一個既有攝影基礎，又「靠得住」的人來負責整個上海教會的攝影工作。

最後，教會和歷史都選擇了安敬齋：一則，因為他原先學過繪畫和鐘錶修理──這兩門與攝影技術息息相關的學科，業餘時間也曾對攝影有所接觸，尤其是他在此時試驗成功珂羅版工藝；二則，他從小受石可貞院長等法國神父的栽培和照顧，說得一口流利的法語，可以說是浸潤在法國文化之中長大，雖說不是真正的法國人，也可算得是半個法國人了。因此，在法國人看來，相比「非我族類其心必異」的葛承亮，安敬齋顯然更加「貼心」。這是最重要的原因；三則，安敬齋性格安靜內向，習慣悶頭做事不得罪人，不論在哪裡都是一個討上司喜歡的好青年；四則，安敬齋非法籍人士的身分，也避免了在台面上顯現出很明顯的「法國擠掉德國」的尷尬；五則，安敬齋的華人身分使其在華人占絕大多數的土山灣孤兒中容易受歡迎，而且他從小生長於土山灣的環境中，對孤兒院的情況也比較瞭解，選擇一個華人來管理教的事業既合情合理也符合「教會本地化」的一貫政策，可謂名正言順。於是，教會上層討論的結果，就是安敬齋和

[6]　土山灣孤兒李成林2008年10月24日曾口述葛修士因其德籍身分與周圍法國籍耶穌會士明顯不和，甚至爆發過口角。

同學笪光華——這兩個有中國血統卻長著一張外國人臉的年輕修士雙雙從佘山被調回。由於安敬齋此前並沒有攝影方面的工作經驗，因此笪光華作為葛承亮的副手先調回土山灣，負責機械和冶煉工作；而安敬齋則先被派往徐家匯，專門研究攝影，等技術純熟後再回土山灣接任葛承亮修士負責的攝影工作。

　　說是「專門研究」，其實，安敬齋的學習主要是自學，教會方面並沒有安排專門的老師來向他傳授。二十世紀初的攝影技術，不論從方法和材料上都已經與翁壽祺修士的時代完全不同，已經告別了「爆炸」的時代而進入了新紀元，安敬齋必須自己摸索，不斷跟蹤最新的技術，重新總結出一套實用的攝影方法來。他憑著自己對鐘錶等精密機械的熟悉和藝術的靈感，一次又一次地進行試驗。大部分的時間裡他總是把自己關在暗房裡實驗，遇到實在不懂的地方，才利用同學笪修士的關係謙虛地向葛修士請教。葛承亮心裡雖然也十分清楚是怎麼回事，但是他畢竟也是講道理的文化人，不至於把氣都撒在不相干的安敬齋身上，因此也盡其所知，把自己所掌握的攝影技術知識教授於他。安敬齋躲在暗房裡一次又一次地進行實驗，最後他終於獲得成功，熟練地掌握了攝影技術。從十九世紀末到二十世紀三十年代，安敬齋潛下心來用鏡頭默默地記錄著自己所工作和生活的這片土地。他集腋成裘地大量拍攝，一拍就是幾十年，其一生所拍攝的照片多達數萬張，這在與他同時代的專業攝影家中都是極其罕見的。他逝世時，教會方面發佈的訃聞對此特地予以提及：「館中影片像版，盈千累萬，俱公手製也。」安敬齋長達數十年在一個相對固定的區域恆久的拍攝，可以說是以時間來換取在攝影史上的歷史空間，以數量的積累來保障其所欲表

現生活的豐富多彩。在有關近代中國的研究專題中，土山灣（包括徐家匯）應該算是圖像文獻較為豐富的：這一方面，是作為上海「拉丁區」的徐家匯土山灣地區有著濃厚的文化氛圍，舉凡宗教、教育、美術、出版、印刷、圖書館、博物館等等，都在近代史上佔有著重要地位，為攝影提供了豐饒的土壤；另一方面，活躍在土山灣文化圈的中外人士，文化層次高，經濟上也比較寬裕，有機會較早、較多地接觸到攝影技術，客觀上能為當時的公、私活動留下原始記錄。但真正留下大量作品的其實僅翁、安師徒兩人：以一八九五年為界，前期作品主要由翁壽祺所攝；而進入二十世紀以後，有關土山灣的照片，大約一半以上都出自安敬齋之手。雖然，安敬齋攝製的幾萬張照片大部分都已不知下落，但其存世的照片也還不少，如果用心收集，仍能編撰一部「土山灣攝影集」，足以讓研究者打開新的視野。

三、安敬齋的「珂羅版」

　　目前所有描寫安敬齋修士與珂羅版關係的文章，其文獻淵源最終都指向一個出處，那就是刊載於《中國近代出版史料初編》上賀聖鼐撰寫的《三十五年來之中國印刷術》一文。該文最初發表於 一九三一年，其中寫道：「我國於光緒初年似已有珂羅版印刷，當時徐家匯土山灣印刷所安相公以之印刷『聖母』等教會圖畫。」[7]

　　但是如果根據這個說法而就此下結論說「安敬齋修士在光緒初年引進珂羅版」的話，那至少有以下幾個問題：

---

[7] 賀聖鼐：《三十五年來之中國印刷術》，轉引自《中國近代出版史料初編》，上海出版社1953年10月版，p.273。

1. 年齡不對。根據耶穌會官方記錄的資料，安敬齋出生於一八六五年七月二十一日，光緒初年，即一八七六年，當時他只有十一歲。按照土山灣的規定，還在小學讀經，尚未到十三歲學生意的年齡。

2. 地點不對。即使當時安敬齋是「神童」，而且憑他特殊孤兒的身分可以獲得種種優待，但是他當時的「編制」應該是畫館而不是印刷所。一八七六年的時候土山灣已經有了畫館，稱畫科，且當時印書館和畫館是分開管理的。當時畫館的主任是陸伯都修士，但因為陸修士肺病的原因，實際教學的是劉德齋修士——他是安修士的老師。印書館的主任是翁壽祺修士。

3. 土山灣當時沒有必要引進珂羅版。我們首先應當明白當時「聖母像」的用途。根據曾在土山灣教學的范神父記載，當時的聖母像主要用於向非教友傳教，真正的教友使用的大多為塑像。當時，磨砂玻璃所需要的金剛砂價格昂貴，而珂羅版的致命缺點就是印力不高，版不能再用，需要重新研磨玻璃，而且還對技術要求較高。相對而言，土山灣有的是畫家，以及低廉的人工。因此如果要向普通市民傳教，還不如印數較多的版畫實用，如一定需要彩色，則不如用彩色石印印製，如果高級教友要使用，那還不如讓畫家直接繪畫來的廉價和簡單，如果堂口要使用，更是可以直接讓木工間塑像。因此，在當時的情況下，土山灣印刷所似乎沒有引進珂羅版的必要。

4. 與同時期的外文記錄矛盾。范神父一八八四年出版的《一個聖嬰善會的孤兒院在魯恩宗教藝術博覽會》一文中提到：當時的土山灣孤兒院均使用彩色石印的方法來印製傳教的圖像，因為：「在這裡二百張圖畫，只要花費二萬法郎就

可以得到。」[8]「因為巨額花費經常會讓對方望而卻步。」[9]
因此可以確定當時土山灣印製繪畫的主要印刷術是彩色石印
而非珂羅版。

5. 與安敬齋之後的人生經歷矛盾。我們不排除土山灣
印刷所當時買進設備但是實驗後發現用處不大的可能性，但
是，若當時就已經讓十一歲的安敬齋成功研究出珂羅版印
刷，那又為何在後來的二十八年裡，讓他從事如此多的與珂
羅版印刷無關的事情呢？

另外，尋遍一切外文記錄，也找不到類似的記載。因此
我們只能說，該條記載的時間可能有誤，也有可能文章描述
本身有誤。至少在一八七六年之時，安敬齋在土山灣引進珂
羅版的可能性微乎其微。

然而，雖然安敬齋在一八七六年引進珂羅版幾乎沒有可
能，但是根據當年張樂古和郎靜山對他的採訪，安修士和珂
羅版確實有關係：「據安氏生前親自告我，他是第一個試驗
成功，遠在日本發明玻璃版印刷術以前。在遠東可以算是最
早應用玻璃版於印刷術的發明人。」[10]

而同時，在《江南育嬰堂記》中也記錄道：「（安敬
齋）……漸留心於攝影、日照諸法。好研究，邃精於鐫銅板
鉛板，並能印玻璃膏板諸像。其所出之品，極精細美觀，
為諸精於是學者所欽服。」[11]《江南育嬰堂記》中的很多篇

---

[8] A. Vasseur: Un orphelinat chinois de la Sainte-Enfance a l'Exposition Internationale d'Imagerie de rouen, p.3, 1884.

[9] A. Vasseur: Un orphelinat chinois de la Sainte-Enfance a l'Exposition Internationale d'Imagerie de rouen, p.2，1884.

[10] 張樂古：《藝苑：安敬齋的藝術生涯》，《文藻月刊》1937年第一卷7/8合期，p.54。

[11] 佚名：《江南育嬰堂記》，轉引自《重拾歷史的碎片》，中國戲劇出版社，2010年，p.122。

章，據我們考證係安敬齋的老師劉必振所撰寫，其可信度不容置疑。

安敬齋協同夏維愛修士參與照相銅鋅板的製作已經是公認的事實，而「玻璃膏板」就是珂羅版，可見他參與珂羅版確有其事。但是，這是什麼時候的事情呢？

有一個資料說是土山灣開始珂羅版印刷[12]的時間在一八九〇年。那一八九〇年有沒有這個可能性呢？一八九〇年對於安敬齋來說，是很重要的一年，這年他初學完畢，被派往徐家匯博物院充任技師，任務是「圖繪玉石花木昆蟲鳥獸等標畫」[13]。此時的情況，與十餘年前發生了很大的變化：

徐家匯博物院為上海第一家博物館，一八六八年由法籍神父韓伯祿（Pierre Heude, 1836-1902）創立，地址就在耶穌會總院以南。與土山灣孤兒院經濟拮据不同，該博物館為耶穌會當局「江南科學計畫」的一部分，耶穌會竭力想將其打造成「遠東第一博物館」，故為此不惜重金。

「玉石花木昆蟲鳥獸標畫」講究的是要精緻、逼真，但是印數並不要求很大，這正符合珂羅版印刷的特點。

當時人工磨料技術已經發明，製造磨砂玻璃成本大大降低，從而也降低了珂羅版生產的成本。

因此，安敬齋實驗成功珂羅版，完全有可能就在徐家匯博物院任職期間。這也解釋了為何在有關土山灣的各中外文資料裡均不見引進珂羅版的記錄，而土山灣印書館本身直到一九一三年才使用珂羅版[14]。又因徐家匯博物院的資料幾經

---

[12] 王益：《中日出版印刷文化的交流和商務印書館》，《編輯學刊》，1994年第四期。

[13] 佚名：《土山灣照相館安修士逝世》，《聖教雜誌》民國二十六年第二十六卷第七期p445。

[14] J. de la Servière: L'orphelinat de T'ou-sè-wè, son état présent, Imprimerie de

| 土山灣聖母會創立50周年紀念照，頭排左一為安敬齋，1916年6月18日攝於土山灣聖堂散心場

搬遷，又經歷了一九一九年土山灣的大火，那些標本畫多已散佚，因此才僅存留下兩個「口述證據」。

除了珂羅版之外，安敬齋還曾經研究過根據平面照片去做立體雕塑，也就是今天3D技術的最早的「土法」雛形。

l'orphelinat de T'ou-sè-wè (Shanghai),1914, p.38.

四、照相製版部主任的「桃李」

一九〇四年，經過教會認可，土山灣孤兒院照相製版部（又名照相間）正式成立，安敬齋修士為第一任主任。土山灣孤兒院照相間隸屬於印書館管理，主要任務就是負責為土山灣的各類出版物配加照片。在安敬齋之前的翁壽祺時代，由於印刷技術尚不成熟，出版物中很少有照片，若確實有需要，則在出版時候留白，然後洗印出照片手工貼上。由於粘貼工作費時費力，所以只能嚴格限制印刷的數量，或者乾脆放棄照片而用圖畫代替。例如在高龍鞶（Auguste Colombel, 1833-1905）的《江南傳教史》中，所有的照片都是按照編輯的要求粘貼上的，原文中只有圖畫。其實作者高龍鞶本人也會攝影，他拍攝的照片曾多次刊登在十九世紀六十至七十年代在法國出版的《天主教傳教週刊》（Mission Catholique）上，只是因為技術條件所限，照片被轉成了繪畫而已。可見當時即使在歐洲，直接把照片印製在出版物上也是件難事。我們現在能夠看到的直接印有照片的出版物大都是十九世紀末期出版的。在葛承亮的時代，由於他本人非印書館出身，而且他的書也並非為了出版，因此照片是一針針手工縫在書上的。而到了安敬齋的時代，印刷技術日趨成熟，照片印製成為可能，故他責無旁貸地承任起了這個重任。

安敬齋在好幾個領域都作出了不凡貢獻，作為個人他應該了無缺憾。但其實他心中卻一直存有一個遺憾：不論是攝影、印刷，還是繪畫，都需要長時期的培養，而他選擇的幾個弟子，都在學會了技術之後因種種原因離他而去，其中包括一九〇六年去南市中國圖書公司攝製銅鋅板的顧掌全和一

九〇八年去商務印書館攝製照相鋅板的許康得[15]。他一直沒有找到一個既水平高超又能抵禦外界誘惑願意留在土山灣工作的學生。也正在此時，一向為人低調的安敬齋遇到了註定要讓他名垂史冊的那個人——張充仁。可以說，如果沒有張充仁，也很少有後人會知道安敬齋修士的存在。

　　與安敬齋相同，張充仁其實也是土山灣的孩子。張充仁的父親是當時徐家匯的木匠，母親則在徐家匯聖母院的刺繡間工作。由於母親早逝，他不得不從小住讀在土山灣孤兒院裡——和當時很多有父有母的「孤兒」一樣。後來，他又去了徐匯區類思小學（今滙師小學）讀書，在小學時期就表現出了非凡的繪畫天賦。當時在類思小學擔任校長的田中德是安敬齋在畫館的同學，在他的介紹下，安敬齋認識了張充仁。原來張充仁一心想去土山灣畫館學習，可是當時名額已滿，張充仁的要求遭到拒絕。此時是一九二一年，安敬齋由於正好沒有徒弟，就向張充仁伸出了橄欖枝：「如果你想學照相，你就到我這兒來，你也可以學繪畫，每天早上我能抽空教你一個小時。」張充仁覺得既然可以學習繪畫，那麼總比待在家裡好，於是就去照相製版部當了學徒。在那裡，張充仁很快顯示出了自己的才華和勤奮：安敬齋最初分配給他的任務是在暗室裡用清水洗照片，張充仁利用虹吸原理把原本費力的倒水、進水的工作簡化成了一道簡單輕鬆的工序；安修士在製版部的藥品間裡有幾百種藥品，時間長了，名稱標籤難免會有些模糊不清，於是他就主動把所有標籤都親手謄抄一遍，再全部貼到藥瓶上；安修士讓他從基本功開始學習繪畫，他毫無怨言，所有的功夫都從頭開始；安修士交給

---

[15] 賀聖鼐：《三十五年來之中國印刷術》，轉引自《中國近代出版史料初編》，p.267。

他一個任務：為徐家匯博物院拍攝鳥類標本，並修片。他修的鳥類照片連毫毛都清晰可見，毫無人工雕琢的痕跡；安修士讓他印通功單[16]，他應教友的要求，自習隸書，其工整的書法使教友對他讚不絕口。就這樣，張充仁成了安修士最喜歡的學生，他總愛把張充仁作為得意門生介紹給自己的同學、上司以及其他朋友。

一九二五年，張充仁與另一個攝影師一起在家中辦了一個小小的化學工業社，專門製造照相製版用的材料「珂羅第」。但是沒想到才幾個月，就遭遇美國產品跌價大量湧入中國，化學社的計畫只能告吹。張充仁又開始翻造石膏像，沒想到又因售價抵不過成本而夭折。雖然張充仁不敢把這一切告訴安修士，怕安修士責怪他不安心學習。但安修士還是從其他途徑得知了事情的原委，於是再次向張充仁伸出援手：經過教會方面同意後，把他的模具和材料全部接受過去，幫助他擺脫了困境。一九二八年，張充仁滿師後提出要出去找工作。安修士雖然滿心不捨，卻也沒有強留他，贊成他到外面去磨練一番。他對張充仁說：「你不像別的學徒，你有天賦，有抱負，又勤奮，肯動腦筋。你應該繼續努力，爭取自己更好的前途！以後你若有什麼不懂，還可照樣來問我。」在張充仁的心目中，安修士是自己成長道路上最重要的人之一。不論他後來去歐洲還是在中國，張充仁一直將安修士視作為他的啟蒙老師[17]。

---

[16] 天主教中，為去世的教友印製的一種小卡片，主要印製教友的照片和簡單生平，背面一般印有聖像畫。

[17] 陳耀王：《泥塑之神手也：張充仁的藝術人生》，p.1-4，上海文藝出版社，2003。

五、安修士最後的日子

張充仁走後，安修士依然平靜地工作著，繼續他一向低調的人生，人們因其學識廣博而尊稱他為「神師相公」。名攝影記者郎靜山曾經將安敬齋視作中國攝影界的前輩採訪過他，沒想到僅僅兩周後，安修士就因為心臟衰竭而被緊急送往醫院，於一九三七年五月二十四日聖母進教之佑瞻禮去世，永遠臥在了他一生最崇敬的聖母懷中。安敬齋病逝後，在他的工作間裡留下了成千上萬張攝影底片和銅鋅珂羅版，這是他一生的心血，也是他對這個社會所作的貢獻。

在安敬齋修士的通功單上，這樣評論安修士：「公氣度安詳。慈善溫藹。孜孜以引掖後進為務。」[18]更讓我們感到驚訝的是，安修士一生拍了如此多的照片，而自己僅有的兩張單人照還是去世前兩周由郎靜山採訪時為他拍攝的。其他所有能夠發現安修士形象的照片均為集體照。

安敬齋修士去世後，照相製版部由來自法國的潘國磐（Xavier Coupé, 1886-1971）修士兼管。潘國磐是土山灣著名的全能修士，由於當時他主管印書館，因此照相製版部業務大量萎縮。一九五八年隨土山灣印書館併入中華印刷廠。

六、總結

安敬齋修士的一生是苦孩子奮鬥的一生。其實在十九世紀中後期的土山灣孤兒院中，像安修士這樣背景的孩子並不少見，光就歷史上有點名氣的人來說，就有中日混血的田中

---

[18] 《土山灣照相安修士逝世》，《聖教雜誌》民國二十六年第三十六卷第七期，p445-。

德（Joseph Dié，又名田一郎、田現龍，使用日本國籍，解放初赴台，後在台灣去世），當然還有上面提到過的中葡混血的笪光華。當時，在洋涇浜天主堂（今四川南路天主堂）對面，還有專門為這些混血孩子免費開設的學校。在當時的社會裡，這些孩子多既不見容於中國傳統社會，又無法被西方社會所接納。可見，這些混血兒生活的環境是多麼艱難，他們做出的貢獻是多麼不易。對安敬齋這樣具有堅強意志的人來說，生活的艱難也正是他努力進取的動力——他要用自己的努力與自己的出身抗爭。最後他確實成功了，他用自己的親身經歷證明了：一個人，不能改變自己的出身，但是可以改變自己的命運。

安敬齋為人低調，這也使他遠離了耶穌會裡的爾虞我詐，而有更多的時間用於工作，用於研究。當時的修院裡流行一句話：「耶穌會裡有多少陰謀詭計連天主都不知道。」[19]從安敬齋被挑選做照相製版部主任的過程也可以略見一斑。都說搞藝術的人生性張揚，曾任土山灣畫館主任的法籍耶穌會神父艾而梅在寫回法國的信中提到：「不要把過於藝術的靈魂派來中國，這樣會讓他們很痛苦。」[20]而偏偏同樣學藝術出身的安敬齋修士則性格內向，這也使他得以避免很多人事紛爭，在印刷出版領域做出了很大貢獻。

[19] 解放前耶穌會大修院學生，張曉依的拉丁語老師沈士偉2008年4月所言。
[20] A. Colombel: Histoire de la Mission Kiang-Nan, vol. III, p603,1902（原文為法語）

「好人」
潘國磐

　　土山灣的百年歷史上，曾經有這麼一個奇人：論木工，他比不過葛承亮；論照相，他比不過安敬齋；論圖畫，他比不過劉必振；論創新，他比不過翁壽祺；若論建築設計，與馬歷耀更無法相提並論。但是如把所有這些加在一起評判，則全能冠軍非他莫屬。他就是土山灣孤兒院出了名的「好人」、法籍耶穌會修士潘國磐（Xavier Coupé），人稱潘相公。

　　從一九一〇年來華到一九五五年離開，從一個帥氣英俊，意氣奮發的青年，到一個兩鬢斑白，慈祥和藹的老者，可以說，潘國磐修士把他一生中最重要，也是最美好的時光都獻給了中國的孤兒們。即使在離開大陸之後，他依然在台灣堅守著自己的諾言：「一生都要為中國教區服務。」事實也的確如此，潘修士一九一〇年來華之後，就再也沒有回過法國，因此也可以說，他的一生命運都和中國的孩子們連在了一起。

　　潘國磐一八八六年十二月三日生於法國，在法國曾經讀過工科，專攻機械製造。一九一〇年來華，經過兩年多的語言培訓和教區適任之後，他於一九一三年——原圖畫間主任劉必振修士去世之後——正式接任土山灣畫館主任一職，同時兼管五金工廠；一九二三年隨著部門調整，改為兼管印書館。一九三六年南樓「分家」之後，正式擔任印書館主任。一九三七年，原來管理孤兒院樂隊的葡籍修士笪光華去世之後，接管樂隊的重擔又落到了他的肩上。就在這一年，專門負責照相的安敬齋修士也因病去世，於是，他分管的事情又多了一項照相工作。一九四一年，五金間毛如德修士調離土山灣，潘修士調任五金間擔任主任；後來，一度還負責土山

灣的醫務室。上海解放後，他又調回土山灣印書館任職，直到一九五五年。離開大陸之後，他赴台灣，在新竹的北埔天主堂專門為原住民和出外學習的兒童服務：為他們提供教堂內的食宿，並照顧他們。一九七一年，潘國磐在新竹去世，終年八十五歲。

說起潘修士，幾乎所有和他有過一面之緣的人評價都是一致的：「潘相公[1]人老好額。」在那些當年的孩子們心中，他永遠帶著眼鏡，面容安詳，給人一種溫暖的親切感；他會慈愛地撫摸著你的臉，向你微笑；他會悄悄站在你身後，然後拍拍你的肩告訴你幹得很好；他也會興奮告訴你，美國人已經向日本投了原子彈，日本人馬上就要投降了；他還會手拿線圈，耐心地一遍又一遍向你教授物理知識。

---

[1] 上海解放之前，把「修士」稱為「相公」，潘相公即潘國磐修士。

| 1940年3月19日土山灣孤兒工藝院全院合影，第三排左三為頭髮已花白的潘國磐，時年56歲。

對於孤兒們來說，潘修士是他們的師長、領導，同時也是他們的父親。

一、「慈父」潘國磐

　　潘國磐一生都把中國的孤兒們當作自己的子女來看待。

　　一九三六年，教會作出決定：南樓、北樓正式「分家」，即分開管理。北樓分成「五金」和「木工」兩個部分。而南樓分成「印書館」和「畫館」。由於之前的統管規定，南樓的孤兒——不論其從事的是繪畫還是印刷——都必須從小學習繪畫和印刷兩種技能，因此在分家之後，原來的孤兒可以自由選擇去印書館還是畫館。由於原來統管的主任潘修士被分配到了未來的印書館，故大多數孤兒都選擇了跟著潘修士去印書館。因為，對於他們來說，潘修士就是他們的父親。

　　究竟是什麼魅力，讓這些中國的孩子們對一個外國的修士如此信賴，如此愛戴，並把他視若親父？事情要從土山灣的傳統說起。

　　進入二十世紀以後，土山灣「以教代養」的經驗在社會上得到推廣，上海的貧兒院、慈幼院等機構也模仿土山灣的做法，在院中培養各類工匠。這當然增加了後來從土山灣出來的孩子找工作的難度。這些本來已經與孤兒院無關，因為孤兒院只是一個負責「教養」的機構。但也許是歷史對於土山灣孤兒們的再次眷顧，此時恰好出現了潘國磐修士。潘修士認為：土山灣出來的孩子們一定要有自己的特色，只有掌握了與其他地方出來的孩子不同的本領，才有可能在競爭中獲勝。他敏銳地察覺到，上海的發展決定了未來需要的不僅

僅是低層次的工匠。潘修士把目光瞄向了文化教育。

　　其實，文化教育這一塊在當時的土山灣正是薄弱環節，也就是說，孤兒們在從所附屬的小學（後來定名慈雲小學）畢業後，基本上就沒有什麼機會再接觸任何文化知識，只學習各種手藝活。這樣一個傳統，雖然現在看來明顯不妥，但在當時也的確無可厚非。土山灣工人的培養目標原來就與徐匯中學等不同，在當時「中專畢業就可以算知識分子」的背景下，社會上普遍認為，培養一般的技術工人，達到小學畢業程度就已經足夠了。但潘修士卻不這樣想，在他心裡，這些孤兒都是自己的孩子，作為父親，總是希望孩子能夠成才，有更大的發展前程，而不只是光學到一門手藝，滿足於養家糊口。可是要對這些已經定下方向成為「勞力者」的孩子們重新在文化教育上進行調教，談何容易？一方面耶穌會對於上級規定的東西，只有絕對照搬，一字不差的實行——這也是他們加入耶穌會時所發的誓願之一——他不可能去輕易改變上級既定的對土山灣孤兒院的定位；另一方面因為他的身分是修士而不是神父，教會給他的職責就是教授具體的手藝，至於孤兒們的精神生活，理應由神父來負責。但當時土山灣的院長神師等多住在徐家匯的住院中，他們來土山灣的時間基本是固定的，比如一週一次，一月一次，或幾天一次等等，職責也就是聽聽告解什麼的靈修事務；而院長的管理更類似今天的行政管理。因此，孤兒們的內心其實很孤獨。

　　每天五點是土山灣的下班時間，此時的土山灣從白天的喧囂一下轉入了寧靜：已經結婚的工人們都陸續回家了，而那些未成年的孤兒們也沒有了白天時的繁忙，他們將在這裡度過一天中最寂寞的時光。按照當時孤兒院的規定，未成年

的孤兒們是不能隨便出院的。孤兒們無所事事，而院長、神父和修士們則必須念晚課。此時，大孩子們還可能會被叫去幫忙做點事，而年幼的孩子們只能早早上床睡覺。

潘修士在土山灣已經工作了那麼多年，已經見慣了太多這樣正反兩方面的例子：土山灣有的孩子因為幸運地獲得了神父修士的栽培和幫助，最後在悉心調教下成名成家；而有的學生，天賦很好，卻因為缺乏文化，在離開孤兒院之後高不成，低不就，屢次找工作碰壁，後因交友不慎，淪為階下囚，出獄後又因無錢結婚，最終把曾經幫助過他的院長置於死地，成為殺人犯。

潘修士決定要增加孩子們的文化營養。他首先選擇的是給孩子們講故事，通過精彩的寓言故事對孩子們進行教育。他從藏書樓以及徐家匯住院中的修士室裡選擇了一些淺顯的、適合孩子閱讀的寓言和童話故事。然後他選擇晚上這個空餘時間，把孩子們集中起來，給他們講解這些故事。有時候他也會從徐家匯天文台想辦法拿些書來給孩子們普及天文、物理等科學知識。即使過了很多年，不少土山灣的孩子還依然記得潘修士給他們講課時的笑臉和話語。正是在潘修士的陪伴下，他們才逐漸適應了遠離父母的環境，因為他們身邊又有了一位慈父。

潘修士還希望孩子們可以學會一些簡單的法語。雖然他也明白，大部分成為工匠的孩子可能一輩子都用不著法語，但是他對於這些孩子總是「望子成龍」：希望他們學得多些，比別人優秀一點。每週二的下午便是孩子們上法語課的日子。潘修士為孩子們選擇的教材是法國作家耶洛特·馬洛（Hector Mallot）的著名作品《苦兒流浪記》（Sans Famille），因為主人公的出身也是孤兒，而且語言比較淺

顯，更重要的這是一部勵志作品，潘修士希望孩子們在學習
法語的同時，更懂得怎樣在社會上做人。潘修士生怕自己的
學力不夠，耽誤孩子們，還自費請來震旦大學的學生來為他
們上課。他相信，知識可以改變命運。在土山灣孤兒院，這
個讀法語的傳統由潘修士肇始，一直持續到解放前夕。

潘修士天性慈善，他在負責醫務室的時候，總是想方
設法從各處弄來些好吃的給孩子們滋補一下；遇到有孩子生
病，他一定會想法去弄些最好的藥給孩子醫治。他總是慈愛
地看著這些孩子，拍拍他們的腦袋，看著他們病癒後活蹦亂
跳的樣子，才終於放下心來。在這裡，只要是孤兒們的事
情，再苦再累他都心甘情願去做，因為他把他們看作是自己
的孩子。

二、「良師」潘國磐

當時土山灣孤兒院有兩類孩子：一類是真正的孤兒，
他們因為種種原因，自幼被父母遺棄，他們在育嬰堂（即今
徐家匯「上海老站」的位置）裡度過童年。到了六歲要讀書
的年齡，其中的男孩子們便被轉移到土山灣來半工半讀，一
邊學習文化，一邊學習勞動的技能。另一類是寄養的「堂
囝」，這些男孩子其實是有父母的，但是有的因為家境貧
困，有的因為父母忙於工作，還有些人因為身有殘疾，種種
原因使父母無力撫養而被送到土山灣來寄養，不僅提供免費
食宿，而且至少學門手藝，將來可以養活自己。由於當時中
國重男輕女的傳統，普通家庭一般不會輕易遺棄男嬰，所以
土山灣的孩子中，後者占多數，真正的孤兒並不太多。

對寄養的「堂囝」，按土山灣規定，父母平時可以來

探望，過年過節准予回家。因此，每年過節的時候，土山灣的孤兒就走了大半，剩下的沒有父母或無法回家的孩子，便真正感覺到了悲涼。於是每當逢年過節的時候，潘修士就會帶著這些無法回家的孩子們出外旅遊。他會帶著孩子們去郊外，親近大自然；帶著孩子們去動物園，告訴他們每種動物的名稱和習性。潘修士還讓比較大的孤兒們也參與帶小孤兒，融洽孤兒之間的關係。

潘修士是工科出身，對於自然科學的基礎原理比較熟悉，而在當時慈雲小學的課程中，又恰恰沒有物理這門課。

Le personnel de l'orphelinat de T'ou-sè-wé (1914).

| 1914年土山灣孤兒工藝院合影照，第二排左一即為剛來華不久的潘國磐，時年28歲。

| 潘國磬後期與台灣小孩合影

於是，他就利用晚上下班之後的時間，獨自留下來為孩子們補課。為了讓教學更加深入，他甚至利用自己管理孤兒院事務的便利，把孤兒院的廢舊自來水管道拆下來改作教具，外面用電容器繞成一圈一圈，做成直流電機、交流電機，讓孤兒們親身體驗電學原理。又把木工間截下來的廢舊木頭做成平衡槓桿，告訴孩子們力學原理。今天還健在的土山灣老人，在回憶「潘相公」時，每個人都有自己的親身經歷，而這些經歷的背後，又幾乎都蘊藏著一個個溫馨的故事。

三、「領導」潘國磐

潘修士在土山灣的後半程，是中國兵荒馬亂的時代：八年抗戰之後，緊接著就是四年的解放戰爭。在此期間，土山灣乃至整個中國教區的人員變動一直很大，而潘修士往往在此時便擔任起「救火員」的角色。

一九三七年安敬齋修士去世之後，土山灣攝影的職位出現真空，於是在教區內拍照的任務便落在了「全能修士」潘國磐的身上；同年，原來管理土山灣樂隊的笪光華修士患胃癌去世，因潘國磐又會彈風琴，故順理成章接管了土山灣樂隊的指揮工作；一九四七年榮修士離開土山灣之後，他又再次管理印書館。

隨著一九四九年中國大陸宣告解放，身邊的外國神職人員一個個離開了大陸，而潘國磐修士則只是默默地承擔下了他們遺留下的空缺：他是「領導」，他不能走。這一時期，潘修士實在可說是大權在握：他管教學，管技術，管行政，也管給工人們發工資，幾乎「集大任於一身」。但對下級他卻依然十分仁慈：孩子們任何點滴的進步，都是加工資的理

左 ｜ 1944年，潘國磐修士正在指導學生徐寶慶木雕技藝
右 ｜ 彩繪玻璃的生產是土山灣孤兒工藝院的一絕，圖為從慈雲小
　　學畢業後正在生產彩繪鑲嵌畫工藝玻璃的學徒，左二為正在
　　巡視的潘國磐，攝於1914年

由，對於孩子們的照顧，他可以說做到了無微不至。只有面對工作，他從不馬虎。

除了工科之外，潘修士會繪畫，也會印刷，還懂木工，會唱歌，甚至還彈得一手好風琴。但是這並不意味著他在工作上會掉以輕心。他負責印刷的報紙《聖心報》是教會最重要的報紙，為保證不出差錯，他經常在車間裡巡視，查看工人們的操作，查看印刷的質量。對於新採購進的機器，他先自己研究，消滅問題於萌芽之中，然後再耐心指導工人操作。新樂路上東正教堂裡的燈光系統就是當時由潘修士帶領土山灣孤兒經反覆試驗而裝置起來的[2]。那幾盞大吊燈充滿了俄羅斯東正教的傳統風格，因此沿用至今，誰又曾想到它們是出自一個法國天主教修士和一群中國孩子之手呢？即使斗轉星移，東正教堂已改為他用，但是這些吊燈卻依然訴說著當年的故事。一九四七年，潘國磐修士六十周歲的時候，他的學生們曾自發集體為他舉行過一次祝禱儀式，以感謝他如大海般深廣的師恩[3]。

一九五五年，潘國磐修士由於簽證到期被迫離開大陸。當他收拾好行李，準備離開他原以為自己會終老於此的土山灣孤兒院時，還是決定最後再去看一眼印書館，和他的孩子們道個別：他是最後一個離開此地的外國人了。當時的工人們知道他要走的消息，依依不捨，問他：「潘修士，你回法國嗎？」他回答道：「我曾經發過誓願要為中國教區服務的，我離開這裡之後會去台灣。」孤兒們回憶道：他臨走之前，回過頭來看著這些他曾經疼愛過的孩子們，說：「我

[2]　土山灣孤兒李順興口述。
[3]　《土山灣潘國磐修士六十榮慶》，《聖心報》1947年1月，第60卷第1期，p.33。

和你們要說Adieu了。」──跟隨潘修士學習過法語的孩子們當然明白這個詞的涵義。一般法語中，「再見」用的是Aurevoir，如果用Adieu做告別，就意味著如果重逢要去天主那邊，意即今生無緣再見──說這句話的時候，他們分明看到修士眼中飽含著淚水……[4]

四、台灣歲月

到達台灣之後，潘國磐修士在新竹北埔天主堂服務。他在天主堂裡開辦了一個類似訓練所的機構，再次擔當起了老師的職責，向當地沒有機會升學的年輕人教授木工、五金以

────────────
[4] 土山灣孤兒李成林口述。

| 1915年土山灣畫館合影，頭排右五為畫館主任潘國磐

及工業製圖等多門技能。後來，這些年輕人靠著向潘修士學來的手藝，趁著六、七十年代台灣經濟大發展的年代，都找到了不錯的工作。

抵達台灣的時候，潘修士已經是一個古稀老人了，但是他卻依然把自己在上海對孤兒們善良的種子撒播在台灣孩子們的心上。他不顧自己年事已高，十幾年如一日測量氣溫，為當地的氣象留下了寶貴資料。他還每週帶寄宿在天主堂中的孩子們出去爬山，寒暑假時還跋山涉水深入原住民的村莊，為當地的原住民服務。由於原住民衛生條件有限，所以當時在台的漢族人普遍不太看得起他們，而潘修士卻對原住民一視同仁，主動去擁抱、親吻這些在旁人看來「髒兮兮」的原住民孩子們，並為他們提供醫療服務。潘修士把自己所在的教堂變成了孩子們的樂園。他設計、繪製並製作了精美的馬賽克畫，並在教堂裡曾同時收留了十多個離家求學的孩子寄宿，加上訓練所裡學習的孩子，十幾年來，潘修士在台灣可謂「桃李滿天下」。

潘修士最喜歡看著台灣孩子們做作業的樣子，喜歡看著孩子們做手藝的樣子，因為看著眼前那些努力學習各種知識和技術的台灣孩子們，更讓他想起自己在上海土山灣孤兒院的那段歲月，也使他原本已經孤寂的心靈有了一絲安慰。尤其在潘修士的ATELIER[5]中，當他看著一群隨他學習雕刻的孩子們，怎能讓他不想起三十年前在土山灣的同樣場景？在台灣，他曾多次談起自己在上海的日子，言語中不乏思念。除了母語法語之外，潘修士會說一口流利的上海話，即使後來去了台灣必須說普通話，他所說的普通話中仍帶有很濃重

---

[5] 法語，意為「工作室，車間」。

的上海口音。在他心裡，上海就是他的故鄉，他對上海懷有濃厚的思鄉之情，但是在那個兩岸對立的年代，他也深知要回到上海簡直是天方夜譚。

一九七一年，新竹教區在北埔天主堂舉行避靜活動，見到在上海時便熟識的同會弟兄，已經八十五歲高齡的潘修士自然十分歡喜。在與同會弟兄的攀談中，潘修士突發心肌梗塞，與世長辭。潘修士的墓地原先設在台灣新竹，後來因為耶穌會教士墓地集體遷移，現已移到彰化。很多曾經受他恩惠的孩子，在長大成人之後，依然不忘修士的恩德，把他當自家祖父一般每年去拜祭他。

綜觀潘國磐修士的一生，從二十八歲來華，到八十五歲在台灣病逝，不論是風華青年還是耄耋老年，不論在上海還是在台灣，不論是對教友還是對外教人，他都是始終如一地用自己的心在愛著中國的孩子們，因此幾乎所有與他接觸過的人都會用「好人」來評價他。

如今，潘國磐修士已經過世整四十年了，他在上海手把手教授的學生們也多已作古。也許，只有在這個時候，做了一輩子「好人」的潘修士終於可以了卻夙願，與他在上海的孩子們在天主那裡重逢了吧？

家書中的土山灣
土山灣孤兒院院長孔明道
一百年前的七封信

　　在一九〇四年出版的《澤西島神學院信函》上，曾刊
登過七封從上海發出的信件，時間跨度從一九〇四年一月二
十一日至一九〇四年十二月十七日，歷時正好一年。這些信
件的內容都是描述信主一年來在上海土山灣孤兒工藝院中的
生活情況，共約七千五百字。各封信件之間的間隔時間，多
的長達六個月，少的只有短短五天。值得注意的是，與其他
描寫土山灣的文字有所不同，這些家書所呈現的多為細節描
述，且都是信主親身經歷，逼真再現了當年孤兒院中工作和
生活的一些具體場景，有很高的文獻價值。該家書的作者，
正是當時擔任土山灣孤兒院院長的孔明道。

　　孔明道，字魯光，西文名為Joseph de Lapparent，法籍
耶穌會士。一八六二年出生於法國，一九〇二年來華。一九
〇三至一九〇六年期間出任土山灣孤兒工藝院院長一職，以
後又擔任過震旦大學校長、《聖教雜誌》主編等職。他精通
漢學，集哲學家、天文學家、語言學家為一身，也是光啟社
奠基人之一。著有《現代科學中的上智》、《微觀哲學》以
及《法漢小詞典》的官話版和上海方言版等著作。除了土山
灣孤兒院、震旦大學之外，他還在徐家匯天文台工作過，
著有《徐家匯天文台》一書；並曾經為多位神職人員寫過傳
記，如《莊卞成神父（一八六六至一九二九）》、《蔡尚質
神父（一八五二至一九三〇）》等。

　　《澤西島神學院信函》上發表的這些信件是否真是孔
明道寫給其母親——他在抬頭所寫稱謂是「我親愛的媽媽」
——已經無從考證，但是其輕鬆幽默的語言，並不規整的語
法以及豐富多樣的符號，也確實就像一個遠方的兒子在對母
親絮絮訴說其在外面的經歷。

一、土山灣孤兒們的日常生活

　　與其他神父修士所寫文字多大段講教理不同，孔明道的家書以大量篇幅描述了孩子們的日常生活，展現了一幅百年前土山灣孤兒生活的鮮活畫卷：

1. 吃

> 「我們每天已經消費價值二十五法郎的米飯了，而對於這些學生們來說，在外面根本吃不了那麼好；（在外面）他們只吃飯和醃製蔬菜，從沒有肉，很少有點心。這裡，每個週日有肉吃；每週二有蛋吃；每天都有任意茶點。」
>
> 一九〇四年二月十一日家信

　　長期以來，孤兒院的飲食向來是被人詬病的對象：糟糠、黴米、爛菜葉，再要一碗飯就會被打……人們總是竭自己所能把孤兒院的飲食想像得很糟。其實，關於吃的問題，在孤兒們自己的敘述中也提到過，土山灣孤兒院的伙食並不像人們想像得那麼差：「周日有吃肉的或者別的葷菜。然後平時分兩次，一次是週五，一次好像是週三，總是弄些蛋啊，魚啊，加在裡面，算小葷。早上總是兩個菜：一個蘿蔔乾，一個鹹菜；晚上，有時候是開花豆啊，有時候又是蘿蔔乾啊什麼的，……一個飯桶，四個人一桌，是長桌子，不知道現在還留著嗎？有時候飯吃了不夠，就自己拿個飯碗去灶間添一點」；[1]「我們也吃豬肉的呀，一周可以吃幾次豬

---

[1] 2008年8月26日土山灣老人李成林（1919-2009）口述，李是20年代至30年代土山灣孤兒院學徒。

肉」[2]。而孔明道筆下的這些文字，則從「官方」的角度肯定了孤兒們的回憶，並給出了孤兒院每天米飯的成本：「二十五法郎。」一九〇四年的二十五法郎大約價值如何呢？以當時孤兒院有二百名兒童[3]計算，平均每個兒童身上，光吃米飯這一項，每天就需要〇‧一二五法郎，一個月以三十天計，就是三‧七五法郎。在史式徽的《土山灣孤兒院：歷史與現狀》中提到：當時土山灣一個熟練工的收入為每個月「五十至七十五法郎」[4]，也就是說，一個孤兒僅每天吃的米飯，價格就相當於當時一個熟練工約一天半的收入。

如果說土山灣給的工資尚屬於「內部工資」不能作數的話，那麼，我們再來看看當時外面的普遍行情：一位法國人在一九〇九年曾經這樣寫道：他把十三件「龐大的包裹（帳篷、食物和其他）」從天津請人搬運到北京，「用了一‧四法郎小費」[5]。那就是說，一個土山灣兒童一天光吃米飯的價錢，就超過了一名普通搬運工在北京和天津之間來回一次所掙的小費。

當時肇嘉浜邊的「滾地龍」中，人們連飯都吃不飽的情景可說比比皆是，相比之下，孤兒院的伙食雖然算不上好，但至少不能算差。

<hr>

[2] 2008年8月12日土山灣老人章俊民（1923-）口述，章是30年代至40年代土山灣孤兒院學徒。

[3] 1876年時建造宿舍時所設計的土山灣孤兒最大容量，柏立德：《Relations de la mission de Nan-kin confiee aux religieux de la compagnie de Jesus.》（《江南教區通訊（1874-1875）》），p.50，1875-1876，Imprimerie de L'Orphelinat de T'ou-Sè-Wè（Zi-ka-wei‧Shanghai）

[4] J. de la Serviere: *L'Orphelinat de T'ou-Sè-Wè: Son histoire et son état présent*, p.44, 1914, Imprimerie de L'Orphelinat de T'ou-Sè-Wè (Zi-ka-wei‧Shanghai).

[5] 維克多‧謝閣蘭（Victor Segalen）：《謝閣蘭中國書簡》，鄒琰譯，p.54，2006，「走進中國」文化譯叢上海書店出版社。

｜ 土山灣孤兒工藝院出品的祭台

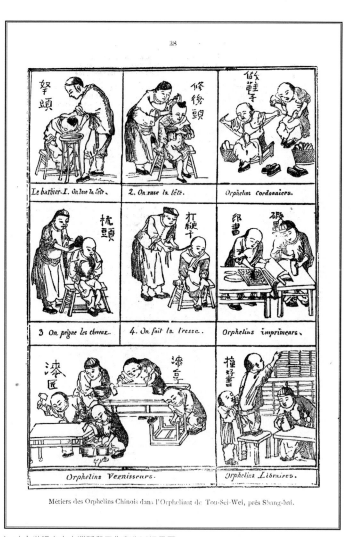

十九世紀末土山灣孤兒工作和生活場景圖

2. 學

> 「昨天為學生們分發了獎勵,然後就是各個工廠根據他們特點進行的考試。木匠就做框、做祭台、做棺材;而畫家就畫畫,畫苦路。人們展示了自己的一切才能。一個工人會陪同在邊上給他們分等級,並發放工具作為獎勵。
>
> 也有其他科目考試,比如寫作、文學、歐洲算術、教理等。很多從法國募集來的玩具,在這個時候被我們作為獎勵發放給他們。」

一九〇四年二月十一日家信

孤兒們在工廠的學習生活一直是研究者關注的重點,但所能查到的具體資料卻很少,而孔明道的家書則十分難得地為我們展示了當時的場景,現場感很強。

可以看出,框、祭台和棺材分別是木工學習的三個階段,「框」注重的是平整,形狀也比較簡單;「祭台」則開始講究要有一定的立體感和厚度;而「棺材」則不僅要講究以上幾樣,還要注重弧度、拼接的因素。

「苦路」是天主教在朝聖時信徒所走的一條路,象徵著耶穌背負著十字架行刑的那條路。苦路的特點有兩個:一個是轉角多,按照規定一共要折七次,也就是有十四個轉角,另一個是在每個轉角都有一個聖像或一幅聖像畫:這十四個聖像(畫)如下:

第一處:耶穌被判死刑

第二處:耶穌背十字架

第三處：耶穌第一次跌倒

第四處：耶穌遇見母親

第五處：西滿輔助耶穌

第六處：韋洛尼加幫助耶穌

第七處：耶穌第二次跌倒

第八處：耶穌安慰婦女

第九處：耶穌第三次跌倒

第十處：基督被剝掉衣服

第十一處：耶穌被釘十字架

第十二處：基督死亡

第十三處：耶穌被卸下

第十四處：耶穌被埋葬

以上這些聖像都是天主教繪畫中使用最多的，幾乎所有天主教宗教繪畫中需要出場的人物都在這裡悉數出場；而宗教繪畫中每個細節都有其特殊涵義，絕對馬虎不得。故「畫苦路」被用來作為土山灣畫館的考試內容，再合適不過。

除了獎勵，孔明道在信中還談到了懲罰。他並沒有避諱談懲罰，土山灣孤兒院的懲罰方式依然延續了中國古代私塾的懲罰方式：打手心。但是在選擇用具的材料上卻有一個原則：「聲音響但是不痛」（見一九〇四年二月十六日家信）。

此外，他還提到了土山灣孤兒院中對於殘疾孤兒的訓練：

> 「這裡我們有五到六個聲啞的小朋友。他們每天都會
> 去聖母院，那裡有一個中國獻堂會的修女很好地訓練
> 他們，並教他們教理。」

一九〇四年六月十九日家信

| 清末土山灣一帶的田野風光，左側房屋是外國神父修士的居所

以前很多材料中也有關於殘疾孤兒的訓練，但是大多寫的是智力殘疾的兒童，以及對於他們的扶助。這是目前唯一一件能證明孤兒院當時對殘疾孤兒有進行對症訓練的文獻。

3. 課餘社團

> 「這裡雙國英神父經常過來照顧孩子們；他教他們吹軍號，因為這用不著說很多中文。另外，通過這樣他也可以認識很多中文字，並且人們可以理解他所說的話。瞿光朝神父也來這裡；他為我們這裡訓練風琴手。」

一九〇四年一月二十一日家信

土山灣孤兒院中的樂隊是很出名的，在很多場合都有他們的身影，他們能夠演奏很複雜的軍樂[6]和交響樂。《江南育嬰堂記》中曾經提到，土山灣孤兒院另一個重要社團足球隊，是由當時剛來華不久的顧洪義神父啟蒙並訓練的。這裡則寫道，樂隊也是由當時剛來華不久的雙國英神父幫助訓練。這說明，當時土山灣孤兒院的這兩個社團可以說是眾人幫忙的產物，當然從另一個角度來說，這也是耶穌會神父們來華後「練習中文」的好方式。

---

[6] Haouisée: *La Fête du R. P. Recteur A Zi-Ka-Wei*, *Lettre de Jersey*, p.106, 1910, l'imprimerie de Brouwer (Brugge).

二、傳教士們的生活

在土山灣孤兒院，曾經至少有七十三位外國傳教士[7]在這裡工作過：他們多來自歐洲各國，其中以法國為最。由於傳教士們在文獻中絕少提及自己在土山灣的生活；而根據土山灣孤兒們的回憶，在土山灣，中外傳教士的生活是分開的[8]。因此，這些在華歐洲傳教士的生活和工作細節也成了很多人遐想的目標。而孔明道家信的發現，至少可以將這層神秘的幕布撩開一個角落。

1. 日常工作

（1）孤兒入院

> （一個孤兒）他的父母已經死了：他的叔叔不要他了，就把他送去自生自滅討生活。這個孩子懂教理，他願意成為教友，也願意待在這裡。怎麼辦？如果他的叔叔以後要把他領走，然後再把他拋棄在外教人中？應該叫他的叔叔給我們在一張遺棄合同上簽字。但是他的叔叔在哪裡？孩子無法清楚指出他家在哪裡：只知道是在鄉下，需要一晝夜才可以到，靠近東面（或者在西面）的我也不知道的一個大集鎮。

> 一九〇四年十二月十七日家信

---

[7] 按照《來華耶穌會士名錄》（Catalogus patrum ac fratrum S.J. qui evangelio Christi propagando in Sinis adlaboraverunt.）（1937年）的「國籍」一欄統計，安敬齋和田現龍修士作為中國人處理。

[8] 2008年8月26日土山灣孤兒李成林口述。

這是第一次很具體地提到一個孤兒入土山灣孤兒院的情況。之前我們已經知道，有一部分孤兒在嬰兒的時候就被遺棄在聖母院，滿六、七歲之後才轉入土山灣讀書、學手藝。而在這裡，我們看到的是年紀較大的孤兒直接送入土山灣的情況，其中第一次提到一個遺棄合同的問題：除了窮人寄養的情況（這種情況多為父母是教友，或者孩子有重大殘疾）之外，較大孤兒入院，必須由親人出具一份遺棄合同。這可能也是吸取了天津教案的教訓：防止有人拐賣他人的子女後再送入孤兒院領賞錢。當然，規定是死的，生活則不能那末死板。比如信件中提到的這個孩子，由於無法找到他的親人，所以只能一邊讓他在孤兒院裡留下來，一邊幫助他找親人。一旦找到其親屬後，親屬要求將其領回，孤兒院則必須無條件放人。

（2）衛生防疫

> 在聖神降臨節那天，他們被診斷患上了麻疹。因此好幾個孩子都要裹得嚴嚴實實！而且必須待在床上度過他們的聖神降臨節，而且必須與其他人隔離，以便不要傳染給別人。一張床，一個痰盂，一把茶壺用來抵禦寒冷；一間帶鎖的房子用來避免不適當的外出。附近的護士們都去佘山朝聖了，只能在明天晚上或週六白天回來，所以我們只能使用這些工具。

> 一九〇四年五月十二日家信

> 現在我們這裡的麻疹疫情終於過去了——這個疫情只持續了一個月，而且不嚴重。儘管如此，我們這裡的

> 小朋友還是有一個去世了：我不知道他是不是死於麻
> 疹的後遺症，因為他曾經有點復發的跡象。

一九〇四年六月二十一日家信

孔明道在信件中一共提到兩次疫情，其中一次是在孤兒中的疫情：就是這次麻疹。由於條件的限制，舊社會中孤兒院爆發疫情是常有的事情。土山灣的這次疫情「只持續了一個月，而且不嚴重」，而通常疫情持續的時間會更長。作為孤兒院的院長，孔明道最擔心的自然就是疫情的擴散，所以只能想盡辦法對病兒進行隔離，隔離後再予以治療。就結果來看，這樣原始的方法對於防止疫情擴散還是有一定作用的。

信件中曾提到過另一次疫情，就是在老師中爆發的對於狂犬病的恐慌。相比對於孤兒中爆發疫情的揪心相比，孔明倒對於狂犬病疫情所體現出的更多是「煩惱」。倒不是因為他對於老師的健康漠不關心——他曾經把患病的老師「送到上海縣城的一個德國醫生那裡，又把他送到一個英國醫生那裡……」，而是覺得：「他真的被咬過嗎？他和我說是的，狗撕爛了他的腳後跟；但是我沒有看到任何傷痕。」儘管如此，他還是批了這個老師幾天的假期，讓他回崇明去休養。

（3）接待來訪

> 在上海縣城有一個日本人的外教學校。這個年輕人穿
> 著有金鈕扣的制服，在該校一位教授政治經濟學和權
> 利的老師陪同下來到了我們這裡。我和這個老師說過
> 我們是同事，而我也向中國人上政治經濟學的課。他

也迅速對工廠感興趣起來,問了我許多常見的問題,
比如工種的分類,工人們的特長,學習的時間等等。
我們用英語交流,但是他說的英語太爛了!……我們
還略微帶了些宗教的看法,對基督教新教的看法等;
他認出了我們這裡正在用日本的雪松木雕刻的十二使
徒像;他也知道地獄。對於戰爭[9],我們不想或者說
也不敢談起。

一九○四年二月十六日家信

在孔明道一年的信件中,提到接待來訪的客人一共有六
批。第一批是安貧小姐妹會的七名派往中國的修女;第二批
就是上述的日本人學校師生;第三批是義大利戰艦的全體參
謀;其餘幾批都是中外官方要人:要去北京保護使館的「比
利時榮譽衛隊」──二十個士兵和一個軍官;南京的親王與
幾個「要人」;一個法國領事館的隨員。

來訪土山灣的,不僅有外國人,也有中國的達官顯貴,
從中可以看出,土山灣孤兒工藝院在當時還是頗有名氣的。
值得一提的是,義大利戰艦的官兵已是第二次來土山灣了。
也正因為土山灣孤兒院在當時名聲顯赫,它才能夠接下那麼
多重要的工程訂單:比利時布魯塞爾的「中國宮」、攝政王
的油畫……

可是作為院長,孔明道似乎並不喜歡這樣頻繁的接待工
作:「最近到處都有事情要幹……因為有一些意外的客人來
訪。」像所有法國人,他更喜歡「十二月的暖陽」,更喜歡
「安靜」。

---

[9] 指日俄戰爭。

2. 在中國的生活

（1）日常生活

　　昨天我發現在這個國家有一個好處，就是在這裡的夏天你不會像在熱帶國家一樣在房間裡發現一些兇猛的動物，比如蛇什麼的。只有一些蚊子，而這些蚊子不過只會溫柔地造成一些小包而已。這裡的蒼蠅也不像在法國那樣一大群的；只有幾隻而已——但是卻很恐怖，真的，是綠色的蒼蠅哦——幾乎沒有胡蜂……——但是這裡有些我還原來沒有見過的東西：一隻「螃蟹」過來不讓我睡覺，只見它迅速穿過我的房間。我本來以為這是一隻老鼠，我起床了，它很賢淑地試圖爬到我腿上。我最後在門口捉到了它。

　　怎麼螃蟹可以來到這裡？——因為在夏天時候這個地區有很多螃蟹，淡水螃蟹或是陸地螃蟹：它們會在晚上爬到路上，或者沿在徐家匯和土山灣之間的河道漫步。但是來到我在二樓的房間，還是有點異常的。因此第二天晚上我整晚沒睡好。

　　　　　　　　　　　　一九〇四年六月十九日家信

　　當時的土山灣孤兒院的位於徐家匯南部（今漕溪北路、蒲滙塘路口）。在二十世紀中期之前，漕溪北路是肇家浜（該段又名蒲肇河）一部分，而蒲滙塘路則是蒲滙塘的一部分。江南水鄉，河網密佈，再加上六月的時候正逢江南地區

| 19世紀末流經徐家匯的肇嘉浜河道

的梅雨季節，空氣潮濕，因此滬語中專有「齁勢」[10]一詞，來表達此時人體的不適感受。動物當然也不例外，紛紛爬到陸地上來透透新鮮空氣。這一在當地居民看來再平常不過的事情，卻偏偏讓孔明道這個老外感到既好玩又煩惱：好玩的是，在這樣煩悶的天氣裡，他卻意外地看到那麼多之前自己從未見過的淡水螃蟹，還煞有介事一點也不怕人地在他的房間裡「迅速穿過」；煩惱地是，這裡的條件太差，昆蟲尤其多，對他這個來自寒冷地區的老外來說，驅趕昆蟲確實是件麻煩的事情。

雖然土山灣孤兒院的管理者為法國人，平時吃飯什麼的也都中外分開。但並不能僅僅因為分開吃住，就此斷定外國人的吃住標準一定比中國人好很多。事實上，由於孤兒院經費有限，人又眾多，不可能給外國人特別高的待遇。而徐家匯的那些耶穌會士，尤其是神父，大多家庭出身較好，從小生活比較富裕，雖可能稱不上錦衣玉食，但其中確實有好幾個與歐洲各國王室沾親帶故。對於他們來說，既然發了三願[11]，再差的條件也要接受。雖然他們中也有人曾經不願意去艱苦的地區[12]，但不論怎麼說，與在歐洲的生活相比，他們來中國確實是「拋棄了富貴的生活」。在孔明道給家人的信中，竟然沒有一句對於艱苦生活條件的抱怨，這並不容易。

（2）佘山朝聖

自十九世紀七十年代開始，佘山就成了上海天主教友的朝聖地，一年一次的朝聖活動自然是包括外國傳教士在內

---

[10] 形容由於空氣潮悶使人感到呼吸不暢，難受的感覺。

[11] 貧窮，貞潔，服從。

[12] 歷史上教宗曾經要求法國耶穌會轉移到蘇北、安徽等艱苦地區去傳教，被法國耶穌會以拖的方式拒絕，最後羅馬方面把安徽交給了西班牙耶穌會。

的教友們內心的歸屬，土山灣孤兒院院長孔明道當然也不會例外。但是由於當時交通不便，「必須在船上待八個小時，再步行六、七個小時，還要考慮漲潮退潮的因素。一般來回一次，至少要用二到三天的時間」，而且孤兒院院務繁忙，「我無法離開孤兒院這麼久」。故孔明道佘山朝聖的願望一直難以實現，直到一九〇四年六月八日，那一天是進教之佑聖母瞻禮。在寫於次日的信件中，孔明道記錄下了這次不尋常的朝聖經歷：

起因便是印刷間的中英混血的安敬齋修士看著月亮，半開玩笑對他說：「今天晚上月光真亮；是去佘山的好時候。」，於是孔明道的心中便泛起一陣漣漪，然後腦海中出現了一個絕妙的計畫：從土山灣走去佘山朝聖。晚上九點，他和安修士一起向目的地佘山進發，「帶著一些白煮蛋以及一個燈籠」。他們已經精確計算好了最佳路線：「要穿越兩個城市以及幾個鎮」。當時的中國有晚上關閉城門的習俗，他們十分擔心晚上遇到這種情況而浪費時間。當他們到達第一個城的時候，意外發現城門竟然還開著，當時已經晚上十一點了。他們不費吹灰之力就穿過了這座小城。但當他們試圖穿過第二個城市時遇到了麻煩。當時已經半夜一點，兩個傳教士被擋在了門口。於是他們只能用賄賂看守的方式穿過城門，繼續前進。在經歷了一段錯路之後，最終他們如願到達了佘山。在爬上山頂短暫停留並做了祈禱之後，他們馬上就折返下山，因為必須「在下午二點前趕回土山灣」，他們找到了一輛兩輪車坐著就回來了。

儘管在路上花了大量的時間，人也很疲乏，但是孔明道卻感到十分欣慰：「因為這次有意思的朝聖以及散心，我的身心又重新恢復了活力。——我在去的路上十分害怕，

原因就是那些狗，以及可能的阻礙，以及可能無法開門的城市！那些狗一刻不停地在我們身邊，但是還好它們似乎沒有想咬我們的意思。月亮始終掛在天上。最後天神引領著我們並陪伴著我們到達了目的地。」

（3）面對中國民俗

　　土山灣孤兒院的生活是中式的，連孔明道這樣的外國神父也不例外。早在利瑪竇的時代，來華的耶穌會士就有尊重中國民俗的傳統。孔明道在這兩封信中講述了自己的親身經歷和所見所聞：

> 最近，我通過半掩的門看到這些父母在教他們的孩子怎樣跪拜；他們向孩子們示範身體如何傾斜，怎樣抱拳。

一九○四年二月十一日家信

> 我記得我可能在四月底的時候寫過一封很難讀的信，因為那時我趴著讓剃頭匠敲背，這樣的姿勢自然不利於書寫，尤其是在「拳頭敲下來」的時候——在我來中國的第一個星期，當時我還沒有任何經驗：在剃頭匠來的時候，我很害怕地坐在房間中間讓他來剃頭；而這樣讓我很浪費時間。現在我依然坐在我的桌邊繼續寫著；他儘量根據我的姿勢來剃——他每週來兩次，一般都在週三和週六。週三他過來梳頭並且重新編辮子；週六來的時間長一些，他主要來剃所有他需要剃的地方（鬢角、頸背，甚至頭頸和眼瞼，但是我

最近兩周都沒有叫他這樣做了；我害怕他會戳瞎我的眼睛，割斷我的脖子！）；然後他依然是梳頭並且重新編辮子。有段時間他在房子中間梳頭，他用很燙的水把我整個頭都擦亮，而且塗些肥皂水——在每次剃頭之後，他都會進行一個叫「敲背」的儀式：這就是說他用拳頭在我的肩膀上並沿著脊柱敲二百到二百五十下。這是一種按摩，可能效果很好：但是這卻不利於我寫字，尤其是他敲到我右肩的時候。

一九〇四年六月十九日家信

孔明道是一個漢學家，學習中文多年，對於中國的各種民俗，自然並不陌生。但當他如此真切地接觸到中國民俗中的細枝末節時，還是顯露出了老外最真實的「本性」：好奇又有些害怕。有一點值得注意，當孔明道面對異種文化的細枝末節時，雖然因為不瞭解而有些害怕，但是從頭到底，對於這些習俗，他沒有一句負面的話，也沒有妄加定論，更沒有無端指責。他沉浸在這樣的民俗之中，享受著由此帶來的快樂！

這可以看作是耶穌會的傳統。與天主教的其他修會不同，耶穌會士的傳教策略向來是「圓滑」的。在康熙一朝爆發中西禮儀之爭時，耶穌會士也是維護中國民間傳統習俗的代表。因此不論在世界何方，耶穌會士大多與當地居民保持著和諧良好的社會關係。當他們再回到上海，已經是鴉片戰爭之後了，雖然他們是憑藉不平等條約回到上海，但是他們堅持了這一人文主義傳統。當他們在徐家匯地區建立各類機構的時候，儘管他們傳播的是西方的宗教，西方的科學，但

是與許多其他修會教案頻發形成鮮明對比的是，上海天主教教會在鴉片戰爭至一九四九年的一百年間，教案僅寥寥數起，而且影響很小。除了當時上海這座城市本身的「洋化」之外，耶穌會士傳教策略的不同也是一個重要方面。印證該結論的，還有河北獻縣同樣由耶穌會管理的直隸東南代牧區，直到今天，神父修士走在馬路上都會得到周圍農民教友的尊敬。

細想之下，土山灣孤兒院其實也是這樣一個中西合璧的奇異產物：中國的孩子，跟著中國人打扮的外國人，以師傅帶徒弟的中國傳統形勢，學習各種西式的技藝。而促成這一切的，正是孔明道這樣尊重中國傳統的外國傳教士們。

3. 孤兒院院長孔明道

在這一年家書的背後，也勾勒出了孔明道作為土山灣孤兒工藝院院長的形象：既忙碌又悠閒，既嚴肅又幽默，既堅持原則又辦事靈活，既充滿愛心又要求嚴格。甚至對於孩子們的無意冒犯之言，他也毫不諱言自己的難過：

> 一個孤兒很憤怒地來和我說，有一個人在說我壞話。「哦！什麼事情？他說了什麼？」──「神父，他說您來中國是因為您在歐洲被人流放了！」──「哦，我的孩子，這完全不是事實。」那就是說他們對我印象不好，因為在中國人們只流放罪犯。

一九〇四年二月十六日家信

在半殖民地半封建社會的舊中國，這些孤兒大多出身貧寒，很多來自上海周圍的農村地區。一九〇四年，義和團運動剛剛結束不久，空氣中華洋對立的氣氛依然不能完全遮罩。作為漢學家、耶穌會士的孔明道自然知道自己被夾在中間的處境。俗話說：「小孩家口沒遮攔。」但從孩子口中說出這樣的話，他仍然覺得難過：放棄了歐洲的優越生活來到中國，為孤兒院每日操勞，竟然被孤兒說成是罪犯。但是，這卻絲毫沒有影響到他對孩子們的關心。就在他傷心難過的幾分鐘後，看到另一個孩子在哭泣，他又心軟了下來：竟然面對一個偷東西的孩子而不知道如何處理，也不忍心去處理。最後還是劉必振修士給了他建議：用「很硬的木棒來打」，因為「這個木棒打手心的聲音響但是不痛」。

三、日俄戰爭大背景對孤兒院的影響

你們問日俄戰爭對這裡造成了什麼影響？暫時這還離我們很遠，可以說造成的影響和在法國差不多：人們只是很高興地傳佈消息。只是在這裡局勢不太確定；上海的日本和沙俄領事館向報館發了自相矛盾的公報。倫敦和巴黎的電報又增加了複雜性。歷史不是那麼容易寫的！另外，如果我們這裡的中國人知道了將會有戰爭，這個消息也不會讓他們十分擔心。只有商人們才擔心這樣的消息，因為很多商品會漲價：例如米飯，因為一段時間以來，日本人由於戰爭預警過來買了很多；還有來自日本的雕刻木頭；這些影響正逼近我們土山灣的工廠。各家銀行一直正常營業，因為人們擔心夏天的時候可能在中國會有一場政變和

一些社會波動。這個國家裡隨處可見的強盜們可能會由於這些戰爭的陰雲重新興風作浪。朝鮮、東北等地的教會可能會因此而顆粒無收——除了無數大屠殺和殉道者們。但是這裡，在揚子江（長江）三角洲，比外面要安定多了，戰爭也少很多，只有一些小規模的戰爭，不過也已經足夠造成破壞。最後還是要感謝天主！

一九〇四年二月十六日家信

日俄戰爭一九〇四年二月由沙俄發動，與日本爭奪中國東北，最後以沙俄失敗，日本勝利而告終，戰場在中國東北。從中可以看出，上海雖然離戰區很遠，但是卻是戰爭雙方以及相關各方進行輿論較勁的主戰場。這場遠方的戰爭雖然與孤兒院並無太大瓜葛，但畢竟兒行千里母擔憂，孔母一定在報紙上看到中國在打仗的消息，不免在信中關心兒子的安全，於是孔明道忙於向母親說明自己人身十分安全。但是真的一點沒有影響嗎？孤兒院不是生活在真空的，當然要和周圍社會發生關係，比如作為生活必需品的大米和工作必需品的木料，它們已經在不停地漲價了。金融波動帶來的連帶影響，以及對於未來治安的擔憂，也在這封信中流露出來。

儘管孔明道的這些家書已經過了家屬刪選，寄信和收信的雙方也早已作古，但從其幽默詼諧的絮絮敘述中，我們還是可以從中窺到當年土山灣生活和工作的點點滴滴。這些寫於百年前的信件，猶如一部照相機，將一九〇四年的土山灣定格。

「聖路加」的鄉愁
范世熙與他的《中國雜錄第一卷：展示的信件》（土山灣版畫集）

讓我們把鏡頭先搖到一八七二年的魁北克：在一個普通的院落裡，有五個大約五六歲左右的加拿大小孩正在老師帶領下學習著中國禮儀。雖然他們從來沒有去過那個萬里之外的國度，或許他們一輩子也不可能去到那麼遠的地方，但是在那一刻，他們戴上了瓜皮帽，穿起了中國蒙童的馬褂，站在中式地毯上，學著中國同齡人的動作，有的手上還拿著中文標語，甚至眼神中也寫入了中國孩子的淡定。而此時在他們中間的老師——當然他也是褐髮碧眼——也同樣戴著瓜皮帽，穿著中式馬褂，馬褂下還故意露出了中式的布鞋，儼然就是一個中國私塾裡的先生。六個人完全按照中國的禮儀和座位順序坐著，若不是他們西方人的長相，人們還真以為這是清末中國某個私塾裡的上課場景呢。

這位老師的中文名字叫范世熙，字俊卿，生於一八二八年，西文名Adulphus Vasseur，法籍耶穌會士。他曾在義大利學習過版畫，一八六五年從威尼斯調到中國，一八六六年開始在江蘇各地傳教（先後負責崇明海門和蘇州昆山），一八七〇年成為上海土山灣孤兒院圖畫部的美術老師兼孤兒院的神師，一八七一年返回歐洲短暫休整，次年調往加拿大魁北克地區傳教。

在范世熙的著作裡，我們可以頻頻發現「聖路加華人學校」這個單詞，很多人曾迷惑於這個詞的意思，其實，它指的就是當時土山灣孤兒院裡的各個工廠（雖然在其他地方，似乎還沒有見到過用這個名字來代稱這些工廠的）。因為在天主教中，聖路加是醫生和畫家的主保，作為美術老師的范

世熙用「路加」來稱呼這些工廠，當然是希望「聖路加」可以保佑他曾為之服務過的土山灣畫館和其中的「畫家」們。在畫館裡，范世熙教授的具體科目是版畫和鉛筆素描，而實際上，繪畫老師並不是范世熙的「主業」，根據STATUS[1]上的記錄，他當時的主要職位是孤兒院裡的懺悔神父，並負責飯食。但對范世熙來說，他最看重的卻是美術教師這個職位。

土山灣畫館又稱土山灣孤兒院圖畫部，其前身為一八五二年由西班牙籍耶穌會士范廷佐創辦的美術學校中的素描部和油畫部，為中國第一個系統傳授西洋美術技巧的地方，一八六〇年八月教會撤離徐家匯之後被迫停辦。一八六四年土山灣孤兒院成立之後，范廷佐的學生——中國籍修士陸伯都與劉必振把學校遷入土山灣孤兒院中。原先的雕塑部併入木工間，稱為雕花間。素描部和油畫部另外成立圖畫部，圖畫部與印書館曾以「南樓」的名義實行統管，一九三六年正式分立。

土山灣畫館的主任先後由中國修士陸伯都和劉必振擔任，他們二人都是學油畫出身，對版畫和鉛筆畫素描並不很熟悉。當時，在土山灣同時擁有繪畫和印刷部門的背景下，版畫以其成本低、印量大、畫面規整和圖文並茂等優勢成為傳教圖的主力畫種，而鉛筆素描也以其獨特的立體感成了雕塑的好幫手。同時，鉛筆畫因其簡單快速，寫實感強，在當時照相技術尚不發達的時代，一定程度上還充當了新聞圖片的角色。於是，在當時院長石可貞的授意下，曾在義大利學習過版畫和素描，而當時處於「閒散」狀態的范世熙自然被

---

[1] 全稱為「Catalogus sociorum et officiorum provinciae franciae Societatis Jesu」，即《耶穌會法國省職位表》，每年出一本。

教會看中，借調到土山灣孤兒院來教授版畫和素描。這樣的「借調」在當時並不稀見，在土山灣也並非特例，如早在范廷佐的時代，義大利籍耶穌會士馬義穀和法國籍耶穌會士艾而梅就曾經相繼被叫來教授油畫。

范世熙雖然在土山灣耽的時間並不長，但他對這段經歷懷有很深感情。他曾經以土山灣的孩子為藍本創作過一幅鉛筆畫組圖。這套組圖一共由八幅圖畫組成，創作年代應該在一八七〇至一八七一年他任職土山灣孤兒院期間。組圖反映的都是當時土山灣孤兒的普通生活場景，有中文和法語的說明：分別是洗頭、剃髮、做鞋、梳頭、打辮子、印書碾墨、油漆和發行圖書。這些畫造型逼真，形象親切樸素，在當時絕少有照片記錄的情況下，為後人再現了孤兒們生活和學習的狀態。這組鉛筆素描圖曾經被轉載在《天主教傳教週刊》（les missions catholiques）一八七三年四月十一日上，還刊登在他自己一八七二年出版的演講集《愈顯主榮》（原標題即為中文）上，他後來在加拿大魁北克教授兒童教理班時，使用的就一直是這本有著中文名字的教材。

范世熙繪製的版畫始終是土山灣孤兒院圖畫部沿用的教材，而他一生對於土山灣孤兒們最大的功績便是創作了一本《土山灣版畫集》。這本書的全名是《中國雜錄第一卷：展示的信件》（Mélanges sur la Chine）。

在論述范世熙的這本版畫集之前，有必要先回顧一下十九世紀末曾多次在法國魯恩召開的世界宗教藝術博覽會。早在一八六八年，土山灣的圖畫部就第一次參加了這個博覽會——也正是從這一年開始，土山灣的圖畫部開始對外營業——當時就獲得巨大成功，他們帶去的傳教畫作品獲得了幾乎所有傳教士們的好評，並被搶購一空。後來，土山灣的圖

畫部和印刷間曾多次組織選送傳教畫作品參加這個宗教藝術的盛會，每次都獲得好評。由於土山灣孤兒院的天主教背景，傳教士與中國慈善事業的話題受到了關注。一八八四年，當時正在巴黎的中國官員陳季同在報紙上三次撰文與傳教士們展開辯論，辯論的焦點正是關於外國傳教士在中國開設的慈善機構。有關這場爭辯的勝負我們暫且擱置一邊，值得一提的是當時已經從加拿大回到歐洲的范世熙神父正是教會這邊與陳季同辯論的主力軍，他以自己在土山灣孤兒院工作的親身經歷逐條反駁陳季同的言論，並為教會在中國開設的慈善事業辯護。不僅如此，他還積極為土山灣出品的傳教畫宣傳，從而為土山灣孤兒院在歐洲爭取額外的捐款（這也正是他積極參加與陳季同爭論的目的）。這便是范世熙創作這本《版畫集》的背景。

這本版畫集收錄了土山灣畫館作品和范世熙為土山灣畫館創作的臨摹版畫作品一共二百三十二幅，其中作為書目附錄的《范世熙繪傳教圖作品》一百零五幅。

該書共分為三章。第一章《致江南代牧區主教倪懷綸的信箋》，全部由范世熙寫給倪懷綸的信件組成，所談內容都圍繞著在中國建立基督教藝術事業這一主題而展開，值得注意的是，這些信中附錄了大量有關中國和宗教內容的圖畫，信件本身的裝飾也蘊涵了濃郁的美術元素，處處都展示了一個曾在中國生活過的天主教版畫家的身分。該章共有六節。

第一節有兩封信，談關於基督教藝術的發展情況。值得一提的是，第一封信的所有裝飾均為中式的圖樣，圖樣內容為中國花鳥畫及中式紋樣。第二封信則以中國的一個神獸圖作為佐證，與西方基督教藝術進行對比，此外還有一些藏於北京的描述耶穌生平的傳教畫作品。

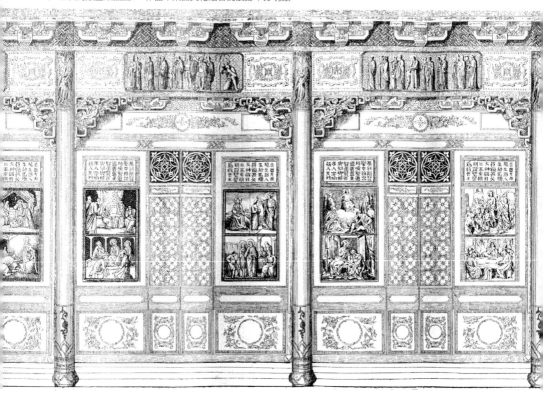

PLAN DE DÉCORATION DES ÉGLISES DE MISSIONS : DÉCORATION D'UN DES COTÉS.

　　第二節也由兩封信組成，主要寫鴉片戰爭前來華的耶穌會士們所創作的繪畫作品。在這一批老耶穌會士中，有一些傑出的繪畫人才，他們為清廷工作，被稱為「清宮洋畫家」，比如圓明園西式景觀的設計者，義大利籍耶穌會士郎世寧便是其中最著名的代表；另外，耶穌會士巴德尼為乾隆皇帝繪製的關於準葛爾戰役的十六幅油畫中的一幅也被范世熙收入其中。

　　第三節是為佐證中國民間文化中所謂「迷信」因素所寫，所以范世熙附錄了大量所謂「宣揚迷信的傳教圖」，如信的封面和扉頁即以中式花鳥畫技法分別繪製了在中國文化中分別象徵紅白喜事的鴛鴦和仙鶴。儒教方面，信中收錄了當時中國民間描繪孔子一生的組圖：《尼丘禱嗣》、《麒吐玉書》、《天樂文符》三幅；而佛教方面，信中收錄了中國民間描述佛教地獄的宣傳圖——佛教地獄變相圖之《十殿閻王圖》；此外還收錄了中國沿海地區媽祖信仰的組圖：《媽祖故事圖》。因為當時流行於中國的佛教和道教均為多神教，為了便於外國讀者理解這兩個宗教，信中收錄了有兩教各個神佛像的《眾佛全圖》和《道教諸神》；還特地收錄了代表中國古代民間「孝」文化的《二十四孝圖》，以及觀音信仰的《祭拜觀音圖》。所有這些畫均為范世熙從中國民間收集而來，再由他對照原畫臨摹而成。

　　第四節是宣傳由法國聖嬰善會出資的土山灣孤兒院圖畫部的情況。整封信從一個南京人當時在巴黎為宣傳佛教而繪製的《西天圖》開始，以此反襯作為西方繪畫技法代表的土山灣孤兒院圖畫部的作品。信中收錄了土山灣孤兒畫作共十七幅：其中素描作品十四幅，作品內容是關於天主教內十

個宗徒的畫像[2]；版畫兩幅，分別是土山灣畫館所繪《善終圖》和《惡終圖》。信的最後附有中法文對照的土山灣孤兒院圖畫部的作品目錄。

第五節名為「福傳事業的實施」，由正文和三個附錄組成。正文敘述土山灣各個工廠的基督教藝術作品在福傳事業中使用的情況。附錄一為「繪製教會裝飾畫」，展現中國教堂建築中中式風格與西式細部的結合，以及建築內部中式裝扮的各類聖像。附錄二為「公所使用的大傳教圖」，以土山灣孤兒院繪製的一幅版畫《教子救靈父母嚴分》圖為例。附錄三名「家庭廣泛使用的福傳圖冊」，主要介紹《福傳全圖》，並把這幅由土山灣孤兒們繪製的版畫與北京遣使會士Natal繪製的《耶穌生平圖》以及《少年耶穌在聖殿講道圖》作對比，強調當時土山灣孤兒的版畫和素描畫水平已經達到了一個相當高的水平。范世熙還列出了中國小說《琵琶記》中的兩幅版畫插圖，證明土山灣畫館的版畫與中國傳統版畫有很大區別。

第六節名為「教會傳教畫室補充」，主要展示清末中國社會各個角落的眾生相。中國社會中，不同職業的衣裝打扮，不同階層所住的房屋規格都有嚴格的規範，如果弄錯，輕則鬧笑話，重則招來殺身之禍。該節主要包括中式傳教畫的標準像、中國古代名人頭像（男女分列，多為天主教名人）、中式歷代禮器圖、宗教會幾個經典畫面的規範像[3]，

---

[2] 即聖伯多祿、聖瑪爾谷、聖西滿、聖達陡、聖保祿、聖安德肋、聖巴爾多祿茂、聖多默、聖瑪竇、聖斐理伯、聖雅各伯、聖巴爾納伯、聖瑪第亞、聖路加、聖若望。

[3] 具體包括《主造乾坤》（即天主造萬物天地）、《揀選主母》（即受胎告知）、《天主十誡圖》（以第一板為例子）、《古教預先新教》（舊約與新約的呼應）、《七件聖事》、《諸聖列品圖》。

中國古代神話中幾個「第一」的標準畫面，如神農氏嚐藥辨性、軒轅氏始製衣冠等，以及中國古代的名人（多為外教）、建築、衣冠、動物、植物等等。這些圖譜在當時為沒有來過中國的人們打開了瞭解中國的視窗，更是今天我們研究那段歷史的珍貴圖像資料。

該書第二章為《范世熙繪傳教圖作品》，均為范世熙個人所繪傳教作品，即史式徽《土山灣孤兒院：歷史與現狀》一書中提到的「傳教士們最寶貴的財富」[4]。土山灣畫館創作的傳教版畫與一般的素描、創作並不相同，它沒有絕對的參照物，但是很多元素又有其一定的規範，比如某個人物的一個手勢、一個表情，可能其中都蘊有豐富的涵義。對於那些最高學歷只相當於今天初中，主要以「宗教畫匠」為培養

[4] Servière, Joseph de la：《l'Orphelinat de T'ou-sè-wè: son histoire, son étqt présent》, p17, Imprimerie de l'orphelinat de T'ou-sè-wè, 1914.

左 | 19世紀80年代初土山灣孤兒院圖書館一景，范世熙作
右 | 19世紀80年代初土山灣孤兒院孤兒工作情景，范世熙作

目的的土山灣孤兒們來說，不可能也沒有必要花很多時間和很大精力去教授這些如此紛繁複雜的繪畫邊緣知識。於是，當時在土山灣擔任美術教師的范世熙就繪製了一些樣圖作為示範，既傳授必要的知識，又儘量簡化繁複的內容。當然，這些樣圖主要用於美術教學，所以有些圖樣並非范世熙原創，可能是臨摹其他名家的作品，或在幾個版本中選擇最適合的。這些樣圖一共包括五個系列（其中有一些是西方人常用的傳教圖基本形式），均為版畫，畫下有中文標題，以方便土山灣畫館中師徒的傳習制教學。此外，也有一些圖片有中外兩種文字說明，以適應當時上海不同信眾群體的需要：

一、諸聖人物像：少年耶穌講學像（該版本根據十七世紀版畫臨摹）、耶穌聖心像、童貞聖母像、聖母聖心像、進教之佑聖母像、大聖若瑟像、天神彌額爾像、中西不同風格護守天神像（主要是針對兩種不同風格作對比）、救世主與四福音像、中文諸聖及真福像（共兩幅，臨摹法國宗教畫大師Flandrin的作品，並把文字改為中文）、聖家像、下十字架（根據義大利畫家安傑利柯修士原作改繪，並針對土山灣孩子的實際水平進行簡化）、聖母始孕無玷像、聖母領報像、耶穌誕生像、三王來朝像、玫瑰經十五端圖（共三幅）。該系列主要為人物畫，供孤兒們臨摹成油畫之後，用於美化聖堂，在重大節日的時候用作海報裝飾，以及供教友個人收藏。

二、傳教書籍圖：聖經舊約封面圖、創世紀亞當厄娃因原罪被逐出樂園圖、世人受洪水圖、民人分散圖、亞巴郎獻祭圖、梅瑟打磐石出水圖、中文古教預先新教圖（共分兩幅，為新舊約的對照）、聖經新約封面圖、耶穌誕生圖、耶穌講學圖、最後的晚餐圖、耶穌指責法利賽人圖、耶穌榮進

耶路撒冷圖、耶穌受難圖、耶穌復活圖、耶穌升天圖、聖神降臨圖。由於當時尚無《聖經》中文版[5]，對於目不識丁的中國普通民眾教友來說，要理解拉丁語的聖經相當困難。於是，范世熙的這個繪圖系列便應運而生，主要內容均為聖經舊約和新約中一些經常被引用的場面，除了供孤兒們臨摹之外，主要供向中國民眾傳教之用。

　　三、耶穌生平：耶穌行實嬰孩奧妙圖、耶穌基督普世師表圖、耶穌聖跡證是天主圖、耶穌苦難受死為人圖、耶穌復活定立聖會圖。該系列均為大圖，供孤兒們臨摹外，主要用於聖堂走廊兩邊的裝飾。

　　四、經文插圖：天主經全圖拉丁語版、天主經全圖中文版、聖母經封面裝飾傳教圖：露德聖母像（兩幅）、在中國繪製的聖母經全圖（聖母穿中國皇后服裝）、信經封面裝飾傳教圖、十二宗徒、信經十二章節傳教圖、天主十誡圖封面裝飾圖（兩幅）、天主十誡圖正文圖（中文、拉丁文對照）。此系列畫多為插圖和裝飾，供孤兒們臨摹外，主要用於宗教書籍的插圖和美化。

　　五、教會與福音傳播：共分十一個部分，包括教會與福音傳播圖、天堂地獄煉獄以及四終圖、七件聖事圖、亡者追思圖、四終圖、善終與惡終圖、審判圖、地獄圖、天堂圖、聖心奉獻圖、宗教大場景圖等。這些圖除了供孤兒們臨摹外，還供應江南代牧區各地[6]傳教士分發傳教海報，以及小型教堂張貼使用。

---

[5] 最早的天主教聖經中譯本要到十九世紀末才出現。
[6] 江南代牧區地界包括今天的江蘇省（包括蘇南和蘇北）、上海和安徽。

范世熙始終沒有忘記在土山灣孤兒院那短短兩年的日子。不論他後來被派到美洲還是回到歐洲，他都一直很努力地為土山灣孤兒院的圖畫間做著推廣宣傳工作，完全可以說，他是土山灣非常稱職的一位「形象大使」。史式徽在其《土山灣孤兒院：歷史與現狀》中這樣評價范世熙：「在美洲和法國，他為他的作品贏得了寶貴的讚譽，而他寄來的費用也使圖畫間迅速發展。」[7]范世熙的這本版畫集在法國曾經作為虔誠的禮物，獻給向中國土山灣孤兒院捐款一百法郎以上者。本來范世熙還打算在一八八五年九月出版第二本版畫集：《孔子與福音》（Confucius et l'Evangile），但最終卻由於種種原因而未能實現。

　　除了這本版畫集外，范世熙還曾出版過多部畫集，如《耶穌會的聖人像》（Les Saints de la Comapgnie de Jésus）、《聖依納爵生平畫集》（La vie illustrée de Saint Ignace）、《美術教育教材：天堂之路二十大圖》（Petit manuel illustre du chemin du ciel en 20 grands tableaux, pour l'enseignement de la religion）等，這些作品都是傳教內容的版畫集，很多都與他在中國的美術教師生涯有關。

　　在加拿大，范世熙曾常常對那裡的孩子回憶自己在中國的生活，還號召孩子們踴躍來中國幫助耶穌會士們進行孤兒院的事業。他曾經向孩子們這樣評價土山灣的事業：「這個就是我們要做的並由孤兒們實現的，實現『愈顯主榮』這句格言的偉大事業。」[8]為了土山灣孤兒院，他長期自願在歐洲進行募捐工作。一八九九年三月二十二日，范世熙神父

---

[7]　Servière, Joseph de la: *l'Orphelinat de T'ou-sè-wè: son histoire, son étqt présent*, p17, Imprimerie de l'orphelinat de T'ou-sè-wè, 1914.

[8]　Vasseur, Adolphus:《愈顯主榮》，p.39，1879。

終於帶著對「聖路加華人學校」的無限眷戀在巴黎去世，在去世之前的幾個月，范世熙還向中國寄出了他一生最後的匯款。

高龍鞶和他的《江南傳教史》
（Histoire de la Mission de
Kiang-Nan）

　　在一個秋高氣爽的日子，它終於移出書庫，在我們小心翼翼地呵護下打開了那沉重的書頁。在它第一卷的扉頁上，我們終於見到了傳說中的那張中式裝扮的歐洲臉龐：按照今天流行的說法，他是典型獅子座的男子，張揚而不羈，處處都蕩漾著王者的氣息。照片上的他，雖然絡腮鬍鬚早已雪白，卻依舊是根根向外飛撒，彷彿在宣告鬍鬚主人同樣堅硬的性格。他的目光炯炯有神，是那樣的傲視一切：在他眼裡，你只是餘光。他的一手字如同他的人一樣，蒼勁有力，龍爪飛揚，土山灣的石印技術使他寫於一百年之前的那手漂亮書法一直流傳到了今天（雖然對於任何一個非法語母語的人來說，辨識他的字是一件相當困難的事情）。

　　高龍鞶，字鎬鼎，西文名Auguste Colombel，一八三三年出生於法國。以今天的眼光來看，他是一個典型的「理轉文」。早在一八六九年來華之前，他已經在英國斯通赫斯特天文台學習天文與氣象學，教會把他招來中國的目的也是為了籌建天文台。結果是，天文台確實建立了，氣象觀察也由他開始了，但是他卻意外地轉向了歷史研究。

　　說到「江南傳教史」，就不得不提一個人，那就是《一八六九年的江南教區》的作者費賴之（Louis Pfister），他在耶穌會內的「江南科學委員會」中曾經負責中國歷史地理及國情的研究，是江南教區最早寫傳教歷史的耶穌會士。他曾經寫過第一本江南教區傳教歷史著作《一八六九年的江南教區》，但是他與他的另外一部耗費了二十年時間撰寫的《江南新教會通史》（Histoire générale de la Nouvelle mission du Kiang-Nan）卻在一八九一年人書俱焚於蕪湖教案。費賴之的工作職責後來由高龍鞶負責，而寫作江南傳教區歷史的重

擔也自然落在了高龍鞶的身上。

　　高龍鞶的這部《江南傳教史》一共有五冊，每一冊都厚達十公分。從一八九六年到一九〇四年，九年時間裡，他幾乎每天都在為這本書費心盡力：不是埋頭寫作，就是為收集資料和疏通各種關係而忙碌。其實，設身處地的想，即使只是把這五冊書全部謄抄一遍，都不是一件容易事，更何況其中還有多達三百四十一幅繪製的插圖——這在當時絕對屬於高科技的活。幾經周折，最後他找到了曾任土山灣印書館主任翁壽祺拍攝的照片，然後再把照片繪製成插圖以便印刷，而其中有些照片則乾脆直接粘貼在書上。

　　高龍鞶的《江南傳教史》卷數較多，每一卷之間是以西元年份來區分的：第一卷一五四九至一六四三年，即明朝；第二卷一六四四至一八四〇年，即清朝鴉片戰爭之前（老教區）；第三至第五卷，分別為一八四〇至一八六五年、一八六五至一八七八年和一八七九至一八九八年。高著《江南傳教史》的全書結構以當時南京教區（江南代牧區）的主教及其任職年限作為劃分章節的依據，由於該書的寫作起點是聖方濟各・沙勿略，在之後相當長的一段時間裡，南京教區還未存在，或者說，即使存在，也只是靠徐光啓等幾個禮賢西方傳教士的中國士大夫在維持，故《江南傳教史》第一卷以當時南京教區的主要人物及其活動來劃分章節，如第一章為利瑪竇，第二章為徐光啓，第三章為教區的傳教進展，第四章為明末，第五章為索引等等。

　　高龍鞶《江南傳教史》全書幾乎沒有任何注釋，這可說是高龍鞶寫作的鮮明特點。他覺得全部作品都是他自己的創作，出處都是他的「私人回憶」。直到一九三〇年，才由當時的震旦大學教授遂是遒（Henri Doré）對全書進行了考

| 江南傳教史作者高龍鞶像

證，為《江南傳教史》添加了注釋及其出處。但是即便如此，依然有不少地方無法找到文獻來源，這在後人如史式徽等嚴謹的歷史學者的眼中，是史學著作的缺陷；然而另一方面，對於今天的人們來說，高龍鞶《江南傳教史》中所描述的豐富細節，即使很多無法核實，但依然閃爍著光輝，起碼它提供了進一步研究的線索，比如蔡家灣孤兒院的平面圖以及其建築用途演變的情況，又比如土山灣畫館奠基人范廷佐修士的作品圖片，還有許多神父的畫像等等。

相比後輩史式徽的同名著作，高龍鞶的《江南傳教史》要厚重幾倍。一九〇九年，年輕的史式徽被教區特地從法國叫來寫作江南「新教區」的歷史，對於他來說，在這之前他從來沒有到過中國，對中國傳教區的情況也一無所知，寫作《江南傳教史》更像是在完成一個上級賦予的「政治任

務」。他僅僅以收集素材的目的在江南傳教區的徐家匯和蕪湖這兩個屬於耶穌會的堂口待了一年之後便回到歐洲。他的《江南傳教史》其實更多參考的是存在巴黎外交部、耶穌會法國省和羅馬耶穌會總會的檔案資料，因此也註定了這本《江南傳教史》不可能涉及很多歷史的細節。而高龍鞶自從一八九九年來華後，便一直住在中國。最早在南京，稍晚到上海徐家匯負責天文觀測工作，然後又赴江蘇的各個堂口傳教，最後回到上海縣城的聖若瑟堂。他先後在天文和歷史兩個迥然不同的領域工作過，因此，他的《江南傳教史》顯然更多得益於其自身在江南地區的工作經歷。高龍鞶寫作《江南傳教史》的目的，除了要繼續費賴之神父未完成的工作之外，同樣也是對其自身經歷的一個記錄和總結。

我們可以舉例來說明高著和史著對於材料運用的詳略區別。以「土山灣印書館」為例，史式徽對此只用了一段九行的文字來說明，所提供的訊息概而言之只有兩條：一條是一八六九年土山灣印書館印書的數量，另一條是土山灣所印書籍的類型。史式徽並在書中標明文獻來源是費賴之神父《一八六九年的江南教區》第五十四頁。同樣的內容，高龍鞶分別在第四冊和第五冊中各使用了一頁和兩頁的篇幅來描述，除了將費賴之神父書中的內容擴大敘述外，更詳細介紹了土山灣印書館的起源是蔡家灣孤兒院的印刷所，甚至明確指出其中印製的第一本鉛排中文書是《彌撒規程》，第一本西文書是「Le premier-ouvrage qui fut imprimé en lettres Européenes fut un calendrier pour 1874, qui donnait les heures du couches et du lever du soleil, calculée à l'observatoire nourissants.」（「一本有當時新生的天文台神父們詳細測算的，有日出日落時刻表的一八七四年的日曆。」）。書中幾

乎沒有任何注釋，僅有的一處引用是當時土山灣孤兒院院長柏立德的信（即使是這次引用，區別也不過是加了個引號而已）。

一八九六年，高龍鞶完成了《江南傳教史》第一卷的寫作，即將鉛排付印。可是令人意想不到的事情發生了，教區的書刊審查員阻止排版，下令只准按原稿石印，並只限在教會內部傳閱。這對高龍鞶自然是一個打擊，心情極其不悅，但為了自己的心血能見諸天日，他只得接受這樣的安排，並依然續寫下一卷。

一九○二年，高龍鞶完成了《江南傳教史》的大部分寫作，書稿仍然交給光啟社審閱。光啟社的編輯們閱後向高龍鞶發出了一封信，其中提到：書中的內容「有的最好可以拍成照片」。於是，高龍鞶又開始加緊蒐集，一共蒐集了七十四張照片，很大一部分是曾擔任土山灣印書館主任的翁壽祺修士的作品。他還把自己的照片貼在了第一卷的扉頁上，這才使我們今天可以一睹高龍鞶的不羈相貌。由於高龍鞶的手稿一直沒有獲得教區書刊審查員的批准，因此此次出版仍然只能使用內部石印的方式；而當時土山灣印書館的印刷技術還不可能把照片直接印在書頁上，於是光啟社的編輯們就想出了一個「笨」辦法：貼照片，即把照片多洗幾張，粘貼在每一本書的相應地方。

一九○二年，當時已經完成的四卷《江南傳教史》書稿被寄給了羅馬耶穌會總會。書稿獲得了耶穌會總會會長們的讚許，並送他一張畫片：畫片上耶穌會的創始人依納爵·羅耀拉跪在聖母瑪利亞的面前。他的好友董師中（Henri Boucher）也同時向他祝賀：「你做了一件之前沒有人完成的偉大事情。」

上 ｜ 高著江南傳教史扉頁
下 ｜ 江南傳教史插圖

《江南傳教史》是高龍鞶一生中完成的唯一一部巨著，也是他一生心血的結晶，由於材料豐富，曾被教會內部多次再版，反覆引用。史式徽在寫作同名著作《江南傳教史》時，這部著作也是參考文獻之一；後來他寫《土山灣孤兒院紀念冊》的時候，高著中很多關於土山灣孤兒院的細節描寫給了他很大啟發。高龍鞶的《江南傳教史》至今沒有中文譯本出版，坊間流傳的是由於歷史原因早已殘缺不全的周士良神父的譯文。最近聽說教會裡有人在翻譯這本書，但是至今尚沒有譯完出版的消息。

　　高龍鞶在華的三十六年時間，被截然分成了兩部分：上半部分，他是天文學家；下半部分，他是歷史學家。雖然他的《江南傳教史》從來沒有公開出版，但對於學術界來說，至今依然是我們研究十九世紀中晚期江南地區天主教歷史最重要的文獻之一。

為土山灣孤兒院立傳的法國學者
史式徽

　　史式徽是一個低調的人，你甚至很難在他每一個留下足跡的地方找到他的相片；史式徽是一個專家，他擁有博士學位，而且在多個大學擔任教授，他使用的教材都是自己親筆寫就；史式徽是一個勤奮的作者，他一生撰寫著作十五部，其中最為著名的自然是《江南傳教史》和《中國概況》；而我們在這裡所要說的，卻是他把目光投向當時的教會福利事業、為上海的孤兒們所寫就的專著——《土山灣孤兒院：歷史與現狀》。

　　史式徽的這部著作用法語寫就，一九一四年由土山灣印書館出版。它只有薄薄的幾十頁，裝幀樸實無華，看上去毫不起眼，但它卻是唯一一本公開出版的、探尋揭示土山灣孤兒院歷史淵源和生存現狀的專著。它的影響近百年間綿延不斷，以至於在任何一篇有關土山灣的論文中，你都可以若隱若現地在源頭發現史式徽的身影。

　　一九一四年春寒料峭的季節，一個身材矮胖的法國人走進了土山灣的孤兒院，在仔細參觀了各個車間之後，他提出應該為土山灣的全體孤兒們拍攝一張合影以留作紀念。於是，由孤兒院負責攝影的安敬齋修士親自操作，鏡頭喀嚓，為後人留下了現存唯一一張清晰的土山灣孤兒院全家福。在這張合影上，大一點的孩子們靦腆地看著鏡頭，他們中有的人可能是第一次看見這來自西洋的神奇玩意，所以神情似乎有些緊張；而年齡略小的孩子們則直接笑開了花，甚至有幾個小孩在鏡頭前鬧得正歡，似乎全然忘記了正在拍照。正中端坐的是一襲黑衣的中外神父修士們，他們神情嚴肅地看著鏡頭——其中有幾個後來把自己的一生都獻給了土山灣的孤兒們。也許這是他們第一次和全體孤兒合影，也許這是他們

最後一次留下身影，總之，在那一刻，在史式徽的建議下，安敬齋修士的鏡頭把他們、把土山灣孤兒院凝固了起來。當時，是土山灣孤兒院成立五十周年紀念的日子，而史式徽此行正是帶著為其立傳的使命而去。在後來寫成的著作中，史式徽以其一貫謹慎的著錄風格，在開頭部分就列出了該書所參考的內容。而正因為他的引用，才使我們得以看到現已散失但對土山灣來說卻十分重要的著述，比如柏立德的《土山灣檔案》，原件早已經散佚，若不是史式徽的引用，後人可能根本無法瞭解這些檔案的內容。這也是史式徽著述的特點。

史式徽一八六六年十二月三十一日出生於法國諾曼第的一個舊貴族家庭，法語原名為Joseph de la Servière。他祖母家曾經位居路易十五的大臣，他的母親Marie Augusta de Falaiseau是Maumigny叔叔的代女。他家歷史上曾有出過三個耶穌會士，他的六個兄弟姐妹中，繼他之後，他的二妹Marie de saint Bernardin也入拯亡會成為修女，他的弟弟Henry de Gallery de la Serviere在Saint-Croix de Mans讀書期間投筆從戎，後在一戰中犧牲。

史式徽的父親性格剛毅，平時不苟言笑，做起事來卻異常勇猛。史式徽從小就受到嚴格的家教管束，養成了寡言而謹慎行事的性格；同時，由於受母親樂觀和追逐時尚性格的影響，看上去嚴肅的他內心深處其實很樂觀。根據他後來在中國的學生回憶，他經常會說一些當時年輕人中十分流行的「時髦」話，也容易接受新事物，所以他的人緣一直非常好；他甚至在老年的時候一遇到問題就撅起胖嘟嘟的嘴做鬼臉，然後說：「Oh，la la。」（法語中的感歎語氣詞，沒有實際意義，但是一般法國青年人中很流行）。長期穩定的教學

Le personnel de l'orphelinat de T'ou-sè-wè (1914).

| 1914年土山灣孤兒工藝院之另一合影照

生涯不僅讓他的身材到後期更加矮胖，更使他說話快速而又
簡潔，原本的諾曼第口音中卻已經加入了一半的巴黎口音。

　　史式徽的前半生，一切可謂都是按部就班：因為父親認
為他「在外面會學壞」，所以他選擇了以服從著稱的耶穌會
修道的生活，從家鄉來到澤西島的神學院讀書；因為澤西島
神學院中老師的鼓勵，他走上了教會史研究的道路，然後便
是碩士、博士這樣一路讀上去，先後去過巴黎和英國考察，
卻從未想到過自己有一天會離開歐洲。直到一九〇九年，因
為對高龍鞶寫作的《江南傳教史》不滿意，耶穌會當局決定
重新覓人撰寫，幾經權衡，最終選中了曾獲得過多個神學、
文學和歷史學博士學位的史式徽——雖然在這之前，他對中
國一無所知。選擇史式徽的原因被後世的歷史學家們諱莫如
深，也許是出於他為人嚴謹的性格，也許因為他早在讀碩士
和博士期間就已經發表過多篇歷史學論文，具有充分的實
力，但對史式徽來說，正是這一選擇，改變了他的一生，把
他的下半生和中國緊緊地聯繫在了一起。事實上，以今天的
眼光來看，與高龍鞶的同名著作相比，史式徽的《江南傳教
史》除了在出處上比較嚴謹、語言上比較簡潔之外，從揭示
歷史、保存史料等方面來說並不比高龍鞶的更好，即使是史
式徽本人也一直承認高龍鞶的貢獻。因為當時的史式徽並沒
有像高龍鞶那樣在中國生活的經驗，大部分的寫作都是參考
藏於歐洲的文獻完成，但正是《江南傳教史》使史式徽後半
生轉向了中國教會史的研究。

　　一九〇九年九月，一艘從倫敦開來的巨輪靠上了上海
的碼頭。這個陌生的城市讓史式徽幾乎對周圍的一切都充滿
興趣，他用他那一雙靈活的大眼睛像個孩子似地去觀察：黃
浦江上行駛的龍舟、剛剛興建的棉紡廠和紡織廠、五花八門

的人力車和畜力車、浦東小河邊上來來往往的漁民小船以及漁船上的奇特漁具等等，這一切對他來說既陌生而又生趣盎然。在這一年裡，雖然他只在徐家匯和蕪湖這兩個堂口正式工作過，但是他發現他對中文似乎有特別的領悟力，同時也愛上了這個國家。這段生活積累，儘管對他的《江南傳教史》並未有更多的幫助，但是後來史式徽卻以他在中國生活的經歷寫成了一本書：《中國概況》（croquis de Chine）。這本書相比《江南傳教史》來說，更加生活化。

回法國之後，史式徽其實一直在心裡祈禱著自己能夠擁有再次去中國的機會，當獲悉自己終於有機會再次來華，他的心情真的十分激動。一九一二年，史式徽來到上海執教震旦大學，他以充沛的熱情投入到震旦大學的歷史教學中，同時又從一九一三年開始負責編輯《漢學叢書》，一做就是整整十年。在他擔任主編的這十年期間，《漢學叢書》的出版質量大大提高，成為最權威的專業叢書。史式徽對史料的每個出處都要進行推敲，甚至會去翻閱原文。一九一四年開始他又主編《江南傳教資訊報》（Journal de la Mission）長達二十二年，史式徽把原來雜亂無章不定期的出版週期改成固定的一月兩期，把讀者群準確定位為「為傳教士們提供中國和法國的新聞，給法國的神父們中國的消息」。由於史式徽嚴謹的工作態度，所以後人又把該報譯為《史報》。有史料表明，即使是在他去世前兩周的一九三六年十二月二十三日，他還在對《史報》進行最後一次修改。

這本《土山灣孤兒院：歷史與現狀》正好寫作於史式徽這次來華兩年之際。當接到寫作任務的時候，他就十分清楚這是一部「獻禮」作品：為了迎接土山灣孤兒院成立五十周年。但他卻絲毫沒有因此看輕此事，相反，兩年在中國的漢

學研究工作，已經使他不再是那個對中國文化僅僅是好奇的「孩子」了。他決定讓這本書成為自己的傑作之一。

這本《土山灣孤兒院：歷史與現狀》一共分為兩部分：第一部分是歷史，由於那個時代他並沒有親身經歷，所以主要是參考了各個時代的文獻。他的貢獻是將各種史料整理得非常明晰，並簡明扼要地敘述清楚。第二部分是現狀，為此他曾多次赴土山灣各個工廠實地考察並進行採訪，因此，在他的筆下，「細木工場和雕花間」、「中西鞋作」、「五金工廠」、「中西文印書館」、「素描、油畫及花玻璃工廠」和「照相工廠」等土山灣孤兒院的各主要部門，第一次被賦予較詳盡的介紹，而且其中充滿著生動的細節：如早在一九〇〇年，孤兒們所創作的徐家匯地區的雕刻模型就在巴黎世博會上榮獲獎牌；今天以收藏展示瓷器而馳名歐洲的比利時皇家歷史與藝術博物館分館──中國宮，原來是孤兒院的孤兒們根據比利時國王利奧波德二世的訂單，於一九〇六年專門建造的；土山灣孤兒院最傳奇的一項業績是一九一一年為法國飛行員環龍修理飛機，這應該是中國航空史上不應遺漏的一頁──環龍這次在上海的飛行表演，是國人第一次親眼目睹飛機在藍天翱翔。史式徽嚴謹的性格在這本書中發揮得淋漓盡致，每個資料，每個細節，他都是小心翼翼，謹慎對待：例如史式徽在其著作的第一頁就明確交代了所有十二本參考文獻的書名和出處，然後又寫清楚了所有中文譯名的來源都是上海方言的發音；而他在表述土山灣印書館的歷史和現狀情況時，為了讓讀者有一個直觀的感受，在這段僅一百多字的敘述中一共用了八個精確的數字，而且把當時印刷車間中的每部機器以及使用材料的來源都展現給讀者。史式徽這本專著還有一個很大貢獻，即大量圖片的使用，而且其中

上　|　《土山灣孤兒院：歷史與現狀》扉頁

下　|　《土山灣孤兒院：歷史與現狀》書影

| 1914年土山灣孤兒工藝院孤兒合影

不少照片是專為此書所攝，時間、地點和相關背景均清清楚
楚，今天，人們在研究土山灣時之所以有很多珍貴圖片可供
參考，均因史式徽這位前人的「栽樹」之勞。

在史式徽的書中，你很少會發現他對人和事有所評論
——即使是評論，也多半是引用其他人的評論，更多的時
候，他會在他的書中直接展示他所看到的事實，但是，你卻
能在他描述的字裡行間覺察到他對土山灣孤兒院的感情。作
為耶穌會巴黎省在江南教區的一員，他同樣為土山灣孤兒院
的發展感到自豪。例如，在敘述當時新近成立的「花玻璃工

廠」時，他寫道：「我們真心祝願新生的花玻璃工廠，它們
出產的所有作品已經被訂購一空了。至今，中國最美麗的教
堂都無需這些彩色玻璃的裝飾，而恰恰是這些彩色玻璃使歐
洲最普通的教堂都擁有了魅力和虔誠；如果土山灣能夠得到
這一裝飾技能，那土山灣將是遠東提供的最好宗教美術服務
處所之一。」而在介紹「細木工場和雕花間」時，史式徽用
充滿驕傲的口吻寫道：「我們工人最好的作品是宗教傢俱、
祭台、主教講台、告解座、追思台、臨時祭台、跪凳和貴賓
座。他們的這類作品可以與歐洲最好的工廠媲美。」

關於土山灣孤兒院的很多事情，我們今天依然可以有
很多材料可以利用，因為有史式徽和他的這本書。一九三七
年一月六日，一直在筆耕的史式徽終於倒下了，臨去世之前
手裡還握著筆。也許，當時史式徽這本書中記述的那些孤兒
們依然還在，也許，他的訃告正是由這些照片中的孤兒們和
那些機器來印刷，但不知他們是否知道，正是這個訃告的傳
主，使他們的形象永遠留存在了這個世界。

李成林
老人訪談錄

時間：二〇〇八年八月二十六日

地點：李成林老人家中

●李成林（土山灣孤兒，土山灣畫館學徒，後為土山灣印書
　　館職工）

▲李妻

◆張偉（上海圖書館研究員）、張曉依（上海圖書館助理館
　　員）、徐錦華（上海圖書館助理館員）

●：土山灣是我的家，生我，養我，育我的地方。因為我從
　　小沒有父母，我也不知道自己爸爸什麼樣子，自己媽媽
　　什麼樣子。我的出生日期後來一直是填我當時進育嬰堂
　　的時間，就是這些拯亡會裡的姆姆把我養大的。後來把
　　我轉走了。以後我才知道，聖母院是專門收女嬰，不收
　　男嬰的。

◆：那麼這是哪一年的事情？

●：我現在八十九歲，那麼大概是一九一九年生的。可惜我
　　就不知道媽媽長什麼樣子的臉，爸爸長什麼樣的臉？我
　　就等於是一個棄嬰。到一定時間，姆姆把我送到土山灣
　　去，可以說聖母院才是生我養我育我的地方。

◆：你當時在聖母院待了多長時間？

●：這個，大概是六、七年吧。因為不能再待下去了，那裡
　　是只收女嬰的。那時是舊社會，又是軍閥割據的時代，
　　民不聊生的時代，我的爸爸媽媽為什麼要扔掉我？我也
　　不知道。我當時也糊裡糊塗的，我只記得，當時叫我到
　　那裡（土山灣）去了。我是怎麼知道外面軍閥割據呢？
　　因為我還記得當時在唱一個歌：「打倒列強，打倒列
　　強，救中國，救中國。」所以，我記得當時正是兵荒馬

上 ｜ 2008年8月26日採訪李成林
下 ｜ 2008年8月26日採訪土山灣老人李成林

亂的時候。

◆：當時大概是一九二六年、一九二七年左右吧？

●：是的。後來在裡面，在三角地那裡讀書，同時還讀教會裡的經文。那時大概是七歲。當時土山灣的師長還是挺關心我的，知道我這個情況（沒有父母）。其他孤兒在裡面都有人看望，而我一個人都沒有人來探望。所以我看見別人家探望⋯⋯他們對我像媽媽一樣。

◆：那你後來在土山灣小學讀了幾年書？

●：十三歲畢業後就進了圖畫部。他們（土山灣的人們）對我很好，他們不是我的父母勝似我的父母，對我的愛是無私的愛。父母的愛，因為是自己的兒子，有血統關係的，總是愛的。他們與我又沒有血統關係，而且他們當中又有中國人，又有法國人（最多），西班牙人，葡萄牙人，還有一個英國人。這個英國人是照相館裡的，很特別的，母親是中國人，父親是英國人，是安相公。

◆：你十三歲進圖畫部的時候，當時那裡管事情的人是誰？

●：潘修士，當時法語叫Xavier. Coupé吧，潘國磐。後來又來一個姓孫的相公，中國人，叫孫福元。當時是有先生管我們的。當時我們進圖畫部有六個小孩，我還記得一個叫沈法錄，一個叫周林其，年齡大概都是一樣的。他們中有幾個是家裡有爸爸有媽媽的。我們同時一批進土山灣孤兒院，因為年齡到了。進去之後或者分到木工部，或者分到五金部，都有的。我們六個人分到圖畫部。

◆：你們這六個人分在圖畫部，其他幾個還記得他們名字嗎？

●：我們六個人，一個叫沈法錄，一個叫周林其，一個叫鄧大東，還有一個叫居靜發，還有一個我一時記不得了。

他們四個人中有兩人傳染了當時流行的肺病，一個沈法錄，一個鄧大東，後來死了。還有兩個人，當時傳染了痢疾拉肚子死的。後來只剩下兩個，我當時身體也不太好。我記得，當時有個專門管小孩事務的，姓俞，叫俞斌良，俞相公，每天吃完早飯他都叫我去吃魚肝油，增加我體內的營養。這樣我身體才好了。當時我們六個人一起學的時候，有一個姓韓的老師管我們。我們六個人是在這樣一個長台子上學畫畫，學的時候要練手法，就是用鉛筆劃線，畫一個橢圓形，粗的細的，大的小的，反覆練手法。後來再加一點點寫生，透視羅。

◆：老師是誰？

●：老師姓韓，只有他一個老師。他喜歡打瞌睡的。有一次，我們很調皮，因為他眼睛長得像水泡眼，像一條金魚一樣，我就畫了條金魚，畫個眼睛，給大家看。後來我們都笑了，被他知道了，「什麼事情啊？」後來他就查，知道是我畫的，叫我把一張紙吃下去。我不肯吃，哭了起來。他就說好，好，不吃不吃。這件事情後來被上面知道了，不久之後，這個韓老師就被調走了。

◆：是受處分調走了？

●：是的。還有一件事情，就是我還有一個同事，一起的孩子，他是在漆匠間學的。這個人去泡水時與另一個人吵架。那個人大概是崇明人，他總是罵他「崇明蟹」什麼的，罵著罵著就吵起來了。幾次下來，崇明人發急了，把開水從他背上澆下去，當時就聽到殺豬一樣的叫聲。後來去藥房間裡拿藥包紮起來，慢慢才好起來。我們小時候還有一個事就是踢足球。我們園地很大，裡面種蔬菜，是供我們吃的，另外還有豬棚，還有花棚，什麼都

| 土山灣畫館學徒

有的。旁邊有個球場，有一次不知道是暨南大學還是光
華大學，與我們比賽。他們穿著釘鞋，踢的時候把球踢
到了趴在籬笆上看的小孩頭上。距離又不遠，小孩吃到
這一傢伙，馬上暈過去了。後來醒過來，也就沒事了。
但上面怕出事，不久就把球門架子拆掉了。以後比球就
只能去外面比了，到徐匯中學，還有震旦大學，交通大
學，都去比賽過。這三件事情讓我覺得，他們對我們這
些孤兒是那樣的關照。

◆：你當時在圖畫部待了多少年呢？

●：我記得待了沒幾年。後來分家了，本來那個Coupé一直
　管的，後來分掉後，他，還有我們幾個人都去印刷廠

了。當時我十四歲還是十六歲啊？那時抗戰還沒有爆
發，應該頂多兩三年吧，後來我就去印刷廠了。

◆：那麼你在圖畫部學畫學到什麼程度呢？

●：我們後來也還給老師了。我水彩畫什麼的倒都畫過，離
開後就再也沒畫過了。我畫過三隻貓。我還畫過油畫：
一個媽媽抱著一個孩子，聖母子。

◆：教你們油畫的老師是誰呢？

●：當時教我們油畫的好像是姓丁的。後來還有萬宏全，薛
林昭，他們畫起人像來很好的。還有一個邱福根，他後
來去香港了。他為英國伊莉莎白畫過一個像，寄到英國
去，後來英國王宮寄來五百英鎊作為獎勵。

◆：然後你就進了印刷廠？

●：是的，當時讓我在帳房裡做。畫館一直存在的，後來是
由一個西班牙人叫NAVASQUES那彥英管理的。他來的
時候我已經走了。

◆：和你一樣從畫館出來到印刷廠的人多嗎？

●：我們一起去印刷廠，有的學排字，有的像我們帳房間裡
是學打字，還有算帳。因為當時是算人工帳，每個工
人有個條子的，條子上一週六日，每日分格子，六格十
格。一個小時一格還是一天一格？記不清楚了。幹起活
來，就是按照號來的，這個條子是編號的。你一個東西
做了多少時間，多少活，你幹活的時候只要這樣劃一下
就可以了，你劃一下就表示這個東西做多少工時。

◆：你進印刷廠時一開始就是在記帳間裡做嗎？

●：是的。當時管我們的就是潘相公。潘相公我覺得這個人
很好的。這個法國人多才多藝，他很多都懂的，他對圖
畫也懂，哪裡打樣子什麼都知道的。因為他知道我們學

問不夠，後來他請來一個老師，震旦大學畢業的，在家裡大概沒找到工作，就請他來做老師。這個老師每星期有一個下午過來教我們。

◆：教你們什麼呢？

●：法語，數學裡的代數、幾何，還有物理的基礎知識。

◆：潘相公教過你們什麼嗎？

●：潘相公人很好。每天下午五點，下班了，工人都回去了。我們吃晚飯還沒到時間，五點到六點的時候，他陪我們，和我們說話。有時候去藏書樓拿些書來給我們看，裡面有《伊索寓言》，還有法國人的叫la fable；有時候他到徐家匯天文台去，也拿點書來給我們看看。

◆：他對你們還是挺重視的，花了點心思的。

●：他啟發我們，想好將什麼樣的知識充實進去。否則我們孤兒有什麼用？我覺得他這點挺好。有時候他帶我們去學些車床啊、馬達啊，他還用吸鐵石、鐵釘為我們演示南北極、正負什麼的。有時候，我們要問他什麼東西，他也很耐心地回答。我記得他曾把自來水管拿下來後，把電容器、方浜（整流器）什麼的用線圈繞好，做直流電機，交流電機給我們看。

◆：那麼他就是天文、地理、物理、化學什麼都教你們的？

●：很小的地方他也會啟發我們，如一根木頭，一公分見方的，它能夠吃（承受）多少分量呢？他就教我們計算；有時候外面有展覽，他就帶我們去參觀；他還叫另外一個孤兒，他比我們大幾輩，已經滿師了，帶我們去動物園玩，看那種黑熊啊，長頸鹿啊，開啟我們的眼界。說到底都是為了增加我們的知識。

◆：那你印刷學過嗎？

●：學印刷那是後來。有一部LINOTYPE，萊諾整行鑄排車，雙排的，又是打，又是排，又是澆，當時是上海沒有的。這部機器叫我去弄。

◆：這部機器叫什麼名字？是不是鉛排？

●：這部LYNOTYPE和另外一部LUDLOW，勒德洛鑄排機，是排標題字用的。把字排好，然後放在一起，一關，一個手一按，一排字就澆出來了。這個字都是大的，小的也有的，作為題目什麼用的。後來這些機器在公私合營時候並掉了，並到中華印刷廠去了。

◆：如果說你從一九三五年左右進印刷廠一直做到它被並掉的話，一共要做了十多年工了？

●：當時活不少，如震旦大學有三個部門：理工學院、法學系和醫學系，他們學校出版的理工雜誌，還有醫學雜誌，全部都是我們印的，全部都是在我們這台機器上排出來的。

◆：你當時就幹這個活？

●：當時潘相公在我後面拿個跑碼表還看的，看多少時間能排多少字。我弄好一看發現他在後面，然後他笑了笑，說挺好的。

◆：你等於在進中華印刷廠之前一直在做這個活？

●：進中華印刷廠前主要就是排字。和我一起做的還有一個人，他也是孤兒，但是這個孤兒是比利時人。不知道是父母帶他去比利時後死了還是什麼的，他叫DEGILELINE，就是林鳴奎。

◆：那麼他是中國人還是比利時人呢？

●：比利時人。因為林鳴奎是在外國變成孤兒的，然後教會裡傳了聖事，有個代父母的，是兩個比利時人。這對外

國夫妻沒有孩子的，然後就做他的父母養他。這兩個夫妻是開啤酒廠的，給他讀書，讀書讀到一半，大概沒讀上去，到一定時間就回國了。然後有人介紹他來土山灣孤兒院，正好和我一起做這部機器。後來這個林鳴奎怎麼樣呢？他有兩個同學，解放後來看他。他這兩個同學是修士，出家了，做了神職人員之後來看看自己的同學，請他吃飯什麼的。這樣他就變成反革命了，裡通外國，還被拍成了電視。過了幾年後放出來了，「事出有因，查無實據」，當時我們中國的法律啊、程序啊，都不完全，全憑一點點東西就捉進去了。放出來之後，印刷廠已經並給「中華」了，他還是回到中華印刷廠去了。

◆：你當時在印刷廠應該每個月有錢拿吧？

●：分給我們麼，滿師後呀。

◆：滿師就給你們錢了？

●：是這樣的：我們十三歲學生意，到十九歲滿師，共六年工夫。滿師前兩月，預先幫你每個月存兩元錢，然後在你滿師時給你，讓你添些衣服，不要一直穿藍布短衫，還有老布的襪子。這樣你可以換一換打扮。

◆：那你滿師之後拿多少錢呢？

●：我總記得當時拿了大概十幾塊，好像是十二塊。

◆：那你這十幾塊錢拿了多少年？後來加過錢嗎？

●：加的，就是那一次潘相公拿跑碼表看看我幹活蠻快的，後來加給我兩塊錢。

◆：你在廠裡面做了十幾年，結婚是什麼時候？

●：我當時是上門女婿，我丈人家有四個女兒，我妻子最大。我雖是上門女婿，但總算有個家了。那是一九四八年的

| 土山灣印書館的西文打字排字機，1945年

事情，我當時還在印刷間裡。

◆：那個時候怎麼認識的呢？人家介紹的嗎？

●：人家介紹的呀。我們當時這種情況挺多的，只要你當時需要找對象了，你只要有要求，就會有人介紹的。我們是那個五金部裡姓沈的帳房先生介紹的，叫沈長生。

▲：他是我們的親戚。

◆：一九四八年結婚的話，那時你應該是二十九歲了？

●：是的。

◆：潘相公後派來管你們的是誰呢？

●：潘相公之後換了一個王松漁，後來又換過一個西班牙人，叫INARRA，中文名榮亞納，我們就叫他榮相公。還有一個是葡萄牙相公，叫DAMAZIO，笪光華。

◆：笪光華不是一九三七年就過世了嗎？

●：過世了，我們當時看他過世的。大概當時他得了胃癌，我在他邊上，看看他睡在床上，嘴裡吐出黑的水。這個笪相公管銅匠間的，而且他管樂隊，我也參加過的。我們小時候也會吹樂器。他會什麼樂器我不知道，他一直指揮。我當時是吹TROMPET的，長號啊！薩克斯風沒有吹過。還有一個叫ALDO，我們現在叫大管，我也吹過。

◆：這個大概是你剛到印刷間的時候吧？

●：我們當時在印刷間，還要練習唱詩歌。那個時候樂隊有幾十個人，DAMAZIO去世之後又歸潘國磬管。

◆：那麼你們這個樂隊練完後派什麼用呢？

●：佘山教堂開堂典禮我記得我們去的。開堂的時候，我記得當時中國第一個紅衣主教，叫田耕莘；還有一個我記得叫于斌什麼的。

◆：除了宗教活動外還到其他地方演出嗎？

●：有個震旦大學學生，他是富家子弟出身，後來進了天主教後也修道做神父。他叫王仁生，他聖神父的時候我們去的，我印象當時擺了十幾桌酒水，我們也去吃，酒席之間，我們就吹喇叭什麼的。

◆：你們有沒有到外面去演出過啊？有沒有到一般地方，比如劇場啊這種地方去演出過？

●：我就記得我們結婚的時候，他們樂隊幾個人也來演出過，表示慶祝。

◆：你們平時是什麼時候排練的？怎樣排練的呢？你之前又沒接觸過這個樂器，有誰來教你嗎？

●：有一個中國人教的。

◆：你們當時是下班後再去排練呢？還是周日排練？

●：下班之後排練的。另外就是教會裡迎聖體，迎聖母什麼的都有樂隊的。還有就是每年兩次，土山灣的小孩穿著另外一套竹布長衫，不是藍布長衫了，排好隊去仁愛會拜聖母。這時我們也去吹的。我們一吹喇叭，徐家匯很多人都出來看熱鬧。DAMAZIO這個時候就最開心的。還有就是每年年初二，到廣慈醫院去給那些醫生，姆姆們拜年。給他們送點鮮花啊，花瓶啊，還有注點聖水，去看望他們。出來後就去附近的法商電車公司演出，那裡的老闆親自開車來接我們。也送我們回來，送我們回徐家匯，路上電車公司的人看見老闆在，都向他敬禮。

◆：你們那個時候是自己想去樂隊還是他們來挑選的？

●：他們來問有誰要去嗎？然後自己報名。報名了就去，學習吹奏，DO RE MI FA SUO LA SI什麼的，還要學唱經。沒多久就會了，只要知道吹在這裡是什麼音就可以了。

◆：那麼學習多長時間呢？

●：沒多久。很快就有任務了，吹的最多的是每年的聖母月。教會裡五月是聖母月，我們自己有聖母亭的，聖母月的時候，每個瞻禮七，我們就在聖母亭前吹的吹，唱的唱。

◆：你們每次出去吹的話，有沒有一些報酬給你們呢？

●：沒有的，這些都是沒有的。我們從來沒拿到過。像王仁生聖神父的時候，就是擺酒水，讓我們一起吃。

◆：那麼一九三七年笪光華病逝以後，就是潘相公管樂隊。潘相公會吹奏樂器嗎？

●：潘相公不吹的，也是指揮。

◆：還有一個姓葛的相公也管過樂隊吧？

●：葛相公，是德國人。他管木工部的，BECK。他木工部與我們小班之間有一道籬笆。他挺滑稽的，每次經過我們這裡的時候，總是口袋裡塞些糖，從籬笆那裡塞些過來。我們吃完之後再跑到他那裡去拿，他再會塞給你。葛相公對我們挺好的。

◆：那麼笪相公呢？

●：也好的呀。現在想想他們不遠萬里來到中國，上無妻子，下無兒女，他們有什麼目的呢？只有土山灣孤兒知道。

◆：你剛才說笪相公死的時候你在他旁邊，他死在孤兒院裡嗎？

●：就在孤兒院裡。我送過他們幾個：一個COVILLARD，是當家神父，叫郭維樂。還有一個院長LEBRETON，叫安國棟，被土山灣裡的一個小孩捅死的。當時這個人結婚沒錢，估計大概就是借錢不肯借，然後就把院長捅死了。房子下面正好是圖畫部的一個帳房，帳房先生後

來說起，當時他聽到樓上踩地板的聲音，估計就是借錢不肯借，然後是被殺前的掙扎。

◆：有關土山灣的一些東西你還有什麼保留下來嗎？比如證書啊，信紙啊，或者其他一些東西。

●：我當時曾經在土山灣印過六本地學的書。

◆：書也可以。

●：我看到書上的序是黃炎培做的。因為搬家，搬著搬著就沒有了。土山灣我可以說是一個「山不在高，有仙則名，水不在深，有龍則靈」的地方。我看到過馬相伯，他當時是耶穌會的，後來就做普通人了。他是一個教育家，也是一個慈善家。我記得我們小時候的灶間是沿著肇家浜的，他施善的大米都是從肇家浜上運來的。他晚年的時候一直待在土山灣。我們小時候看見，他沒有妻子，只有一個侄媳婦，這個侄媳婦每週來的。我們讀書的時候聽到外面高跟皮鞋的聲音，就知道她來了，每週她總是來看馬相伯的。大概抗戰的時候，當時上海是夏末秋初，國民黨的于右任，馮玉祥將軍，還有東北抗日司令馬占山，他們三個人過來拜訪馬相伯。于右任穿著長衫，馬占山是小鬍子，馮玉祥看上去穿的像仿綢衫。原來當時在屋頂上還架起了天線，我想怎麼架天線了呢？後來天線拿掉了，不久就聽說馬相伯搬走了。後來知道他搬到諒山去了，就是廣西和越南交界的地方。

◆：除了馬相伯之外，之後比較出名的還記得有誰嗎？

●：就是我剛剛說的邱福根呀，還有就是張充仁。張充仁本來是照相部安相公的職員。還有老的，有薛林昭。

◆：徐詠清記得嗎？

●：徐詠清還要早了，他也是圖畫間出生。還有一個徐永強。

陸泊鴻你們知道嗎？陸伯鴻不知道是南市自來水公司還是電力公司的經理，普育堂也是他做的，是個老人院。他也是搞慈善的。他每次來，我們就知道他大概又要捐什麼了。我現在在想，《聖經》上說的：「右手在做好事，不要給左手知道。」他們從來不張揚，說我捐東西什麼的。後來陸伯鴻被國民黨頭號特務戴笠打死的。他坐汽車，汽車下來被打死的。他死的時候，我們土山灣的小孩還去殯儀館的，繞遺體轉三圈的時候，我看到他面骨上有一攤咖啡色的圓圈，我想大概是吃一槍的地方。

◆：你剛才提到郭維樂也是在這裡去世的，你還記得是什麼時候的事情嗎？

●：COVILLARD後來也是死的，我就記得他死了之後在堂裡放酒水，也是解放前。

◆：當時你已經去印刷間了，是滿師了還是之前的事情？

●：這個倒真的記不起來了。我就記得當時他抽菸的，抗戰的時候，他抽板菸，用我們操場四棵大樹的樹葉捲起來點菸。我還記得他死的時候，連一雙鞋子和襪子都沒穿就下葬了。他們挺清苦的。還有一個人，叫朱志堯，他開過一家求新輪船廠，也捐助過土山灣。我還記得有一個田一朗，是日本人。抗戰勝利後快解放時，田一郎管五金部。

◆：在田一郎前面還有一個人是姓什麼的呢？

●：還有一個法國人，叫什麼我忘記了。

◆：還有一個徐福根。

●：徐福根也是土山灣的人，看我們長大的，他也是孤兒。後來他去修道了，做相公了。還有一個趙鴻儒，也是土

山灣的。蔡根保是兄弟倆，一個叫蔡根保，另一個叫什麼我忘記了。他們也是土山灣孤兒出身，然後去修道的。我記得還有一個姓宋的，叫宋貴榮。

◆：這個宋貴榮是什麼時候的人？是抗戰以後的嗎？我們這裡好像沒有他的記錄。

●：這個宋貴榮也是土山灣的小孩，後來去修道的。當時他在大修院（現在徐匯區政府那地方）讀書，後來突然一下子被抓起來了，送到白茅嶺去。

◆：還有什麼法國相公嗎？

●：我記得有一個是法國的，五金部裡有一個法國人，叫毛相公，外國名字叫MOREAU，中文名字叫毛如德，他年紀挺大的。他不是死在這裡，後來回去的。

◆：他年紀是挺大的，他是一八七六年出生的。

●：潘國磐也不是死在這裡的。他一直在這裡從黑頭髮做到白頭髮，後來在一九五五年還是一九五六年出去的。他出去之後沒有回法國，去台灣了，因為他當時發願要一直在中國的。其實解放前他們已經一點點撤退了。我們土山灣對面聖衣院（現在上海電影製片廠那地方），很大的，是苦修院，裡面都是姆姆什麼的。當時撤退的時候，我看到她們老的姆姆也撤走的，一輛汽車把她們全部接走了。土山灣的修士恐怕是後來撤退的，最後一個走的我看見是潘國磐，其他都很早就走了。

◆：潘國磐是最後一個走的外國人。

●：有段時間，土山灣有一個匈牙利的神父，他說，我和你們一樣的，黑頭髮。因為從歷史上看，我們中國元朝時候打到那邊，在匈牙利有一部分士兵留在那裡。所以那裡有我們中國人的後裔。

◆：我看到還有一個院長叫伏允恭。

●：這個是神父啊，他之後是萬爾典。最後一個院長是他做的。原來他一直是洋涇浜的總管帳，當時好像是解放了。萬爾典當院長的時候，是我們土山灣小孩出身的一個人給他開汽車的。

◆：我想問問你們以前在裡面的日常生活。我們之前採訪的幾位老先生曾提到，夏天，上面經常會帶你們去百步橋？

●：哦，百步橋。只要有什麼重要人物來，他們總是說幾句後道：「好，你們去百步橋。」然後就去了。

◆：搖船去嗎？

●：走去的。那裡有一個聽說是軍閥老頭子的別墅，挺大的。所以當時我們一直去玩的。秋天一直捉蟋蟀，夏天一直去捉唧鈴子（又名：金鈴子）。在那裡吃一頓飯，菜啊，飯啊全部從土山灣裝過去。

◆：你們是每年去嗎？

●：不一定的，碰著就去了。比如某個重要人物，像HAOUISSE 惠濟良（以前上海的主教）過來，然後大家要慶祝一番，就去了。總要有個緣由，或者祝聖了，或者為小孩堅振了，然後就去了。

◆：當時你們吃飯分洋灶間和中灶間的嗎？

●：是的，分洋灶間和中灶間。我記得挺清楚的，周日有吃肉的或者別的葷菜。然後平時分兩次，一次是週五，一次好像是週三，總是弄些蛋啊，魚啊，加在裡面，算小葷。早上總是兩個菜，一個蘿蔔乾一個鹹菜。晚上，有時候是開花豆啊，有時候又是蘿蔔乾啊什麼的，就是這樣的。

◆：中飯吃嗎？

●：中飯吃的。一個飯桶，四個人一桌，三桌，長桌子，不知道現在還留著嗎？有時候飯吃不夠了，就自己拿個碗去灶間添一點。隨便我們添的，吃飽為止。從小班，到中班，到大班，一人一個枕頭，晚上一人一個夜壺。總是在晚上七點半睡覺，早上五點鐘，鈴鐺一敲，大家就起床了。

◆：你剛才提到有儀式的時候讓你們穿竹布的衣服，平時呢？是藍布？

●：平時麼，一件罩衫，襯衫；冷天一件棉襖，夾襖，褲子倒沒有棉褲的，只有夾褲。還給你一條束裙，罩裙。大冷天穿圓的長毛口這樣的。每週洗衣服，你只要拿他一塊牌子，是你的名條，把名字寫上去，把要洗的衣服用繩子紮好，繞幾圈，放在籃子裡（晚上他會發到你床上來的）。

◆：是人家幫你洗的囉？

●：是的，到聖母院裡洗的。後來，土山灣孤兒院裡面自己也洗的。李順興的媽媽就曾經是在土山灣洗衣服的。還有洗澡間，規定一周洗一次，平時也隨便你的。

◆：一週洗一次澡，一週三次葷。

●：平常日子就是蛋啊什麼的，週一沒有的，週二或週三總買些小葷，到週五又是一次小葷，就這樣的。

◆：平時兩天小葷，週日大葷。

●：我們每週有獎票的，分黃的、綠的、藍的、紅的，都記分的，八分麼頂高了。然後平時讀書好，神功好，反正有幾樣好的，就發獎票。這個獎票有什麼用呢？藏著，到了一定時間，總是年夜吧？就發獎了，一年總有一

次。十六個獎票換一個牌子，這個牌子什麼用呢？到了年初一去採購，買了很多東西，什麼一聽餅乾啊，一個玩具啊。然後你去抽獎，比如一塊糖年糕，幾塊餅乾等等。

◆：一塊牌子可以抽一次？

●：就看你有多少個牌子了。十個牌子，二十幾個牌子，有時候三十幾個牌子都有的，一年工夫存下來的。有時候一大沓都是糖年糕，有時候是一聽餅乾，就是一聽大箱子的餅乾。有什麼辦法呢？只能回去藏在自己枕頭邊。耶誕節也過的，耶誕節也有很多東西的，大家都抽，也不要牌子換了。

◆：那麼中國春節過嗎？

●：中國春節也過的。初一初二初三，就是我剛才說初二麼到廣慈醫院去拜年；初三把外面的什麼油豆腐線粉湯攤頭都搬進來，你要吃什麼就用獎票去買。

◆：聽說你們還有電影看，是嗎？

●：看電影是他們來放的，也是孤兒院請來放的；有時候徐匯中學編的劇本來演戲，演出宗教劇；還有幻燈片什麼的。

◆：你上班是幾點到幾點呢？

●：七點鐘，當當敲鐘，上班了。到十一點半下班，吃飯。然後一點鐘上班，到五點鐘下班。早上我們五點就起來了。五點鐘的時候打鐘，我們早上起來快點刷牙洗臉弄好，然後排好隊做早晨禱告。

◆：晚上睡覺時候幾個人一間房間呢？

●：小班很多人了，大間。等到滿師做師傅了，總是四個人或者六個人一間。結婚之後另外分房，我後來結婚的時

候也是他們給我間房子的。

◆：是五埭頭那裡嗎？

●：不是五埭頭。以前在土山灣有間木匠間，本來停汽車的，後來給我。然後我把它一分二，前面廚房，我們吃飯什麼的，後面是臥室，還有小花園。我剛才說了，小孩大起來之後，外面父母有的願意把女兒嫁給你。有的是介紹，如無人介紹，只要你和院長說我要找對象，院長就一封信發出到聖母院。聖母院都是女孩子，大了之後教她們刺繡什麼的。收信後，聖母院就派人來看你人品怎麼樣，挺好的，然後就領女孩子自己來看。看了都好的話，到了時間兩人就成親了。

◆：第一次見面就成親啦？

●：當時不管的，大家都看得慣就好了。你和姆姆說要的（▲李妻插話：酆舟林就是這樣的），姆姆就把馬桶、被子、箱子等作為陪嫁，然後就可以出嫁了。沒有房子怎麼辦呢？又一封信發出到徐家匯本堂神父那裡。本堂神父是管房子的，塘街西啊，五埭頭啊，只要有間空房子，就給你。雖然是平房，但也是前面麼客堂，一個小房間，然後又是一間房間，是臥室……

◆：這個要到幾歲才有資格？

●：只要滿師之後就隨便你了。

◆：滿師以後就有資格了嗎？

●：你十九歲滿師之後就可以要求結婚了，然後只要對上一個對象就可以結婚了呀。當時，我是去我老太婆家看的，在介紹人家裡碰頭。

▲：他坐在裡面，我在外面。

◆：那算上門女婿囉？

●：我四個孩子，兩個姓傅，兩個姓李。老大姓她的，老二姓我的，老三又姓她的，老四又姓我的。

◆：你們倒挺民主的呢。

●：因為我也無所謂。我自己父母都糊裡糊塗的，自己像個孵蛋機裡孵出來的小雞，不知道雞爸爸是哪一個，雞媽媽是哪一個。人家說世上只有媽媽好，我媽媽沒什麼好，媽媽把我扔掉了。

◆：那麼你現在這個名字是姆姆起的嗎？

●：是姆姆起的，還是收我的時候裡面有我出生的東西？已經不知道了。總歸小時候根本不知道怎麼回事情，過去我是沒有親眷的。

◆：萬爾典走是什麼時候？

●：時間恐怕是在潘相公之前。潘相公走之前他還暗暗和我說：大家再見，我和你Adieu了，在天主面前再見到你了。因為Au revoir就是能夠再見面的，看樣子我這輩子沒有再遇到你的機會了。然後就大家分別了。小時候，我就和他們在一起，我記得的，平時他們穿的衣服，也是東一塊補丁，西一塊補丁。

◆：你剛才提到，有些孩子是土山灣出來後去修道的，這是自己要求的還是老師讓他們去修道的？

●：自己願意的。上面同意，然後就去了。修道的總是少的。我也差點去修道，有個賈神父，後來一直沒碰到他，就只好算了。

◆：你知道的還有哪些土山灣老人健在嗎？

●：現在沒了。本來我的親家公，他也是土山灣長大的，他是普育堂裡送進土山灣一起大起來的，他的女兒嫁給了我第三個兒子。

酆周林
老人訪談錄

時間：二〇〇八年八月二十六日
地點：酆舟林老人家中
●酆舟林（土山灣老人，土山灣孤兒院電話間話務員）
◆張偉（上海圖書館研究員）、張曉依（上海圖書館助理館員）、徐錦華（上海圖書館助理館員）

●：我是一九二三年出生的，九歲到土山灣。

◆：九歲去麼，那麼應該是一九三二年囉？

●：對對，一九三二年。

◆：那麼是誰送你進去的呢？

●：中國神父。這家人家出了兩個神父，一個陳秋棠，一個陳勇棠。陳秋棠後來去常熟傳教，在游泳時溺水死了。我媽媽與他家認識。怎麼會認識的呢？陳勇棠的嫂子是在浦東英國人開的一個香菸廠做的，我媽媽在浦東一家也是英國人開的紗廠裡做。大部分浦東的女人都在這兩個廠裡做的。這個紗廠很有名的，效益很好，一個月將近二十元收入，在當時相當不錯了。現在是國棉幾廠？

◆：那麼照道理說，你這樣的條件應該沒必要進土山灣呀？

●：當時我父親去世了，母親到紗廠去做以後照顧不了我。我還有一個祖父在，她只能照顧祖父。

◆：就是說你進去是陳勇棠神父做介紹的？

●：是他的嫂子。他嫂子與我媽媽同路的，天天和我媽媽一起去陸家嘴上班，路上一直碰得到，等於是小姐妹淘。後來我媽媽和陳勇棠的媽媽說了這事。

◆：那你進去的時候應該是先讀書吧？

●：開始讀書，讀經。

◆：那個學校叫什麼名字？

| 2008年8月26日採訪土山灣老人鄺周林

●：沒有名字，私塾性質。

◆：沒有慈雲小學的稱呼？

●：慈雲小學是後來的。

◆：慈雲小學當時是沒有的？

●：那些都是後來的，李順興一批的。我們以前跑進去就是
　　讀書。

◆：那麼這個學校是教會辦的嗎？

●：教會辦的。

◆：教點什麼內容呢？

●：讀書開始就是讀一般的內容，到了高小的時候，讀一些
　　《古文觀止》之類的東西。教會麼就是讀經呀，念的經

文。外語是後來自修，自己學的。有少數他們認為有培養前途的去做神父什麼的，英語是自己讀的，他們裡面沒有的。法語裡面是有教的，因為是法國人辦的麼。我當時是兩個都讀的。當時生活很困難的，在日本人手裡，生活困難到拿的工資只能買塊肥皂，剃頭都不夠。能夠有工作有飯吃已經很不錯了。不是說土山灣是這樣，外面也很苦的。買米說升的，不是說斗的，而且經常排隊排得很長，排到往往就沒了。當時抗日時期，食品供應十分緊張。

◆：你當時在這個學校裡大概讀了多少年？

●：四年，讀到十三歲為止，到一九三六年。

◆：那麼四年讀完，大概相當於現在的高小水平？

●：就語文來說是這樣，其他數學什麼都讀的。不過論當時水平，語文水平可能比現在高些，可能比今天的高中水平還要高。古文比現在好，所以語文基礎好，也有基礎可以自學。裡面主要都是中國老師。

◆：那麼一九三六年你高小畢業，學生生活就告一段落了。那之後你去哪裡了？

●：去工廠。土山灣裡有很多工廠，到十三歲都分配到各個工廠裡去了。

◆：這個分配是院方指定的還是根據你們自己的興趣？

●：指定的，基本都是他們指定的。他們認為你擁有什麼資質就分配你去哪裡。當時土山灣分南邊北邊，基本上，他們認為你看起來比較斯文些的，就去南面的圖畫，花玻璃，還有東面的排字、印刷、裝訂，還有發行所。我們一批同學有十幾個人，分到北面五金部的有幾個人，但我不記得了。但當時十幾個人都學手藝。我當時分

到木器的地方。土山灣木器部還分為細木間等各個部門的，細木當時做紅木的，有做傢俱的，現在就叫西式傢俱。當時的西式傢俱很少，外面不太有的。總的名稱叫木器部，下面有很多部門，做紅木的，西式傢俱的，這種比較高檔；次一等的呢，做教堂裡的跪凳，還有學校裡的課桌椅。另外木器部門裡還有雕刻，雕刻人像的水平比較高。雕刻人的面孔都有一定的規範。一般先雕身體，最後一個頭讓水平最高的人去雕。

◆：那你記得當時木器部裡大概有多少人？

●：我學生意的時候估計有百把個人。當時最盛的時候是抗日戰爭前，比較正常的情況下，單師傅就有百把個人，土山灣總的工人在五百個左右，學生有三四十人，比較少。

◆：師傅是中國人還是外國人？

●：中國人，都是中國人。當時也有些頭什麼的，我們當時叫相公，是外國人。管部門的都是相公。一般相公和神父的區別是：神父專門是管傳教的，他不管業務和具體性事務的；相公是管具體性事務的，相當於現在的後勤。

◆：當時負責你們木工間的相公叫什麼名字？

●：王來福，他是中國人。他是木工間最高的了，後面一個是法國人。

◆：是不是一個叫潘相公的？

●：潘相公有的，當時在印書館裡，叫潘國磐。我去的時候他還在印刷部，後來到過木器部，相當於現在的車間主任，也等於像最高領導一樣。

◆：你記得他只是行政上負責，還是具體教雕刻？他具體教課嗎？

●：當時負責人也沒什麼很大的職務，因為下面有帳房先生的。他不會雕刻的。

◆：徐寶慶你還記得嗎？

●：徐寶慶當時是和我一批分在木器部的。他分在木器部雕刻部門，我分在木器部油漆間，專門油漆人像。一批進去大家就認識了，雖然他在雕刻部門，你在油漆部門，但是大家都知道的。雕刻分幾種，雕人像這個水平比較高；差點的就去刻些龍鳳啊、痰盂啊，還有枱子、椅子這些粗點的東西。

◆：鄞先生，你們進工廠時是從學徒做起的，這樣大概要學多少年呢？

●：按規定要學六年，到一九四二年。但是當時進去之後，我們部門在抗戰爆發之後業務很少，很多東西都不景氣，八年蕭條。我想也學不到什麼東西，那時小，也不懂，日日夜夜過，到後來，調到木器間雕刻部門翻石膏像。成家後，我曾經自己做過石膏像，自己翻，自己油漆好。所以說我這六年中，先學油漆，後學翻石膏像，兩樣東西學了五年。五年之後，我總覺得這樣不是出路。當時，有一個神父從浦東調過來，這個神父和我母親認識的，他對我母親印象也很好。我母親關照他，叫他多幫幫忙。後來我自己也要求換工作，當時正好院長設置了程式控制交換電話，裝了總機：為了各個部門聯繫可以方便些，跑來跑去總是不方便。就這樣，我便被調到總機間去了。

◆：是這個時候才裝總機，之前都沒有總機？

●：是的，大概在一九四一年左右，我當時是在總機間算滿師的。

◆：你們當時滿師是不是要舉行一個儀式？比如說滿師了，大家發張證書。

●：沒的，證書不發的。就宣佈一下，滿師以後可以出去工作，你是自由的，你晚上也可以出去了。沒滿師前不能出去，得待在這裡面。

◆：滿師前是否有收入？有發錢什麼的？

●：規定學徒期間一個月二元。但這個二元不是給你零用的，是記在你帳上，一直記到滿師後你要結婚的時候，再一次性發給你。等於是二十四元一年，六年也有一百多元了，當時一百多元用來結婚已經很舒服了。

◆：那麼你六年學徒中一點零用錢都沒有的嗎？

●：沒有的。當時在裡面，住和吃是教會提供的；洗衣服肥皂啊、剃頭啊、他裡面有免費提供的。

◆：那麼你平時要買零食吃就沒機會了？

●：零食麼，當時我母親來探望的呀。當時家庭環境好些的都有人來探望的，像我母親每個月都來探望的。院裡規定每個月可以探望一次，每個月母親總是給我二元錢，因為我哥哥當時也在裡面，這樣我母親一個月要拿出四元錢。

◆：那麼滿師以後待遇有什麼兩樣嗎？滿師後是不是每個月有發工錢？

●：有的。一般來說當時每個月五元，最少了。但是當時的五元已經不能買什麼東西了，所以我就是說這五元錢只能買塊肥皂，買了肥皂不能剃頭，剃頭不能買肥皂。實際上當時這個錢已經貶值得很厲害了。

◆：酆先生，你當時進總機間之前應該沒有接觸過電話交換機吧？那麼你進去後有沒有一個師傅教你呢？

●：總機容易，上面有個叉子，搬來搬去的，很容易的。好像是有人快速地教過一些，很快的。當時總機器間有二個人，有個先生在，後來他也被停掉了。是的，當時我能夠頂上去了，他就走了，實際上後來只有我一個人。

◆：你說的總機是土山灣孤兒工藝院的總機，你還記得當時這個總機號碼是多少嗎？

●：七四五九九。人家打這個電話就接到我這裡來了。接下去，人家說：我要圖畫間，你就接到圖畫間去。當時有七個分機，就是下面有七個部門：一個院長室，圖畫間，印刷間，第四只是發行所，第五只是五金部，第六只是木器部，還有一個是學校。只有這七個分機。我天天就做這個工作。

◆：那麼是幾點到幾點的呢？

●：不管的。我結婚之前住在裡面，隨時會有電話來，有電話來我就接。當時我剛剛滿師也沒成家。

◆：你在這個崗位上一共做了多少年？

●：一直到一九五六年，做了十多年。一九五七年公私合營的時候我調到五金部。五五年龔品梅事情出了以後，土山灣孤兒工藝院準備解散，當時有很多工人，要給他們出路。工人自己也在動腦筋，印刷部門的工人加入印刷工會，後來和中華印刷廠聯繫，並到中華印刷廠去了。五金部門呢比較麻煩，因為五金部門當時都做教會的東西，沒有出路，教會當時要取締了麼，各個教堂都關掉了，做出來的東西沒人買了。後來有個叫董貴民的來做代理院長，因為外國人的院長是要取締的。當時

院長萬爾典走了，回到四川路去了。他走以後，政府部門於是就派了董貴民來做代理院長。她做了代理院長之後，有個侄女婿，也是為了工人有個出路，就聯繫到一個地方做電器，引進了一台繼電器。繼電器在那時是尖端產品，當時並了一個合眾電器廠進來。在電器方面，合眾的地位比土山灣五金廠（原五金部）要高，當時他們的書記、廠長活動能力很強，電器公司只認識他們，對土山灣還不熟悉。後來他們動腦筋，成立了上海繼電器廠。這個廠開始還在土山灣的，後來機電一局讓出地方，就搬到黃浦區去了。

◆：鄗先生，土山灣的印刷間，我們知道並到中華印刷廠去了；五金部呢，變成了上海繼電器廠。這兩個部有了著落，還有其他的呢？比如說圖畫間？

●：圖畫間後來併入五華洋傘廠了。照道理說圖畫間應該和傘廠沒什麼大關係的，圖畫間那批人後來就是在事務部門做事，比如廚房裡、雜務部門等等。

◆：好，已經有三個部門了，圖畫間、五金間、印刷間，那麼木工間呢？

●：木工間後來併入五金間了。五金間麼就是這個潘國磬管的。一直到五五年、五六年龔品梅的事情爆發以後，他是逮捕還是驅逐出境的？外國人當時好像都是驅逐出境的。

◆：你這個總機是政府進來後你就不做了？

●：當時要劃分了，分開之後，業務比較少，五金部一個廠剛剛成立，總要逐步規範化，需要管理人員，就把我叫去了。從總機間到那裡去的時候，當時還有爭論，因為我在做總機的時候，還搞其他副業：幫印刷廠校對，工

資之外，還有錢可以賺。

◆：酆先生，你五十年代工資是多少？

●：那時候最高的時候，大概是六十元左右。解放以後物價
還比較穩定，基本生活水平可以保證的，但是在毛主席
手下只能說維持溫飽。

◆：政府接管以後你一直是在繼電器廠嗎？

●：是在繼電器廠。

◆：就是說你一直到退休都在繼電器廠上班？

●：我剛進去的時候就是搞統計。我本身對五金的東西不感
興趣，我對文化的東西感興趣。當時的情況是印刷部
門也要爭，說他是和我們先發生關係的。兩個部門都要
爭，到後來呢，他們提出來由我自己決定。我當時考
慮，總歸是電器部門比較有前途，印刷部門比較煩，什
麼思想改造啦，有的東西很煩的。後來的交通電器廠原
來和我們五金部業務上有來往，他們地方沒有，土山灣

| 土山灣孤兒院孤兒油漆工作情景，范世熙作

就借了塊地方給他們。

◆：你成家時候還是在土山灣孤兒工藝院中嗎？是什麼年份？

●：我是一九四九年結婚的，是孤兒工藝院的同事介紹的。結婚後住在外面，自己租房子。當時五埭頭已經沒了。那個時候，結婚等很多制度都改變了，像之前有房子什麼的，結婚有一百多元拿等等，我們那個時候已經沒有了。

◆：那你結婚的時候，這一百多元錢沒給你嗎？

●：沒給，當時反而是我媽媽給了院裡一百元錢，叫他們用來給我結婚的。他們也沒給我，我也不去討了，也沒必要去爭得面紅耳赤。當時有人拿到幾萬、幾十萬，甚至上億的錢。當時的錢百貨公司是用來當裝飾品的，當時寄信郵票要貼滿一個信封的。

◆：所謂土山灣有多大？你還記得慈雲橋嗎？

●：一圈下來是八十四畝。慈雲橋我記得的，在肇家浜上，現在大概是漕溪北路四百四十號這個門。當時河邊都是蘇北人搭的篷，還有聖衣院。聖衣院那間房子還在。所謂南北樓就是以聖母亭為界，聖母亭旁邊是操場，這個是小的操場，後面還有一個操場。我們那時候住也住在裡面，幹活也在裡面，全部在這兩排裡面。

◆：當時印刷車間你去看過嗎？

●：你們現在找到我是對了。為什麼呢？因為我知道的最多，因為我幾個部門都做過了。從木器部轉到電話總機，我還經常到圖畫間去，印刷廠也去，一個個車間都去跑的，他們都認識我的。

◆：圖畫間老師是誰你還記得嗎？上課的老師。

●：已經沒了。我小的時候沒見到過有教畫的人，只看到有

幾個老師傅自己在畫。已經沒幾個了，我小的時候只看
到有三、四個人在畫。就是說教的人已經沒了。

◆：你一九三六年進去的時候，還有一個英國的相公，叫安
相公的，你還有印象嗎？

●：我那時候還比較小，沒什麼印象，因為他一九三七年就
過世了。我進去的時候經常看到潘相公，潘國磐，他一
直在管印刷部門。他還代管一個醫療衛生的地方，裡面
的人有些小毛小病什麼的，總是他管的。

◆：這個潘國磐你對他印象怎麼樣？

●：潘國磐這個人就道德品質來說是相當不錯的，很刻苦，
生活方面十分樸素。不過他們裡面做相公這都有規定
的。潘國磐比幾個中國相公好。他這個人比較好，動手
能力相當高，技術上畫圖很好，多面手，還有音樂都知
道的，而且寫的漢字也很好。法國人一般來說寫的字不
行，不及中國人。

◆：印刷間的情況還記得嗎？

●：印刷間的石印當時十分先進。五金間裡面有翻砂的，做
大的鐘。

◆：當時五金間裡有一個笪修士，這個人是一直在五金間裡
做的。你去的時候還有這個人嗎？

●：哦，笪相公，是葡萄牙人。這個人一直是負責五金間的，
當時我還小。

◆：你進去的時候土山灣還有樂隊嗎？

●：有的。樂隊經常到外面去，過節的時候就在外面吹。成
員都是學校裡的人，他們是自己有興趣去學的。

◆：你那時候刻過聖母像嗎？

●：我當時是搞油漆的，我漆過聖母像。我們油漆分幾個部

門，還有細的部門。

◆：你現在的照相簿中，有沒有這段時間的照片？

●：沒有。當時有個余相公，他喜歡拍照片，但工廠什麼的
他不拍，拍團體照。我不喜歡照相。我當時在總機間的
時候，院裡的檔，包括圖章什麼的，都是我管的。我不
想留東西，我只要默默無聞。

◆：其實這也是一種歷史。對土山灣這段歷史，研究近代史
的人都比較感興趣，它培養出了不少人，有些人在歷史
上還是比較有影響的，比如它的美術，它的木工。據說
它的木工，在世博會上都得過獎的。

●：當時，外國人要麼不到上海來，到上海來第一個參觀的
就是土山灣，裡面各種東西都比較先進。

◆：非常可惜，這方面的記錄現在幾乎都沒留下來。

●：是的。

◆：比如外國人，是哪些人來參觀的？來過多少人？哪國人？
參觀情況如何？有沒有留下什麼形象資料？這個大致情
況可以想像得到，當時雜誌上也有報導，參觀土山灣孤
兒院什麼的，都有簡單介紹，就是缺少具體的、詳細的
記錄。比如現在的淮海路，當時叫霞飛路，法國將軍霞
飛元帥一九二三年到上海來的時候就到過土山灣。

●：都到過，還有貝當什麼的。

◆：你們小時候讀書的時候，課餘生活做些什麼？

●：課餘時間踢足球最多了，與徐匯中學比什麼的，總歸是
土山灣勝利的。

◆：我知道徐匯中學比賽的時候，名字就叫徐匯，那麼你們
足球隊名字叫什麼呢？

●：土山灣足球隊就是滙南足球隊。當時滙南和東華是上海

最有名的兩個足球隊，年年比賽總得金杯什麼的。土山灣那裡場地大，業餘生活以踢足球為多。照片上有個聖母亭的這個操場最小，在這排房子後面有個菜園，菜園邊上應該有個操場。

另外還有一個呢，在更西面，現在是個學校，還有一個紅房子存在，現在遺下來的就這幢房子了。

◆：我們上次採訪李順興的時候，他提到，當時你在總機間做時，他經常給你看看書什麼的，說明你們當時業餘生活還是蠻自由的？

●：我是自由的呀，我的文化基本上都是自學的。如果說真的讀書的話，我讀得不多。我就在李順興隔壁，當時幫他們做校對。門上開個洞，他們的稿子就從這裡塞進來，校對好了，再送回去。當時我校對的有中文，還有外文，外文中大部分是法語，還有拉丁語。

◆：當時印書館、畫館、五金部都有人管，只有你是單幹的，是不是沒人管？

●：我是直接屬於院長管的。萬爾典是很晚來的，我記得的土山灣院長，頭一個是呂道茂，法國人。後來一個叫伏允恭，也是法國人。再後來就是萬爾典了，他做了沒幾年。呂道茂是浦東調來的，伏允恭哪裡調來的不知道。當時我媽媽就是找呂道茂開了後門，當然他發展也需要總機。

◆：聽說你們放工後比較自由，看電影什麼的都有的？

●：完全自由，這個完全自由。

◆：滿師後如到外面去找工作，當時院方的態度是怎樣的？希望你們到外面去找嗎？

●：這個當然希望的，他們完成任務了呀！有的找不到工作

麼，只能留下來。

◆：呂道茂是什麼時候走的？他走了之後去哪裡了？

●：走了之後他去佘山了。伏允恭是萬爾典過來前走的，哪
年記不清楚了。

◆：聽李順興說，你法語很好？

●：一個做接線的不懂法語，假使法國人打電話來是不能應
付的。當時去總機間，自己也要有這個條件，否則人家
幫忙也幫不上的。有需要就學，當時學別的東西錢也沒
有，買書麼也吃力，所以我當時有個策略：專門學外
語。我當時想，學了外語將來總有機會去外國人那裡
做。我當時學法語，英語也在學。但是英語說不行，只
能說簡單的，聽也很難聽懂，不習慣。當然接總機肯定
能應付了。

◆：你總機也有收工嗎？具體時間？

●：結婚之前我就睡在裡面的，等於二十四個小時吃睡都在裡
面，禮拜天才出去。我一根線接到院長室去，院長室打
出去可以打的，接進來他如不要聽，回絕掉好了。我們
總機也可以打外線的，只有一根外線。應該可以有三根
外線，但是後來沒插。

◆：你記得總機間那些東西後來是怎麼處理的嗎？

●：後來都沒了。政府接管後，生意都沒有了，就拆了。

◆：你當時學法語是不是用這本詞典（拿出本舊詞典給鄺
看）？

●：是的，我這本詞典讀的比較多，用的也比較多。沒電話
進來我就讀法語，還有校稿，我就是在這裡提高的。也
不是只有學校可以提高自己，書什麼都可以的。

◆：好，今天就到這裡，鄺先生，謝謝你。

章俊民
老人訪談錄

時間：二○○八年八月十二日

地點：章俊民家

●章俊民（土山灣老人，土山灣畫館學徒出身）

◆張偉（上海圖書館研究員）、張曉依（上海圖書館助理館員）、徐錦華（上海圖書館助理館員）

◆：章先生，你進畫館的時間是一九三九年嗎？

●：是這年的四月份。

◆：你進去的時候畫館有沒有一個正式的稱呼？或者有一個正式的稱呼，而你們平時又有另外一個稱呼呢？

●：我們平時叫圖畫館，文憑或者文件上叫圖畫部，全稱叫上海徐家匯土山灣孤兒工藝院圖畫部。一九八二年的時候天主教裡叫我去教唱經，來過三次。但是我考慮再三，真的心有餘悸。我拒絕他們了。

◆：你怎麼會進土山灣孤兒院的呢？

●：我簡單地說一下，五分鐘。我四歲母親去世，五歲時父親也去世了。我的大哥長我十五歲，我六歲被他送進土山灣去的時候，當時他是要結婚了。他在同事裡說：「這個小孩放著很討厭，我要結婚，拖著很煩。」他的同事王新民說：「我倒有個地方。我弟弟王俊民，從小進的土山灣孤兒院，現在是印書館裡帳房先生。」於是，他們說好，手續辦好後就帶我進去。那一天，我還記得在今天陝西南路，當時叫亞爾培路，有一輛銀色轎車來接我開到徐家匯。到了門口，王俊民出來了，我當時六歲，有很深的印象：頭髮梳得很光，棉襖長衫，皮鞋錒亮，西裝褲穿在外面。他是介紹人麼，出來了。他哥哥對他說：「弟弟，我今天給你介紹個人來。」我一

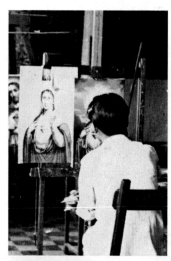

上 ｜ 1944年章俊民和其畢業作品，
　　左邊原為那彥英，文革中被章
　　剪去
下 ｜ 2008年8月12日採訪章俊民

看，人很神氣的，心裡就對土山灣工藝院有好感覺：他不是從小在這裡長大的嗎？穿的這麼神氣啊？就這樣進去的。進去之後，等他拿裡面的衣服給我換，我就覺得不會出去了，不會回去了，就待在裡面了。到裡面是讀經，不是讀書。很多經很深的，有的詞語也很深奧的，我當時也是小和尚念經有口無心。隨著我年齡一點點長大，各方面其他書也讀的。後來又辦了一個慈雲職業中學，倒滿正經的，也讀化學、讀物理、讀製圖，土木製圖，不是機械製圖。都請外國人教，有幾個是徐匯中學出來的。有個徐茂功，住在現在徐匯中學旁邊那條小弄堂裡，數學相當好；建築，請了一個設計「大光明」的叫金鐘的來教我們，帶眼鏡的，我看見這個老頭當時吃鴉片，後來吃鴉片去世的；還有一個姓龔，也是徐匯中學數學老師。土山灣也要培養人的。在二十幾個人裡面，我讀書比較聰明，手腳也靈巧，而且我會唱經。唱經我是徐家匯一只鼎的，唱得相當好，相當好。那時我大概十四、十五歲左右。土山灣裡面分配工作主要是根據你手腳是否靈巧，還有聰明，活潑。

◆：那你怎麼會唱經的呢？

●：我八歲時候，住在五墤頭，有個丁是傑老師，挑了十二個孩子，我當時大概八歲也不知道七歲，嗓子好，咬音準，唱出來的音和風琴都配得起來的。當時徐家匯天主堂都是風琴，法國神父彈起風琴來真好啊！到了十四、十五歲，選中我，叫我去畫圖館。

◆：這麼說，你一九三五年進土山灣後，讀書讀了四、五年，然後才進圖書館的？是培訓了以後再去工作？

●：是的，他要挑的，挑聰明的、活絡的。當時我在徐匯中

學踢過足球的，當時我們踢球，橡皮球買不起，師傅不給我們買，就把一個線頭紮起來踢球。徐匯中學足球隊是中國有名的，守門員高志文，後衛是強育之、默爾生、顧育山、錢德明，住在三角地，也蠻有錢的。他們都是徐匯中學裡的，校隊，都是學生，高中生。這些人和我們一起踢球。到一九四四年下半年，我畢業了。十八歲畢業了。大修院對面，就是土山灣對面，有幾排紅磚房子，是讓土山灣的高級職員住的，等於現在分配房子一樣，不要房錢的。當時住在裡面有好幾個老師，比如薛林昭，他教我們油畫。他畫圖沒話說，尤其是畫肖像畫。還有一個叫蘇根興，他也是教油畫的。蘇根興住在電影製片廠那裡，原來有個三角地，那裡有個弄堂，到五埭頭的弄堂。這個也是分的，但是房子稍微差點。那個薛林昭分的房子相當好，他當時大約四十多歲。我們進去畫畫也蠻嚴格的，先畫線條。

◆：你剛才說薛林昭和蘇根興這兩個人都是教油畫的嗎？

●：先教線條、構圖、素描，這些都要學的。然後再畫石膏像。畫館裡面石膏像很多的。蘇根興是從畫線條開始一直教到素描。還有一個教水彩畫的老師到香港去了，叫蔡俊民。蔡俊民畫的東西，我們裡面的西班牙相公不喜歡。因為我們裡面的傳統都是臨摹，臨摹照片，臨摹風景畫，臨摹世界名作，比如羅浮宮裡的東西。蔡俊民腦子很活絡，一會兒一個三毛出來了。這些老師就是普通人，也有裡面長大的那種孤兒。外面不暸解情況的人以為我們是外國人教的，其實不是外國人教的，是中國人教的。一九三五年以後，我在的時候沒有外國人教的。

◆：畫館老師有沒有提起過一些過去的出名的學生呢？

●：我們在畫圖間的時候一直說起張充仁的。我們認他是我們的老祖宗，一直把他拿出來說的。就是說那個時候是把他作為榜樣的：同樣土山灣出來，人家已經這麼有名了。他當時已經去比利時了。

◆：你還認識什麼人嗎？

●：不都是畫館裡的。有幾個人都是印書館的，比如李成林，我當時穿的棉衣棉褲就是他給我的，當時我已經十六、十七歲，懂點事情了。有一次晚上下班，他帶我去印書館那裡玩，他指點了一台機器給我看。我看了真的呆了，現在我想想更加呆了。他說遠東，包括蘇聯都沒有的。這台機器很長的，大概從窗口到那裡（門口），機器一開，原料放進去，經過裡面一道道工序，出來就是一個鉛字。

◆：就是說當時畫館和印書館裡的學生平時大家都是交往的？

●：不是的，要好的才交往。當時畫館就在他們印書館隔壁，不認識的他們不讓你進去的。他們知道我是王俊民介紹進來的，所以一直放我進去的。印書館裡還有一個和我同一屆畢業出來的人，叫徐乃玉，他住在三角地那裡。這個人你到大通路天主教堂去打聽，他在裡面叫「小帳房」，這是他的綽號。他與我一班裡的，當時神父挑了我去畫館，挑了他去印書館。

◆：他是你前面說的慈雲職業學校的同學？

●：對的。後來叫他去學帳房了。滿師後和我一起出去的，他分到大通路天主堂裡做帳房。後來龔品梅鬧事的時候，他是「龔親」，被關了起來。印書館裡這幾個人，朱興根是老師傅，排字的。以前排字，一個棚，只要攔過來好了。現在是先進了，用電腦了。這個人你去找

找，也是住在木工間裡的。這個李××，後來去世界書局去了，不知道現在找得到嗎？這個人挺難找的。畫館裡你找到了誰？我一看這個（指我們帶去的關於土山灣畫館的文章）很激動的。一個人總要有良知，想著自己出生的地方，這個是人人都是一樣的。土山灣裡面不要我一分錢，養到我十八歲畢業。人是有良知的，總要感動的。

◆：畢業以後你還在圖畫間裡嗎？這算什麼身分呢？

●：工人啊，發我們工錢的，畫圖，畫油畫，每個月有固定工資。徐家匯當時有這麼一句話：吃不飽，餓不死。學生意時是沒有津貼的，就是三頓飯，畢業之後就給你工錢的，每個月十五日發。工錢是固定的，畫多畫少不管的。畫掛在外面廣告櫥裡，等人家看中就賣掉。油畫內容基本上是畫耶穌、瑪利亞。我們另外有一個地方專門放樣品的，客戶看中之後就預定。我們當時還在大上海（電影院）上面寧波同鄉會裡開過畫展的，當時東西賣掉很多。這個材料我提供給你。十六篇文章中我看過，沒有的。

◆：當時這個畫展你印象中有報導嗎？

●：大概一九四七或四八年的時候，四、五月份，在寧波同鄉會，二樓。我們在那裡開過畫展，東西賣掉很多。那個薛林昭專門畫什麼呢？畫法租界公安局頭頭夫妻，叫警官肖像。畫得真的很好，真叫維妙維肖。

◆：一九四四年以後，你拿工資的日子維持了多久？

●：維持到一九四七年我出去，一共三年。出去主要是因為當時待在這裡，吃不飽，餓不死。這是當時的一句口頭禪。我們當時的錢看電影一個月可以看幾次，三角地可

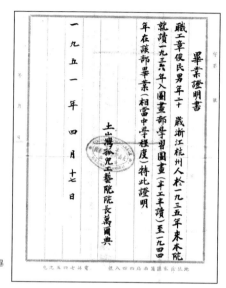

萬爾典1951年簽署章俊民畢
業證明書

以吃吃小點心。我們吃飯是供給的，這個工資等於是零
用錢。我一直看電影，坐二路電車去的。

◆：你說的這些人，如薛林昭，他們都只是老師嗎？

●：又是老師又是職工。我知道還有一個西班牙相公，中文
名譯出來叫那彥英，是畫館負責人。我們只知道他發工
錢的。那彥英這個人，西班牙名字叫NAVASQUES，是
相公，長著一個鷹爪鼻，所以我們一直說他壞。

◆：這個那彥英會畫畫嗎？

●：不會的。是教會派來負責的。

◆：一九四七年你離開了是嗎？

●：一九四七年中期。為什麼離開呢？簡單地說，當時國內
不是戰爭嗎？越打越凶，所以看上去吃不飽餓不死的地

章俊民老人訪談錄 323

方再待下去也沒苗頭。這時，裡面有個加拿大神父突然叫我去。他說：「我想介紹你去一個地方去工作，震旦大學。」我當時一呆，因為我畢竟在裡面待了十幾年了。雖然一直出去的，但這只是臨時性的：那相公一直叫我出去送東西，送到瑞金路、淮海路路口，現在不知道還在嗎？叫新光木器廠。當時畫館借下來，作為我們的門市部。我當時總是把我和別人畫的畫，騎著那彥英那輛日本自行車送到那裡去，送去那裡賣。這個門市部就是畫館對外營業的門市部。所以我對徐家匯一直比較熟，沿衡山路一直騎下去，騎到淮海路，當時叫林森路。我後來問加拿大神父：「你讓我去那裡幹嗎？」他說那裡化工系缺一個畫圖的人。畫什麼圖呢？教材，水墨畫，稍微著點色。我想還不錯，就去了。

◆：化工系嗎？

●：是化工系。化工系麼，有反應課啊，有各種各樣器材。當時的書裡，不管你洋裝書也好，線裝書也好，不管你的書多大，裡面的插圖都很小。教授教起來很累，就叫我放大，畫出來後掛著。加拿大神父介紹我去，還說那相公已經同意了。當時圖畫館裡有八個人，老師和滿師的人加起來一共只有八個人。等我滿師畢業後，就沒學生進來了。我也覺得奇怪。我當時八個人的名字都叫得出的。

◆：你進去的時候你這個班裡有幾個人？

●：只有我一個人進去了。慈雲小學進畫館就我一個人。

◆：哦，我是問你進了土山灣畫館以後，一個班級有多少人？

●：大概十個人，連老師傅一起算著的。其中有二個人沒學成，沒心思。裡面的外國修士對我們挺好的。龍華百步

橋，熱天帶我們去休息三天。睡在那裡，吃在那裡。

◆：總去避暑？

●：是的，是去避暑。是作為對好學生的獎勵，不是所有人都去的。學生時候每年五月還去佘山拜聖母，一路船乘過去的。這張「聖母抱耶穌」的畫，我們當時也畫過的。

◆：聽說你們那個時候孤兒院裡還養豬？

●：我們也吃豬肉的呀。一週可以吃幾次豬肉。我們住的是三層樓的房子，雖然矮了點，但卻是三層樓。這是聖母亭（指著照片），當時我們天熱乘涼的時候就在這裡。我們當時還在聖母亭旁邊吃西瓜。畫圖館上面是外國人吃飯，外國人燒飯的洋灶間。聖母亭那裡還有一個中國人燒飯、吃飯的地方，在印刷間樓上。中國人多，大鍋子呀。這個是畫圖館（指著照片），這裡進去，這個洞裡出來。當時九點鐘睡覺，也在那裡睡午覺。

◆：是在幾樓啊？

●：底樓。二樓是人家派用場的，隔壁就是排字房，我們總經過的。排字房過來就是印書館辦公室，辦公室裡還有一大片地方，是印書館工廠間。這個是門衛室（指著照片），我印象蠻深，門一開，這裡出來一個人，好了，我終身就在裡面了。還有，這裡是一個教堂（指著照片），我唱經就在這裡，八、九歲的時候。我蠻得意的，一個人在聖樓上唱經，人家都頭回過來朝我看的：這個小孩怎麼唱得這麼好？到徐匯大教堂去唱。當時他們特別給我喝牛奶，為了潤肺。

◆：當時你離開之後，土山灣孤兒院給你什麼證明嗎？

●：當時他們給我一封介紹信，介紹到重慶南路，去找他們

震旦大學化工系的負責人。介紹信給他看，他問我，你尊姓啊？我說我姓章。以前在哪裡啊？我說我在畫圖館，他問我這種掛圖會畫嗎？我說試試看。一張一斗米，解放前哦，一斗米多少錢我也忘記了，不過好像可以過日子了。這個我一天畫三張四張篤定的，一斗米一張的話也可以過日子了。一邊畫一邊想想自己的前途，沒有父母的。

◆：你當時還沒成親吧？當時你這樣的收入可以養家糊口嗎？一張畫一斗米的話？

●：能夠的。正好在畫的時候，碰到個信誼藥廠的廠長。叫我畫的人姓丁，在信誼藥廠裡做副廠長，他們兩個人有親眷關係。這個廠長問我：這掛圖是你畫的嗎？我說是的。他問我原來是哪裡的？我說原來是土山灣的，現在出來了。他又問：你想到廠裡來嗎？我說我又不懂化工。他說但你會畫圖呀，台灣要開一個化工廠，你幫我們公司測量土地去。於是我就去了，在台灣我待了二年，解放的那年我回來的。

◆：你畫的圖有留下來的嗎？

●：我東也去，西也去，台灣也去，畫的圖肯定都沒了。本來倒有兩張，被他們都弄掉了。

◆：你們說那彥英很壞，究竟他怎麼壞呢？

●：他中國話會說，也聽的懂，有時候我們在他背後發牢騷，他躲在門口聽好再進來。

◆：我們採訪了很多老先生，包括很多書裡也提到：土山灣有個管帳的。我們不太清楚，這個管帳是圖書館有一個，印書館有一個，還是整個土山灣只有一個？

●：整個土山灣只有一個，管全部的總帳，姓方，叫什麼我

忘記了，解放前夕走了。圖畫館裡沒有分管的帳房，圖畫館門市部的帳是託借房子的人管的。

◆：你說了土山灣早飯中飯的情況，那麼晚飯吃什麼呢？

●：蔬菜、肉呢，多是中飯吃的。但是我和你講一點，魚一直沒吃過。人多呀，他魚怎麼肯弄呢？豬肉、蛋、青菜，一直有吃的。豬肉，自己養的不稀奇；蛋，裡面有雞場也不稀奇。碰到大瞻禮，我們叫大日子，比如聖誕、復活、本堂瞻禮啊，有四個菜，很好的。四個孩子一個桌子。最苦時，是日本人侵略中國的時候，外面人米都沒吃了，但土山灣還有米吃的，最差的時候也有面，就是現在的菜湯麵。一個飯桶是八個人吃。

◆：太平洋戰爭爆發之後，是否有好幾個神父修士被關到集中營裡去了？

●：有的，有好幾個。當時日本人衝到我們孤兒院門口，一看CATHOLIQUE，日本人天主教叫CATHOLIQUE的，就走了，沒有衝進來。

◆：當時在慈雲小學，或者說在土山灣時你讀過外語嗎？

●：讀過的，法文，不過讀得不怎麼好。是裡面加拿大神父教的。除了唱經以外，兩個老式的先生教我們大學論語。

◆：當時怎麼會叫你去唱經的呢？

●：唱經麼我剛才說過了：讀書比較好，聽話，是好小孩，然後就被選去了。有一批人，不多，大概十二、十三個人。當時我八歲左右，就去學習，去學一、二、三、四。我聲音好，唱得好。現在回想起自己小的時候，這麼小的時候拉丁文都認識，雖然意思不懂，讀音是懂的。教我們唱經的是潘國磐，他還教我們建築、繪圖。

◆：還有最後一個問題，你們當時上課有教材嗎？唱經啊，
　　上外文啊，是什麼教材？

●：慈雲職業中學開了以後，教材是有的。書是外面的，不
　　是印書館印的，與印書館不搭界的，是買進來的外面人
　　家中學裡用的教材，當時法語用的是《法語進階》。

◆：你們那個時候圖畫有專門教材嗎？

●：沒的，就是外國拍來的那些印刷的照片給我們畫，一般
　　都是法國的，美國的比較少。他們拿來的照片，不知道
　　哪裡來的。現在是複印，當時不知道怎麼來的？可能用
　　原始的落後的工藝印下來的。

◆：你們幾個老師，比如薛林昭老師，他們是根據專門教材
　　來教的嗎？

●：我們在畫麼，老師自己也在畫，靠它要賺錢的。比如他
　　會說這個眼睛畫的不像，眉毛太高或者什麼的，處理一
　　下。然後我們改正。基本都是臨摹。

李順興
老人訪談錄

時間：二〇〇八年七月十六日下午
地點：李順興老人家中
●李順興（土山灣老人，土山灣印書館學徒，後為土山灣印
　　書館排字工）
◆張曉依（上海圖書館助理館員），徐錦華（上海圖書館助
　　理館員）

◆：李老師，您當時是怎麼會進土山灣的呢？
●：我家裡是世代信教的。我媽媽是聖母院裡長大的，後來
　　又在育嬰堂裡幫忙洗衣服。我爸爸是木匠，家裡經濟條
　　件不是很好，娶了我媽媽後，經人介紹，給天文台送信
　　標，這個時候也算吃洋飯了。我家當時就住在文定路，
　　匯南街，就在potager，就是現在東方曼哈頓小區那裡。
　　我小時候爸爸死了，哥哥瞎了，一個姐姐眼睛也不太
　　好。父親去世以後，家裡沒有主要收入來源了。那個時
　　候我媽媽住在孤兒院，幫獻堂會裡洗衣服，所以媽媽和
　　神父說好了，就把我送到土山灣做走讀生，可以讀書，
　　吃飯也不要錢。那年是一九四六年，當時我實足十三
　　歲，虛年齡十四歲。
◆：您可以介紹下土山灣當時的情況嗎？
●：土山灣在法租界，其實是法國耶穌會巴黎省的一個教
　　區，所以大多數都是信教的。當時的土山灣分很多部
　　門，是一個很大的機構，有木工部啊，印刷部啊，畫畫
　　的，還有銅匠間，那種外面用的鐘啊，教堂裡面的十字
　　架啊，聖體發光的器皿啊，都是銅匠間做的。還有佘山
　　聖母戴的那個皇冠也是土山灣做的，皇冠上有上海各界
　　贈送的珍珠寶石，後來這個皇冠解放前被拿到菲律賓去

| 張曉依、徐錦華採訪李順興

了。土山灣還有做彩繪玻璃的地方，當時放在地下室，
防空洞裡，我看到有許多的彩繪玻璃成品。不過玻璃間
的很多作品後來都拿到羅馬去了……土山灣還有很多西
洋樂器，後來給樂隊了。

◆：李老師，我這裡有一張舊的土山灣的地圖，是從一本叫
《une visite a l'orphelinat de t'ou-sè-wè》的書中找到的，
上面有標注當時各個建築物的名稱，請您看一下。

●：噢，這個是土山灣的地圖。這裡是聖衣院，這裡是一
條河……我們過來從這裡過橋……這裡是宿舍，這裡
就是印書館入口，從這裡走進去，首先看到我工作的
composition，排字間，排字間的裡面是裝訂間，隔壁就

是發行所，也就是書店，排字間後面是放機器和紙張的倉庫，然後旁邊是照相間。排字間後面還有個材料房，裡面堆鉛條的。排字房角落裡還有土山灣的總機。門口是一座聖母假山，和今天徐家匯的路德聖母山差不多。

◆：現在這個地圖是複印件，原件是彩色的。

●：這個是土山灣落石印刷的。就是一個石印機開著，然後分幾個顏色印。不像現在是幾個顏色一起下來，它是一個個顏色印的。土山灣當時算先進的了，有五線譜鉛字，各種音符和標記都有。那個時候我排五線譜，這個東西排起來很有意思的，上面三根線，下面兩根線，要接住，拼起來正好沒有接縫，排版的時候也能排在一塊板子上。

◆：那您在進入土山灣後是學些什麼課程呢？

●：我剛進去就讀於慈雲小學。慈雲小學一個班級有十幾個人，年齡參差不齊。我記得當時小學裡有古文課，「天下萬事行者易」，還有「蜀之僻地有二僧」等等，都是教我們奮發自強的。教會方面的課程就是每天早上念經，主要是中文，有時也有拉丁文的，不過注了中文的音讓你念。一開始院方安排我學雕刻，一九四八年小學畢業後到了中學裡，又把我安排到排字間，就去學排字了。

◆：您在土山灣期間學過外語嗎？

●：董相公（董正衢）教了我一點英語，當時還幫院長念過禱辭。慈雲小學裡也有外文課。除了外文課外，還有機械製圖課，音樂課；另外還有勞作課：這一科是專門去學手藝的。

◆：你們當時是如何學排字的呢？

●：慈雲小學勞作課裡沒有印刷的課程，我們學排字是從學

徒工開始的。就是下午去印刷間幫忙，要做各種工作：
比如把印好的版子拆了清洗，把鉛字還到格子裡，外文
字盤的字母也放回到格子裡等等。正式學排字的時候，
從「一、七、長、三、丈」這些筆劃比較少的字開始
學。印書館裡的鉛字是按照「常用字」和「非常用字」
來擺放的，還有各種部首。有師傅帶我，一般師傅可以
自己選徒弟，如果不選院方也會給我們安排師傅。我記
得當時王仁福是最好的師傅，有圖畫的聖像都是他做
的。其他像排一張表格要多少線等，我們都是按照他說
的去做的。我是一九五一年中學畢業的，當時校長是丁
斐，一九五二年開始就在土山灣印書館裡面做工，一直
做到退休。

◆：土山灣當時印的書主要來自哪裡呢？

●：土山灣印的書主要來自光啟社，還有震旦大學的書也是
土山灣印的，具體什麼書，印多少都是生產科安排的。
當時教會印書都是如此：光啟社他們先拿稿子送教區
審，由教區裡面的負責神父審稿，有的還要向羅馬彙
報，批准後再送到土山灣來。到了土山灣後，主管把稿
子給我師傅，然後師傅讓我們去做。每本書印完後都會
在排字間的一個小倉庫裡留一本樣書，並在樣書的說明
書上記錄資料。後來這批書也不知道哪裡去了，估計都
沒了。

◆：土山灣當時印刷的書一般作何用呢？

●：印好了我們都給發行部，發行部裡有個外教的紹興人，
騎了三輪車到處去送書。比如《六樣經》印二萬本，就
會拿到各個堂口去。一般土山灣印的書不用考慮如何營
銷，比如ordo日曆，就根據當時全國神父的數量來定印

數。土山灣的書也有一些放在發行所裡由教友來買的，甚至還有不少賣到國外去的。

◆：您當時在土山灣工作情況如何呢？

●：指標沒有的，當時我們每週工作六天，每天八小時，每人一般一年最多能夠排一本。當時土山灣印刷部的主管是王松漁，他是個教友，教會委託他管理土山灣，他也是土山灣孤兒出身，對印刷懂一點的。我當時的收入是八十五個折實單位，在當時社會上算一般。土山灣工人都是土山灣學徒工出身。當時教會方面希望學徒工去外面工作，土山灣的工人本身也是最好希望能夠到外面去工作，但好工作不好找。我的同學中有的去外面工作，

收入就比我高。

◆：您還記得當時土山灣中有哪些中、外管理者嗎？

●：我們小時候看見，土山灣發行所裡面，主管發行部的有一個董相公（董正衢），西班牙人。還有一個印刷間裡造印刷機的法國人，我們叫他潘相公，他漢語好，機械也好。中國人也有，有一個趙洪士相公教我們機械製圖的，一個王召海相公最近剛剛過世，也是教我們機械製圖的，他是從美國回來的，還帶回來一個當時很先進的LCA無線電。還有一個現在還在，叫周浩，也是我們以前的老師，不過他不是相公。

◆：你們吃飯也在土山灣裡嗎？平時吃些什麼呢？

●：我們中國學生是在中國灶間裡燒中餐，然後一盤盤端到食堂吃，四個人一桌，一張長桌子正好坐八個人。比如像夏天，會吃冬瓜等消暑的食物，夏天每天下午二點都有一頓點心加餐。抗戰後美國人也曾把BDS的軍用口糧和衣服送給土山灣孤兒，我當時也曾分到過一件大衣。他們神父、相公在我們食堂樓上的洋灶間吃小灶飯，大概是吃西餐；夏天的時候有人幫忙拉風吹涼。他們吃飯時候級別很嚴格的，院長第一個，然後才依次坐下去，修士們坐在後面。

◆：您在土山灣時候，課餘和工餘時間做些什麼呢？

●：我們經常午飯後去操場踢球，有的時候我們的老師，甚至那些外國的神父相公也會一起參加的。不過絕大多數情況還是學徒管學徒踢球，分開的。

◆：您還記得當時合併時候的情形嗎？

●：董貴民做了院長以後，當時留了一部分宗教機構，其他像印刷間並到印刷廠，機械的部分給了機械廠。一九五

六年搞大合營，土山灣印書館也合併了「滙文」、「永祥」等小廠，後來門口要造漕溪北路，我們和申申美術印刷廠一起合併到中華印刷廠去。合併的時候，我們土山灣的人被分到了中華廠的各個組裡，像我們排字的就分到了排字車間，原來土山灣的機器也分給各個部門用。一九五八年我們離開土山灣之後，房子也拆了。

◆：你進中華印刷廠的時候，你覺得是土山灣的設備好，還是中華印刷廠的設備好？

●：我覺得土山灣的外文設備比中華印刷廠要好，中華印刷廠所有的外文設備基本上都是從土山灣搬過去的，比如六十三磅的英文大鉛字，還有小到六磅的，都是土山灣的設備。土山灣鉛字裡有英語、法語和德語的所有特殊

| 土山灣孤兒院孤兒用餐情景，一桌八個人，和李順興老人所說正相符

字母，不同字母放在不同格子裡，其中使用頻率高的字母放在特殊的格子裡。我記得排過五線譜什麼的，表格也做過的，CMC的表格，排版都是不一樣的，鉛印和膠印的都是不一樣的。還有石印車，在我當學徒時算是先進的，用來印彩色聖像，當時套色的都是用石印機印的，有幾種顏色就印幾次。

◆：現在您回過頭來看，您覺得當時土山灣裡學徒和工人的水平如何？

●：我們當時畢業之前要考專業課，根據不同的專業發畢業文憑。至於工人，土山灣裡是沒有資格評定的，後來我進中華印刷廠的時候給我定了六級工，剛出師的定三級工。我們排字的最高是八級工，八級工的標準是手工排版化學方程式，六級工就是會裝版，蓋樣。但是當時比較重要的書還是從法國帶過來的。我的技術在中華印刷廠裡是好的，改革開放以後，我做了八年排字車間外文組的組長，接待外賓的請柬也是我印的。比如當時菲律賓馬科斯總統夫人來的時候，我排的花體字的請柬受到外交部領導的好評，他們還打聽是誰排的。最要緊的一個是技術，自己手裡要有技術。我各種各樣的業務都做過，我不是完全懂外文，但我知道哪個是英語，那個是法文，這個你要懂。

陸治榮
老人訪談錄

時間：二〇〇九年七月十八日
地點：陸治榮老人家中
●陸治榮（土山灣印書館管理人員）
◆張曉依（上海圖書館助理館員）

◆：你是什麼時候進土山灣印書館的？
●：讓我想想，一九四九年解放的，四八年，四七年，我是
　　一九四七年進去的。當時我二十幾歲。
◆：那麼，你為什麼是這個年齡才進去的呢？我們以前採訪
　　的幾個人都是很小就進土山灣的。
●：因為我不是裡面的孤兒。
◆：哦，是這樣。那你為什麼後來會進去呢？
●：因為主持土山灣印刷廠的一個相公準備回家，廠裡沒人
　　管理了，然後就叫我的先生（師傅）去。我的先生本來
　　在外面開一個印刷廠，在福履理路，現在叫建國西路。
　　這個廠專門承接巡捕房啊，東方匯理銀行啊，還有一個
　　法國兵營裡面的東西。我先生去土山灣的時候，當時裡
　　面缺少人手，所以叫我進去。我就這個時候進去的。
◆：當時你進去馬上幹活了，還是先學一段時間呢？
●：我進去是直接支配他們幹活的，我就直接管他們。我當
　　時工作的地方是排字車間進去，旁邊一個像辦公室一樣
　　的地方。我坐在辦公室裡。沒事情的時候經常跑到車間
　　裡去，教他們孤兒怎麼做。那個時候工廠裡也有好幾
　　個部門了，廠裡那時的印刷機有：三色印刷機，印彩色
　　的；還有印石印的機器。
◆：當時還有石印？
●：有石印，我進去的時候還在印石印。可惜呢，自己教會

| 1957年公私合營後原土山灣部分人員合影留念，第二排左二為陸治榮

裡的活少，就到外面去接生意，比如包肉粽的包裝紙啊什麼的。當時肉粽的包裝紙都是白色的紙印一個方塊，紅的，上面寫什麼肉粽。

◆：是不是就像今天嘉興買的那種蛋黃肉粽什麼的？

●：那現在好了，當時就一張四方的，一張白色的紙。石印印下來的版怎樣把字跡去掉重新弄呢？就要磨石啊，石頭磨完後再拿去製版，然後再覆上去用藥水擦擦，讓它乾之後再印別的。讓我想想，當時有石印車間、澆字部門，還有膠印機，盧綸車，這個是專門印聖像的。

◆：這時還有印聖像嗎？

●：印的。當時印聖像不像現在都是三色機、五色機，當時都是銅版。最早是三色版，黃、紅、藍，拼成一個彩色。先把黃色印好，然後再印紅色，最後藍色，然後就一個東西挺好看了。後來發展一步了呢，四色。

◆：當時你們是印教會的東西多點呢還是印外面東西多點？

●：我進去的時候印教會的東西已經少了，但還有，比如周年瞻禮經啊，六樣經啊等等。有的薄的，是全部用鐵絲訂的，有的則要穿線。穿線的機器，有些孤兒不會做，我就教他們。

◆：那麼你是哪裡學會的呢？

●：是我先生教的，就是剛才和你說的福履理路的那個。當時我先生辦的叫育才印刷廠，他裡面專門印字林西報，反正都是法國人的東西。我在裡面也是做裝訂的，既然先生過來麼，那裡也準備收掉了，就叫我一起過來了。

◆：你的先生是不是土山灣的呢？

●：我先生就是後來擔任土山灣印書館主任的王松漁呀，他睡在土山灣。當時我們印刷部在這邊，對面就是他住

的，樓上是教堂。教堂是紅房子，他就住在樓梯上去轉彎地方，他睡覺辦公都在那裡。

◆：哦，原來你是王松漁的徒弟啊。那麼他和你說起過他為什麼會進土山灣的嗎？

●：他們以前的事情我就不知道了，但是是教會叫他進去的。我先生當時自己開工廠，每逢週六，他總是和幾個紳士，就是有錢人囉！幾個人約好一起去當時思南路上的一個監獄，去給犯人們講道理，培養他們信教。

◆：那麼你是教友嗎？

●：我是教友，從小我爸爸就幫我付洗的。我生在曹家渡，我爸爸當時在曹家渡擺攤頭。我生下來就是教友，小時候在南市普育堂住讀。我父母是擺攤頭的，沒有什麼錢，就託神父把我送到普育堂裡去。所以在那裡我也待了將近十年。忻百忍知道嗎？

◆：知道的

●：忻百忍也是在普育堂裡的。我是三年級，他是四年級，他比我大一級，先進去，在普育堂裡也待了很多年。後來年齡大了之後，我父母又託神父把我送到學校去。我們當時堂口屬於伯多祿堂，當時就是託伯多祿堂一個相公，託他介紹的。我父母總是希望自己子女文化學得高一點，所以當時就把我送到中法學校去讀法文。後來我爸爸攤頭不擺了，人家介紹他去聖德花邊廠。我爸爸媽媽都在裡面幹活。我法語學了三年，法語學校出來之後我也跟著進去了，因為當時沒有辦法繼續讀書了。在花邊廠裡我也相幫一起幹活。花邊廠用機器軋花邊，就是唱戲人的戲袍；還有一些做鈕扣的，當時稱為賽璐珞，裡面是用蚌殼什麼做的。我進去後相幫做的就是撿鈕

扣，因為機器把鈕扣一下沖下來後，七歪八斜都有的，
有的缺角，有的不圓，還有的缺少洞眼，我進去就相幫
工人把這些次品揀出來。

◆：那麼你後來又怎麼會去學做裝訂了呢？

●：我當時還小，後來我爸爸又託伯多祿堂裡的一個法國相
公介紹到王松漁那裡去學裝訂，我爸爸望彌撒的時候說
起的。

◆：王松漁他會說法語嗎？

●：會的，否則他不能接東方滙理銀行裡的活，或者法國兵
營裡的活。他當時不是在土山灣裡做，而是自己在外面
開廠的，大概一九四七年關掉之後才去土山灣的。一直
到解放後，民政局派人進去接管，他才退出。

◆：你是什麼時候去王松漁那裡學生意的呢？大概幾歲？

●：總在二十五、二十六歲的時候。我當時在王松漁那裡學
生意學了四年，滿師後我出來做。

◆：你從王松漁那裡出來去哪裡了？

●：當時在嘉善路小菜場邊有個弄堂，弄堂裡有個儀文印刷
廠。我為什麼會去呢？因為以前人家說學三年，幫三
年，我等於做了十二年，錢卻賺不到。所以我想跳個地
方多賺點錢。後來，我先生來找我，說：「你不要再做
下去了，你和我一起走吧。你到我這裡，待遇不會比這
裡少的。」

◆：那你當時待遇是怎樣的呢?

●：當時在王松漁那裡學生意時是六元／月，而那時一碗陽
春麵就要二元／碗了。就是滿師後，也只有二十元。

◆：也不多呀。

●：所以要跳槽呀。其實，我師傅對我蠻好的，所以當時我

也沒辦法，既然他這樣說了，我就和他一起到土山灣去了。他想叫我幫他管理。

◆：叫你幫他去管裝訂？

●：一方面是管裝訂，另一方面就是叫我幫他切紙。整張的白紙叫我裁，小機器用的，大機器用的，紙頭要對開，像新聞報紙一樣。

◆：土山灣印的東西中，中文的多，還是外文的多？

●：中文的多。外語麼，主要還是拉丁文多，法語比較少一些。神父和神父，相公和相公交談用法語還是拉丁語就搞不清楚了，估計是法語多，因為拉丁語一般都是做彌撒啊，唱經時候說的。

◆：你們當時還有踢足球等活動嗎？

●：踢足球啊？有的，小足球。總歸是每週日下午，因為每週六下午，每週日上午都要去堂裡，所以就週日下午沒事情。平時下午也一起玩玩。

◆：是光你們踢，還是學生和你們一起踢？

●：我那個時候學生歲數大的少了，都是歲數小的。我們不大一起玩的，我們管我們踢，他們管他們踢，不像現在大家碰面還談話什麼的，當時沒有談話的。

◆：你進土山灣的時候，外國人還有嗎？

●：有的，我進去的時候還有外國人，但是已經相公多，神父少了。

◆：後來你做到什麼時候？土山灣印書館後來不是被中華印刷廠合併了嗎？

●：對。解放後，民政局進來接管，然後成立工會，我是籌備會主席。所以從這時開始，王松漁開始很恨我，因為我們工會是反對他的。

| 土山灣印書館的自動印刷機，1945年

◆：其實他也沒什麼呀？他也沒有做什麼違法的事情呀？

●：其實當時大家都是沒有辦法的事情，時代是這樣的。現在來看，民政局辦工會並沒有侵犯你的權利，你堂裡的事情還是照做，一樣的。但那個時候麼，思想上總有一個抵觸。當時是教會基本真空的時候，神父相公都走了，也不印教會的東西了，三自革新什麼的還沒開始。

◆：那你們當時印點什麼呢？

●：實在沒有辦法，民政局介紹一些活來幹。當時曾經叫我到外面去想辦法，去接點活。我就到瑞金醫院，當時也是教會的；還有塘沽路民政局總部接活。

◆：民政局介紹些什麼活來幹呢？

●：民政局麼都是一些辦公的活，像通知啊，三聯單啊，反正就是這種一點點的活。醫院裡活多，像化驗單啊，醫生開的方子啊，主要是瑞金醫院裡的活。讓我想想還有什麼活？當時在漕河涇那裡有個監獄，是做醫用的鉗子，需要鍍克魯米（鎳）的。當時我們五金部能鍍克魯米的，於是就從那裡拿過來毛胚，我們這裡幫他鍍光。這些都是民政局想辦法從四面八方弄來的活。

◆：你一九四七年進了土山灣之後，待遇怎麼樣？

●：待遇啊？當時也是每個月給我好像不是三十元就是四十元，他們師傅是五十到六十元，我少點，不過也不管了，比以前好多了。

◆：那麼後來給你加過錢沒有？

●：沒有加過。後來解放了，忙著接管，忙著合營，忙著並給中華印刷廠，也不談加工資的事情了。

◆：那麼當時生產有指標嗎？

●：土山灣裡面沒有指標的，反正只要你一日做到夜，不要

停，不要休息就好了。當時土山灣裡專門停下來休息是沒有的，管理人員走後，你偷偷懶還是可以的。大家所有人的工資，也就上下幾塊錢，不像現在。當時錢還是很值錢的。土山灣沒有獎金的，只有工資，也沒有發東西。當時每個部門都有管理相公的，具體誰拿多少，我們這裡是王松漁說了算，但是他去相公那裡拿錢，也要向相公彙報的。加工資是不大有的。

◆：你們春節也要加班嗎？

●：春節總是休息的。他們小孩春節放假，燒幾個好的小菜；我們麼不來上班，歇三天。平時我自己帶飯的，就在他們燒給小孩吃的鍋子上熱一熱。

◆：據你所知，他們吃得怎麼樣？

●：也一般性，家常菜吧，不是很苦的那種。平時素菜多一點，主日時候有一個葷菜，比如紅燒肉啊。不僅他們有，我還拿了一塊。

◆：當時土山灣的印刷水平在上海算好嗎？

●：當時大家沒有評比的。像印那種通功單啊，印那種聖像啊，只要印下來兩張差不多一樣就可以了，沒有什麼評比的。

◆：土山灣畫的東西叫你們印過嗎？

●：當時他們畫的都是大的，我們這裡印出來都是小的，看不清楚了。當時都是拍照，縮小，做銅版，具體哪張是我們土山灣畫的？我也不知道。而且他們在外面那裡，我在裡面的，不像現在大家串門講笑話，當時沒有的。

◆：當時土山灣拍照片的人還有嗎？

●：忻百忍你們知道的，和忻百忍住一間，叫沈士根，人已經不在了，以前待在塘街西的。他和忻百忍一間的，兩

個人挺好的。

◆：當時神父相公對你好嗎？

●：也無所謂好不好，他們有事情就問問我，上層管理的事情他們找王松漁。當時都是他們去找王松漁，然後王松漁再來找我們，要求怎樣做，怎樣做。神父相公直接來找我們很少的，不大有。

◆：當時發工資簽字都是王松漁？

●：都是他發的，誰多一元，誰少一元都是他說了算的。解放之後民政局接管，辦公會開過之後就實行並廠了，當時「為文」（？）並過來了，還有外面的一些小廠也並進來了，這些小廠叫什麼名字就不知道了。並進來後合起來成立一個黨支部，再後來因為要拓馬路，後來就整體並到中華印刷廠去了。

◆：當時土山灣有什麼設備你還記得嗎？

●：我記得當時車間裡大機器有「米粒機」（？），現在沒有了。「米粒機」有三個，印報紙、書單的，現在這個機器也沒有了。「陸輪車」四個，「腳踏架」三個。裝訂車間孤兒不算，教他們的人只有三個，再加上印刷車間的，一共只有十幾個人。當時已經不多了。

◆：中國相公、外國相公還記得嗎？

●：我進去時候是外國相公，還沒有見到過中國相公。

◆：發行所一起的嗎？

●：發行所和我們隔一堵牆，不是一個相公管的。我們做好的成品，放在發行所，發行所再負責對外賣。

◆：他們當時在哪裡賣還記得嗎？

●：大門進來左轉彎，頭一個門口就是。第二個門口是印刷部，當時裝訂間、印刷間、排版間都是一個部門，不分

的，但和發行所是分開的。

◆：那麼像酆周林說的木匠間、五金間？

●：他們在對面，又是一個門口。裡面也有種地種菜的，種出來小孩自己吃。

◆：是誰種的呢？

●：是外面那些人，農村招來的。有幾個孤兒大了沒事情幹，就叫他們去相幫。

◆：你們工作時間幾點到幾點還記得嗎？

●：我想想，我有工作時間的，因為我要早出夜歸的。對了，九小時，我在王松漁手下就是九個小時。早上八點到九點我忘記了，晚上五點下班，當中吃飯半個小時。週日休息。如果有人提出說家裡有事請，允許請假的。請假不扣錢，扣錢的事情我從來沒遇到過。我們當時沒有指標的。

◆：很多人都提到土山灣當時有樂隊，像李成林就說他當時吹過小號。

●：我是吹過labon（大管）的。

◆：那麼你們當時還有樂隊的囉？

●：基本就沒有成立過。本來想成立一個，結果沒有成功，沒有好的老師教。像銅鼓啊、小喇叭啊，或者是我吹的LABON啊，一套家什倒蠻好的，可惜沒有好的老師教。我們就自己吹吹玩玩。

◆：沒有人教你們嗎？

●：沒有的。當時的情況就是，解放之後，民政局把這套東西拿出來，有時候晚上跳交誼舞會啊，大家吹吹玩玩作為餘興節目。就這樣，沒有成立過樂隊，否則成立的話，到外面出去表演什麼的倒蠻好的。

◆：李成林說他們當年去法商電車公司那裡表演過，法商電車公司一直和孤兒院關係很好的。

●：是的，當時我們孤兒院只要有什麼事情，法商電車公司就開部電車來的，很容易的。

◆：你樂器是自己學的？

●：當時樂隊的家什很多的，你喜歡什麼就學什麼。我就因為LABON這個東西比較長，比較好玩，我就拿來學吹了。

◆：那麼這套樂器後來去哪裡了你知道嗎？

●：這套樂器不在工廠間裡，反正我們排版車間、印刷間、裝訂間、發行部都是沒有的，這些地方我知道的。如果放在他們照相間的話，忻百忍應該知道，因為當時他們一間也挺大的。是不是放在那裡就不知道了。

代跋 |
土山灣，不僅只是繪畫的搖籃

張偉

　　這本書從醞釀到完成已有近三十年的光陰，我也從一個精力充沛的年輕小夥子變成了一個滿頭華髮的中年人。猶記得，一九八〇年夏我剛到徐家匯藏書樓工作時，站在四樓的窗台，還能從遙遠處看到五華傘廠（土山灣畫館遺址）的動靜；而當年藏書樓土生土長的老員工，說起土山灣來仍然充滿了感情，很多細節都清晰如昨。以後，我自己也在日常工作中接觸到了大量和土山灣有關的人和物，聽到了越來越多的有關土山灣的故事。於是，漸漸萌發興趣，開始收集相關的文獻；隨之又驚訝地發現，有關土山灣的專著一本也找不到，相關的文章也少之又少。就在這時，我萌發了要為土山灣寫些東西的願望，在隨後二十餘年的時間裡，只要是和土山灣相關的文獻，我都或抄寫、或複印，然後進行分類，仔細研讀。日月如梭，積累的資料逐漸增多，也有一些文章在報刊上發表。二〇〇八年，我在「土山灣文化歷史論壇」上作主題發言：《影像土山灣——歷史鏡頭中的回望》，隨後，作為特約專家，參加了土山灣博物館的籌建。就在這一年，我規劃了自己在土山灣研究方面的今後走向，確定了這本小書的大致框架，並擬定了具體的篇目名稱；也在這一年，我結識了張曉依小姐：她住在徐匯區，曾就讀於上海市第四中學（前崇德女校和啟明女校），通曉英語、法語，對土山灣的一切有著濃厚的興趣。她願意跟我一起研究，我自然非常高興。曉依的青春朝氣，她的外語優勢，對鬢髮花白的我是一個推動，也讓這本書的寫作如虎添翼。我們一起探討，交流資料；也一起參加會議，拜訪健在的土山灣老人。寫作雖然斷斷續續，但始終沒有停頓，按照預定計劃在進

行。後來，曉依出國，定居杜拜，我們的商討也隨之移到了網上。從今年四月份開始，我集中精力對書稿進行最後修改，用去了整整兩個月的時間；然後，又盡可能地去選配相應的照片，也費時兩月——在有關近代中國的研究專題中，土山灣（包括徐家匯）的圖像文獻是較為豐富的，我一直認為這是它的一個特色，不應忽視。筆者相信，土山灣文化土壤豐饒，有關土山灣文化歷史的照片遠遠沒有窮盡，更多、更好的圖像文獻尚有待挖掘。

徐悲鴻先生在上世紀四十年代曾撰文指出：「至天主教之入中國，上海徐家匯亦其根據地之一。中西文化之溝通，該處曾有極其珍貴之貢獻。土山灣亦有習畫之所，蓋中國西洋畫之搖籃也。」對土山灣的文化教育作出很高且恰當的評價，這是第一次。近年來，隨著更多文獻的公佈和研究的深入，大家的視野更開闊也更全面，發現土山灣並不僅僅只是如此單一之「搖籃」：它的整個職業教育的模式，即使放到今天，仍有很多值得研究和借鑑的地方；它對中國近代的攝影、印刷、音樂、工藝美術、圖書館博物館，乃至建築、天文、航空等等方面，也都曾產生過相當影響，堪稱中國近代文化的一處重要發源地；它生產物質，也培養人才，其中既有直接從土山灣走出的大家，如攝影之安敬齋、繪畫之徐詠青、印刷之邱之昂、雕塑之張充仁、木雕之徐寶慶等，更有大量受到土山灣陶冶影響而卓然成才之各領域內有大影響者，如美術之徐悲鴻、航空之潘世義、攝影之郎靜山、舞台背景之張聿光、美術教育之周湘、廣告美術之杭稚英等等，可說難以盡數，堪稱中國近代文明進程中的一根標杆。今天，土山灣現象已愈來愈受到各方關注，我們這本小書可能是關於土山灣研究的第一本著作，幼稚不足自難以避免，惟

代跋｜
土山灣，不僅只是繪畫的搖籃

期能拋磚引玉，湧現出更多的力作。

　　現在，這部書稿終於擺在了案前，我也可以鬆口氣，對自己在藏書樓的十五年生涯作出一個交待了。當然，這只是一次暫時歇腳，神秘的土山灣只能說剛剛被揭開了一角，未來的道路還很難走，對此我有充分的準備。在本書積累資料的漫長過程中，我原來在藏書樓的同事們幫助甚多，要向他們致以誠摯的感謝——雖然他們有的出國，有的轉業，有的退休，有的已辭別人世，大多無法看到這些我發自內心的話語；本書寫作時，王曼雋女士，黃薇、嚴潔瓊小姐等都付出了辛勤的勞動，對她們的熱情相助，我要表示衷心感謝。此外，我的同事徐錦華參加了「土山灣老人訪談錄」的部分工作，特此說明。最後，我要向三十年來對我的研究始終不渝予以全力支持，而在本書寫作期間溘然病逝的愛妻建伶鞠躬致意：我願將這本小書權充鮮花獻在她的靈前，表達我的深深思念。

二〇一一年八月一日晨於滬南上海花園

史地傳記類　PC0247

土山灣
——中國近代文明的搖籃

作　　者 / 張　偉、張曉依
主　　編 / 蔡登山
責任編輯 / 蔡曉雯
圖文排版 / 邱瀞誼
封面設計 / 陳佩蓉

發 行 人 / 宋政坤
法律顧問 / 毛國樑　律師
印製出版 / 秀威資訊科技股份有限公司
　　　　　114台北市內湖區瑞光路76巷65號1樓
　　　　　電話：+886-2-2796-3638　傳真：+886-2-2796-1377
　　　　　http://www.showwe.com.tw
劃撥帳號 / 19563868　戶名：秀威資訊科技股份有限公司
　　　　　讀者服務信箱：service@showwe.com.tw
展售門市 / 國家書店（松江門市）
　　　　　104台北市中山區松江路209號1樓
　　　　　電話：+886-2-2518-0207　傳真：+886-2-2518-0778
網路訂購 / 秀威網路書店：http://www.bodbooks.com.tw
　　　　　國家網路書店：http://www.govbooks.com.tw
圖書經銷 / 紅螞蟻圖書有限公司
　　　　　114台北市內湖區舊宗路二段121巷28、32號4樓
　　　　　電話：+886-2-2795-3656　傳真：+886-2-2795-4100

2012年9月BOD一版
定價：460元
版權所有　翻印必究
本書如有缺頁、破損或裝訂錯誤，請寄回更換

國家圖書館出版品預行編目

土山灣：中國近代文明的搖籃 / 張偉, 張曉依著. -- 一版.
　-- 臺北市：秀威資訊科技, 2012.09
　　面； 公分. -- (史地傳記類；PC0247)
　BOD版
　ISBN 978-986-221-984-3(平裝)

　1. 文化　2. 歷史　3. 上海市

672.094　　　　　　　　　　　　　　　101013696

讀者回函卡

感謝您購買本書，為提升服務品質，請填妥以下資料，將讀者回函卡直接寄回或傳真本公司，收到您的寶貴意見後，我們會收藏記錄及檢討，謝謝！
如您需要了解本公司最新出版書目、購書優惠或企劃活動，歡迎您上網查詢或下載相關資料：http:// www.showwe.com.tw

您購買的書名：_____

出生日期：_____年_____月_____日

學歷：□高中 (含) 以下　　□大專　　□研究所 (含) 以上

職業：□製造業　□金融業　□資訊業　□軍警　□傳播業　□自由業
　　　□服務業　□公務員　□教職　　□學生　□家管　□其它_____

購書地點：□網路書店　□實體書店　□書展　□郵購　□贈閱　□其他

您從何得知本書的消息？

　□網路書店　□實體書店　□網路搜尋　□電子報　□書訊　□雜誌

　□傳播媒體　□親友推薦　□網站推薦　□部落格　□其他_____

您對本書的評價：（請填代號　1.非常滿意　2.滿意　3.尚可　4.再改進）

　封面設計____　版面編排____　內容____　文／譯筆____　價格____

讀完書後您覺得：

　□很有收穫　□有收穫　□收穫不多　□沒收穫

對我們的建議：_____

_____

_____

_____

11466
台北市內湖區瑞光路 76 巷 65 號 1 樓

秀威資訊科技股份有限公司 　　收

BOD 數位出版事業部

・・・

（請沿線對折寄回，謝謝！）

姓　　名：＿＿＿＿＿＿＿＿＿　年齡：＿＿＿＿＿　性別：□女　□男

郵遞區號：□□□□□

地　　址：＿＿＿＿＿＿＿＿＿＿＿＿＿＿＿＿＿＿＿＿＿＿＿

聯絡電話：(日)＿＿＿＿＿＿＿＿＿＿　(夜)＿＿＿＿＿＿＿＿＿＿

E-mail：＿＿＿＿＿＿＿＿＿＿＿＿＿＿＿＿＿＿＿＿＿